VON NULL AUF REICH

SCHRITT FÜR SCHRITT IN DIE FINANZIELLE UNABHÄNGIGKEIT

DR. JOSEF OBERGANTSCHNIG

1. Auflage 2023

Herausgeber:

EOD Publishing e.U.
Innrain 127
6020 Innsbruck / Austria
info@eod-publishing.eu

ISBN
Hardcover: 978-3-99143-023-0
Taschenbuch: 978-3-99143-022-3
E-Book: 978-3-99143-021-6

WIDMUNG

*»Wer den Hafen nicht kennt, in den er segeln will,
für den ist kein Wind günstig«*

Lucius Annaeus Seneca

Für Kevin und Daniel, mit denen ich gemeinsam die ecobono-Initiative ins Leben gerufen habe. Wir sind angetreten, um Menschen einen Weg zu zeigen, mit welchen einfachen Methoden sie ihre Finanzen planen können, welche Möglichkeiten die Finanzmärkte bieten und wie sie mit diesem Wissen ein stabiles finanzielles Fundament aufbauen können.

GENDER HINWEIS

Zur besseren Lesbarkeit wird in diesem Buch das generische Maskulinum verwendet. Die in dieser Arbeit verwendeten Personenbezeichnungen beziehen sich – sofern nicht anders kenntlich gemacht – auf alle Geschlechter.

DANKSAGUNG

Bei der Erstellung dieses Buches haben viele Menschen direkt oder auch indirekt mitgewirkt. Mein besonderer Dank gilt meinen Partnern Kevin Windisch und Daniel Kupfner, mit denen ich gemeinsam an meinem Herzensprojekt ecobono arbeite. Wir haben unsere mehr als 50-jährige Erfahrung an den Finanzmärkten gebündelt und auf das Wesentliche heruntergebrochen. Unser Ansporn ist es, den Finanzbereich zu entmystifizieren und Menschen in der Praxis erprobte Erfolgsmethoden mit an die Hand zu geben, mit denen sie ihr eigenes finanzielles Fundament aufbauen können.

Mein besonderer Dank gilt auch meinem Verleger Daniel Körber für sein Vertrauen und die motivierende und reibungslose Zusammenarbeit.

Auch meiner Familie gegenüber empfinde ich großen Respekt und Dankbarkeit. Meine Frau Kerstin unterstützt mich seit Jahrzehnten und lässt mir alle Freiheiten, an der Realisierung meiner Träume zu arbeiten. Meine Kinder Julian und Leonie sind Inspiration. Sie stehen noch am Beginn ihres Lebens, werden sich aber bereits in wenigen Jahren auch mit ihren Finanzen auseinandersetzen müssen. Das war für mich Motivation genug, dieses Buch zu schreiben.

INHALTSVERZEICHNIS

ÜBER DEN AUTOR

Unternehmer. Börsianer. Präsident. Autor. Steirer. Papa.

Seit ich Ende der 1990er Jahre meinen ersten Job im Finanzbereich angetreten habe, hat mich die Börse in ihren Bann gezogen. Als Fondsmanager habe ich gelernt, dass man die Themen Veranlagung, Risiko und Nachhaltigkeit gut miteinander kombinieren kann. Wir tragen Verantwortung, zur Lösung der großen Herausforderungen des 21. Jahrhunderts beizutragen. Dieser Verantwortung stelle ich mich sowohl als Präsident des Wirtschaftsethik-Klubs ETHICO wie auch als Unternehmer. Mit ecobono haben wir die erste nachhaltige Finanzausbildung für Privatpersonen im deutschsprachigen Raum konzipiert. Unser Ziel: Menschen zeigen, wie sie mit ihrem Geld die Welt ein Stück weit besser machen können.

WARUM ES DIESES BUCH GIBT

Geld regiert die Welt! In diesem Spruch steckt sehr viel Wahrheit. Aber Geld ist definitiv nicht alles! Das reichste Land der Welt hätte ohne einem guten Gesundheitssystem und niedriger Kriminalität nicht so viel zu bieten, wie ein Land, das finanziell mittelmäßig aufgestellt ist, aber das Lebensgefühl passt. Du und auch ich werde eines Tages in unserem Leben genau die gleiche Erkenntnis haben.

Der Ursprung des Buches entstand in den späten 1990er-Jahren. An einem lauen Apriltag habe ich meinen Job im Wertpapierhandel in einer kleinen Regionalbank angetreten. Ich war völlig grün hinter den Ohren und hatte von Finanzen, Kapitalmärkten und Wertpapieren de facto keine Ahnung. Aber ich wollte lernen und las alles, was ich zu diesem Thema in die Finger bekam. Darüber hinaus habe ich auch eine umfassende Bankenausbildung absolviert. Und bereits ein Jahr später war ich selbst Vortragender jener Ausbildung, die für mich bis heute eine wesentliche Basis meiner Finanzbildung darstellt.

Heute bin ich mehr als zweieinhalb Jahrzehnte älter und habe vieles erlebt. Ich habe als Fondsmanager Anleihen, Aktien- und auch Asset Allocation Portfolios gemanagt. Als Chief Investment Officer (CIO) einer Kapitalanlagegesellschaft (KAG) war ich für Strategie, Produktentwicklung und das Thema Nachhaltigkeit verantwortlich und habe darüber hinaus die KAG bei Investorengesprächen, Keynotes oder auch bei Ausschreibungen großer Mandate vertreten.

Die Freude daran, mein in der Praxis erworbenes Wissen an jüngere Menschen weiterzugeben, ist mir bis heute geblieben. Das umfasst viele Bereiche und reicht von Universitäten und Fachhochschulen über Finanzberater bis hin zur Einführung und Ausbildungen neuer Kollegen und Mitarbeiter.

Im Jahr 2020 habe ich meinen sicheren und gut bezahlten Job als Fondsmanager an den Nagel gehängt, um mein eigenes Unternehmen zu gründen. Gemeinsam mit meinen Partnern Kevin und Daniel haben wir zusammen eine mehr als 50-jährige Kapitalmarkterfahrung. Neben der Beratung von institutionellen Investoren, wie Versicherungen, Vorsorgekassen oder auch Vermögensverwalter haben wir uns auf den Schulungsbereich fokussiert. In den vergangenen Jahren haben wir als Team tausende Finanzberater in der DACH-Region im Bereich der Finanzen und der Nachhaltigkeit ausgebildet. Unser Anspruch ist es, unser geballtes Finanzwissen auf das Wesentliche herunterzubrechen und den Teilnehmern auch zu zeigen, wie sie das erworbene Wissen in der Praxis umsetzen können. Und genau dieses Wissen wollen wir auch Privatpersonen zur Verfügung stellen.

Wir leben in herausfordernden Zeiten und es wird immer wichtiger, sich als Privatperson intensiv mit dem Finanzbereich auseinanderzusetzen. Viele Menschen machen um dieses Thema aber häufig einen weiten Bogen. Das hängt zum einen am fehlenden Finanzwissen, welches in der schulischen Ausbildung nicht oder nur sehr rudimentär vermittelt wird. Zum anderen hat der Finanzbereich und die Börse für viele Menschen etwas Mystisches, Unnahbares oder auch Skrupelloses an sich. Diese Glaubenssätze verwehren vielen den Zugang zu diesem sehr wesentlichen Thema. Und das ist schade. Und zwar deswegen, weil die persönlichen Finanzen für jeden von uns eine entscheidende Rolle spielen.

Wenn du deine Finanzen im Griff hast, einen klaren Plan verfolgst und dir keine Gedanken darüber machen musst, ob du diese oder jene Rechnung überhaupt bezahlen kannst, macht das frei. Und diese Freiheit sorgt dafür, dass du wesentlich entspannter durch dein Leben gehen kannst. Wenn du von finanziellen Sorgen geplagt wirst, dominiert Geld dein Denken und dein Leben. Und das wiederum trägt definitiv nicht positiv zur Lebensqualität bei.

Warum gibt es nun dieses Buch? Im Laufe der letzten Jahrzehnte konnte ich viele Erfahrungen sammeln. Vor meinem inneren Auge sehe ich mich als junger Mann in den 90ern plan- und orientierungslos auf meinem Schreibtisch sitzen. Der Finanzbereich ist so komplex. Es gibt so viele hochtrabende Begrifflichkeiten, so viele Facetten und so viele Themengebiete. Ich drohe unter der Last zusammenzubrechen und aufzugeben. Wo fange ich an? Wie verschaffe ich mir einen

kompakten Überblick? Und wie schaffe ich es, dieses theoretische Wissen auch gleich direkt in der Praxis umzusetzen?
Das sind große Fragen, die mich als jungen Mann sehr beschäftigt haben. Zu meinem Leidwesen war es sehr mühsam, anstrengend und zeitraubend, Antworten auf diese grundlegenden Fragen zu finden. Wie gerne hätte ich von den Erfahrungen eines alten Haudegens gelernt. Von jemandem, der mich an der Hand nimmt und mich Schritt für Schritt in diese komplexe Materie einführt.

Und genau das möchte ich mit diesem Buch erreichen. Mein Ziel ist es, dir das wesentliche Rüstzeug und Fundament zu vermitteln und darüber hinaus auch zu zeigen, wie du dieses theoretische Wissen auch praktisch umsetzen kannst. Ich werde dir Methoden zeigen, wie du deine Finanzen überblicken und deine eigene Finanzstrategie ausarbeiten kannst. Eine Sorge möchte ich dir gleich jetzt nehmen. Wenn du die Basis gelegt hast, hält sich der Zeitaufwand in Grenzen. Das Schiff ist auf Kurs und deine Aufgabe ist es nur mehr, darauf zu achten, dass das auch so bleibt.

In diesem Buch geht es darum, ein solides Fundament zu bauen. Mein Anspruch ist es, dass du mit diesem Wissen deine Finanzen im Griff hast. Und damit hebst du dich schon einmal von vielen Menschen deutlich ab. Es ist aber auch »nur« ein Fundament, auf das du weiter aufbauen kannst. In diesem Buch steckt viel Herzblut. Ich habe diese Zeilen als erfahrener Fondsmanager, der mehr als 25 Jahre an der Börse überleben konnte, geschrieben. Und ich habe mich in meine Anfangsjahre zurückversetzt. In jene Zeit der Fragen und Unsicherheiten. Überdies vermittle ich seit mehr als zwei Jahrzehnten jungen Menschen Finanzwissen. In meinen Vorlesungen oder Seminaren beschäftigen die Teilnehmer häufig die gleichen Fragen. Und genau diese Fragen habe ich in das Konzept einfließen lassen, um den Mehrwert für dich zu erhöhen.

Das Buch, welches du nun in deinen Händen hast, ist jenes Buch, welches sich mein jüngeres Ich gewünscht hätte. Ein Buch der Klarheit. Ein Buch voller Praxistipps und Erfahrungen, die mein Fondsmanagerleben mit Sicherheit erleichtert und mich vor manchen kostspieligen Fehlern verschont hätten. Es ist aber auch ein Buch für dich, welches dir eine wertvolle Hilfe sein kann. Du kannst mein über Jahrzehnte aufgebautes Wissen in sehr kurzer Zeit aufsaugen und von meinen Fehlern lernen. Und letztlich auch ein Buch für meine Kinder Julian und Leonie, welches sie hoffentlich in absehbarer Zeit lesen werden.

WAS ERWARTET DICH

So, nun beginnen wir diese spannende Reise. Ich bin dein Reisebegleiter und werde mit dir einen spannenden Streifzug durch die Finanzwelt machen. Dabei werden wir Begrifflichkeiten und Strategien kennenlernen und ich werde dir auch Tools und Hilfsmittel an die Hand geben, die dir eine wertvolle Hilfe im Umgang mit deinen Finanzen sein können. Mir ist es aber auch wichtig, dass du dieses Wissen gleich direkt in der Praxis einsetzen kannst. Um für dich, lieber Leser, den Mehrwert zusätzlich zu erhöhen, habe ich zu einzelnen Themengebieten noch Videobeiträge erstellt, die das im Buch erworbene Wissen zusätzlich festigen sollen. So weit, so gut und jetzt wird es Zeit, dir einen Überblick über die Stationen unserer Reise zu verschaffen.

Im ersten Teil des Buches werden wir uns mit der Frage beschäftigen, in welcher Welt wir leben. Dabei werden wir die für einen Börsianer relevanten Themen, Inflation, Wirtschaftswachstum, Arbeitslosenrate und einige mehr behandeln und uns darüber hinaus auch mit den großen Herausforderungen des 21. Jahrhunderts beschäftigen. Außerdem werden wir uns mit Reichtum und der globalen Einkommensverteilung auseinandersetzen.

Im zweiten Teil des Buches gehen wir der Frage nach, warum die meisten Menschen ihre Finanzen schlecht managen. In diesem Kapitel werden wir gängige Glaubenssätze und Denkfehler genauer unter die Lupe nehmen und auch unser eigenes Mindset kritisch hinterfragen. Themen, wie eine Vollkaskomentalität, Gier, Schuldenfalle oder auch fehlendes Finanzwissen runden das Kapitel ab. Abschließend wirst du eine Antwort auf die Frage bekommen, ob ein Investment bei derart niedrigen Zinsen Sinn ergibt und ob Finanzberater ohnehin nur dein Geld wollen.

Im dritten Teil kommen wir zum Herzstück dieses Buches. Mit deinem Verhalten kannst du vieles richtig, aber auch vieles falsch machen. Die Auswirkungen siehst du nicht sofort. Sie werden dir erst Jahre später schmerzhaft bewusst. Meist erkennt man die Fehler erst zu einem Zeitpunkt, an dem der Handlungsspielraum stark eingeschränkt ist. Zu Beginn werden wir uns mit der Frage auseinandersetzen, warum wir überhaupt sparen und wie wir unsere Finanzen ohne großen Aufwand sehr effektiv planen können. Du wirst das Töpfe-System kennenlernen und wir werden auch auf das Mindset eingehen, welches du benötigst, um psychologische Fallen zu vermeiden. Du wirst auch erkennen, dass es einen großen Unterschied zwischen Reich werden und Reich bleiben gibt. Als Investor habe ich gigantische Gewinne erwirtschaftet, aber auch Fehler gemacht, die viel Geld gekostet haben. Damit du nicht auch die gleichen schmerzvollen Erfahrungen machen musst, werden wir die gängigen Fehler besprechen und ich werde dir erprobte Tipps verraten, auf denen man eine solide Strategie aufbauen kann.

Im vierten Teil des Buches werden wir uns mit wesentlichen Aspekten beschäftigen, die dir auf deinem Weg zum finanziellen Wohlstand eine wertvolle Hilfe sein werden. Dabei behandeln wir Themen, wie die Realzinsfalle, die Kraft des Zinseszinseffekts und auch die Frage, warum Risiko nicht zwingend schlecht sein muss. Gemeinsam werden wir den Begriff Diversifikation kennenlernen und warum dieser als Fundament der Medici-Dynastie bezeichnet werden kann. Abgerundet wird das Kapitel mit einer Erklärung zum Begriff Asset Allocation und du wirst auch lernen, wie du deine persönlichen Werte im Rahmen eines nachhaltigen Investments umsetzen kannst. Es macht auch Sinn, von den Besten zu lernen. Insofern werden wir uns auch anschauen, was Millionäre oder die Yale Universität in Bezug auf die Veranlagung sagen. Ich werde dir auch verraten, wer der siamesische Zwilling der Spekulation ist und ob Prognosen es wert sind, darauf aufbauende Veranlagungsentscheidungen zu treffen.

Im fünften Teil werden wir uns damit beschäftigen, welche Investitionsmöglichkeiten du hast. Wir werden uns mit der Rolle des Finanzmarktes, dem direkten oder indirekten Investieren und den wesentlichen Unterschieden zwischen Eigenkapital und Fremdkapital beschäftigen. Kernstück dieses Kapitels ist es aber, dass ich dir zeigen werde, welche Bausteine dir als Veranlagungsinstrument zur Verfügung stehen. Dabei werden wir über Aktien, Anleihen, Krypto-Währungen, Immobilien, Edelmetalle, Rohstoffe, Derivate und Alternatives sprechen. Neben einem Theorieblock rundet ein Praxisteil und eine Zusammenfassung der wesentlichen Punkte jedes einzelne Kapitel ab. Im sechsten Teil des Buches werden wir uns mit der Frage auseinandersetzen, warum solide Finanzen dein Leben besser machen können. Dabei zeige ich dir, was Geld mit den Themen Freiheit, Lebensglück, Lebensdauer, einem Investment in sich selbst oder auch dem Bereich Gutes tun zu tun hat. Abschließend werden wir uns noch die Frage stellen, was finanzielle Freiheit überhaupt bedeutet und ab welchem Vermögen du nach deinen Bedürfnissen finanziell frei bist.

Passend zum siebten Teil werde ich dir noch sieben Grundsätze verraten, die ich als hart gesottener Fondsmanager gerne meinem jüngeren Ich mit auf den Weg gegeben hätte. Dabei werden wir uns die Frage nach dem optimalen Kauf- und Verkaufszeitpunkt stellen, über den schnellen Weg zum Reichtum sprechen und uns auch die Frage stellen, ob die Stars von heute auch wirklich die Gewinner von morgen sein werden. Darüber hinaus werde ich dir schildern, wann ein Investor häufig die größten Fehler macht, warum »Schwarze Schwäne« allgegenwärtig sind und warum du dich nicht von der vergangenen Performance blenden lassen sollst. Und das Wichtigste kommt zum Schluss: Überschätze dich nicht und habe dein Ego im Griff!

Im achten Teil des Buches habe ich für dich noch wichtige Begriffe zusammengefasst, die ein Investor kennen sollte. Dieses Kapitel wird in die Bereiche »Allgemeine Finanzbegriffe« und »Begriffe für nachhaltige Investoren« untergliedert.

Mein Ziel ist es, mit dir ein Fundament zu erarbeiten, auf dem du deine finanzielle Zukunft aufbauen kannst. Erfolgreich bin ich dann, wenn du dieses Wissen auch in die Praxis umsetzt und du Klarheit über deine Finanzen hast. Klarheit darüber, was du überhaupt möchtest und Klarheit darüber, wie du deine Träume in die Realität verwandeln kannst. Gehen wir es an. Ich danke dir für dein Vertrauen und freue mich, dich auf dieser spannenden Reise begleiten zu dürfen.

DIE WELT IN DER WIR LEBEN

Mittlerweile bin ich Vater zweier Teenager. Meine Kinder haben in ihrem noch kurzen Leben wahrlich viel erlebt. Seit 2020 leben wir gewissermaßen in einem Ausnahmezustand. Die Coronapandemie hat vieles verändert, der russische Einmarsch in die Ukraine im Feb. 22 hat zusätzliche Unsicherheit geschürt. Es scheint fast so, als wäre eine neue Epoche eingeleitet worden. Als ich Teenager war, habe ich den Fall der Berliner Mauer an einem verregneten Novembertag gebannt vor dem Fernseher sitzend miterlebt. Günter Schabowski gibt auf einer Pressekonferenz eher beiläufig bekannt, dass ab sofort eine Ausreise in den Westen mit Rückkehrrecht möglich sei. Die DDR hat die Grenze geöffnet. Ost-Deutsche strömen über lange Zeit nahezu unüberwindbare Grenzübergänge und werden von West-Deutschen mit offenen Armen empfangen. Die Berliner Mauer ist gefallen und die Welt schaut gebannt zu!

Damals ist die Sonne aufgegangen. Die Menschen blickten optimistisch in die Zukunft. Etwas mehr als 30 Jahre später hat sich das Bild diametral verändert. Wir leben in einer Welt, in der viele ein düsteres Zukunftsbild zeichnen. Eine Welt voller Unsicherheiten und Ängste. In einer in 33 Ländern durchgeführten Umfrage gehen 73 % der Menschen davon aus, dass wir in den nächsten 25 Jahren den 3. Weltkrieg erleben werden. Das sind um 10 % mehr als im Jahr 2021. Am pessimistischen sind die Australier (81 %), am „optimistischen" die Japaner (51 %). Auch in Deutschland hat sich das Stimmungsbild innerhalb eines Jahres deutlich verschlechtert. Die Anzahl der Pessimisten ist von 46 % auf 63 % gestiegen. Aber ist es wirklich so düster, wie es scheint? Was sind eigentlich die großen Themen unserer Zeit? Ist es die hohe Inflation? Ist es die abnehmende Wirtschaftsdynamik oder sind es Probleme am Arbeitsmarkt?

Als Fondsmanager ist es notwendig, den Blick zu schärfen und ein möglichst umfassendes Bild zu zeichnen. Im Zeitalter des stetigen Newsflows ist es gar nicht so einfach, die Welt von der Vogelperspektive aus zu betrachten. Im Laufe meines Berufslebens habe ich gelernt, dass es sinnlos ist, das eigene Portfolio an makroökonomischen Gegebenheiten oder politischen Ereignissen auszurichten. Die globalisierte Welt ist vernetzt und es gibt nahezu unendlich viele theoretische Handlungsstränge. Wie soll man darauf basierend eine fundierte Entscheidung treffen? Das ähnelt mehr dem Glücksspiel als einer professionellen Veranlagung.

Es ist aber trotzdem wichtig, sich ein Bild über die aktuelle Situation in der Welt zu verschaffen. Dabei geht es nicht darum vorauszuahnen, was passieren wird, sondern es geht um den Rahmen, in dem wir uns jetzt bewegen. Aufgabe eines Fondsmanagers ist es nämlich, im aktuellen Marktumfeld ein chancenreiches Gesamtportfolio aufzustellen. Es ist aber keinesfalls so, dass das Portfolio im Tages-, Wochen- oder Monatstakt komplett neu aufgestellt werden muss. Im Gegenteil, diese Strategien führen in den seltensten Fällen zum Erfolg. Die erfolgreichsten Investoren setzen ein solides, wenig spektakuläres Portfolio auf und bleiben ihrer Strategie über einen langen Zeitraum treu.

Viele Investoren beschäftigen sich ständig mit politischen und wirtschaftlichen Ereignissen. Ich habe aber am eigenen Leib häufig erlebt, wie sehr Emotionen oder auch aktuelle Ereignisse die Entscheidungen mitprägen. Um das zu verdeutlichen, möchte ich dir zwei Ereignisse schildern, die für mich in den vergangenen Jahrzehnten sehr prägend waren. Blenden wir in den März 2020 zurück, in die Zeit des ersten Corona-Lockdowns. Damals war die Markt-Stimmung sehr negativ. Dieses Gefühl hat sich bei vielen Menschen sehr stark eingeprägt. Wer Mitte März, als die Kurse kollabierten und auf den Straßen eine apokalyptische Stimmung herrschte, eine Investmententscheidung treffen musste, hätte alles verkaufen müssen, wenn er seinen Emotionen gefolgt wäre. Das war exakt der Zeitpunkt, an dem die Finanzmärkte an ihrem Tiefststand notierten. Auch wenn das Stimmungsbild sehr negativ war, haben die Finanzmärkte in den Folgemonaten deutlich zulegen können. Im Falle eines Ausstieges hätte der Anleger viel Geld verloren und wäre dann bei der Aufholbewegung nicht mehr dabei gewesen.

Ein ähnliches Bild zeichnet die Lehman-Pleite im Jahr 2008. Auch hier war die Lage miserabel und bereits wenige Monate nach dem Kollaps zeigte der Trend wieder deutlich nach oben. All jene, die durchgehalten haben und ihrer Strategie treu geblieben sind und nicht auf die vielen Untergangpropheten gehört haben, konnten satte Gewinne einstreifen. Es gibt aber auch Beispiele in der anderen Richtung. Blenden wir in das Jahr 2000 zurück. Damals befanden wir uns in der Blütephase der Internet-Blase, und es herrschte eine wahre Aktien-Euphorie. Der Ausblick war positiv und es folgte eine der schmerzhaftesten Verlustphasen der Börsengeschichte, die ich mein ganzes Leben nicht vergessen werde.

Du wirst dich jetzt vermutlich fragen, warum wir uns mit diesen Themen auseinandersetzten. Aus meiner Sicht ist es wichtig, die Rahmenbedingungen sowohl bei der Finanzplanung als auch beim Aufsetzen deines Portfolios zu berücksichtigen. Wenn etwa eine Phase hoher Inflationsraten stattfindet, musst du dir die Frage stellen, ob und wie du den realen Wert und damit die Kaufkraft deines Vermögens erhalten kannst. Wenn wir uns langfristige wirtschaftliche Verschiebungen im Detail ansehen, drängt sich unweigerlich die Frage auf, wie du am Wirtschaftswachstum prosperierender Staaten oder Regionen profitieren kannst. Oder wenn wir uns mit der Verschuldung beschäftigen, stellt sich die Frage, was das für dich und deine Finanzen bedeuten kann.

Das sind nur ein paar exemplarische Fragen, um dir zu zeigen, wie wichtige es für dich sein kann, dich auch mit diesen Themen zu beschäftigen. Dabei ist es wie immer wichtig, sich auf das Wesentliche zu fokussieren. Und genau das werden wir jetzt tun.

WIRTSCHAFTSWACHSTUM

Als wesentliche Kennzahl wird hier das Bruttoinlandsprodukt (BIP) herangezogen. Dabei handelt es sich vereinfacht formuliert um den Wert aller Güter und Dienstleistungen, die in einem Wirtschaftsraum innerhalb einer Zeitperiode produziert oder hergestellt wurden. Im Regelfall wird das BIP für ein Land auf Quartals- oder Jahresbasis ermittelt. Um das Wirtschaftswachstum darzustellen, wird die Veränderung des BIPs im Vergleich zur Vorperiode angegeben. Um die Daten miteinander vergleichbar zu machen, werden die Zahlen häufig in US-Dollar oder alternativ in Euro für Euro-Länder angegeben. Nachdem sich Länder hinsichtlich der Einwohnerstruktur doch deutlich voneinander unterscheiden, wird das Bruttoinlandsprodukt auch pro Kopf angegeben. Damit ist es möglich, bevölkerungsreiche

Länder, wie Indien oder China mit Ländern, wie Deutschland, Österreich oder der Schweiz zu vergleichen. Die Kennzahl BIP/Kopf sagt demnach etwas darüber aus, wie produktiv ein Wirtschaftsraum ist. Also wie viel Euro oder Dollar die Einwohner eines Landes in einer Zeitspanne erwirtschaften können.

Land	BIP in Mrd. USD	BIP/Kopf in Tsd. USD	2022	2023	Einwohner in Mio.
Deutschland	4.223	50,8	1,80%	-0,30%	83,16
Österreich	477	55,0	4,50%	0,10%	8,67
Schweiz	813	91,0	2,10%	0,60%	8,93

Abbildung 1: Wirtschaftswachstum DACH-Region
Quelle: OECD, Trading Economics

Um das zu verdeutlichen, werfen wir einen Blick auf die DACH-Region. Das BIP in Deutschland liegt gegenwärtig bei $4,223 Billionen und damit deutlich über jenem von Österreich ($477 Mrd.) oder der Schweiz ($833 Mrd.). Wenn man das aber pro Kopf betrachtet, verkehrt sich das Bild. Die Schweiz ist mit $91,0 Tsd. pro Einwohner deutlich produktiver als Österreich ($55,0 Tsd.) oder Deutschland ($50,8 Tsd.). Hinsichtlich Wachstumsraten liegt Österreich 2022 mit 4,50 % deutlich vor der Schweiz (2,10 %) und Deutschland (1,80 %). Für das Jahr 2023 zeichnet sich eine deutliche Abnahme der Wirtschaftsdynamik ab. Für Deutschland wird sogar eine Rezession, also ein Rückgang, prognostiziert.

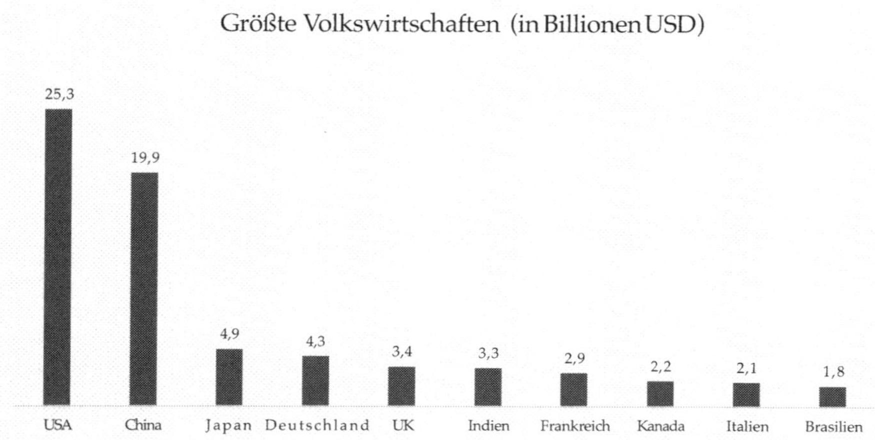

Abbildung 2: Wirtschaftswachstum DACH-Region
Quelle: IMF

Im Jahr 2022 hat die Weltwirtschaft erstmals die 100-Billionen-Dollar-Schallmauer überschritten. Die global größte Volkswirtschaft ist die USA vor China. Dahinter folgen Japan, Deutschland und UK bereits mit deutlichem Respektabstand. Die EU zusammengefasst trägt zu rund 15 % zum Welt-BIP bei und ist damit kumuliert betrachtet der drittgrößte Wirtschaftsblock der Welt.

Wir leben aber in Zeiten großer Veränderungen. Laut Einschätzung der Weltbank wird China die USA als größten Wirtschaftsraum der Welt bereits in diesem Jahrzehnt ablösen. Das ist deswegen für die USA besonders schmerzhaft, weil sie die Spitzenposition seit Ablöse von Großbritannien im Jahr 1872 halten konnten. Das 19. Jahrhundert war das europäische Jahrhundert, das 20. Jahrhundert das amerikanische und das 21. Jahrhundert wird wohl das chinesische Jahrhundert werden, wenn alles so weitergeht, wie bisher.

Top 10 Länder (BIP)		
Nr.	**2006**	**2036**
1	USA	China
2	Japan	USA
3	Deutschland	Indien
4	China	Deutschland
5	UK	Japan
6	Frankreich	UK
7	Italien	Frankreich
8	Kanada	Indonesien
9	Spanien	Brasilien
10	Brasilien	Russland

Abbildung 3: Größte Volkswirtschaften der Welt 2006 vs. 2036
Quelle: IMF

Laut Einschätzung des Internationalen Währungsfonds werden Indien und China bereits in wenigen Jahren eine sehr dominante Rolle in der Weltwirtschaft einnehmen. Der Anteil Europas wird weiter zurückgehen. Mit Deutschland, UK und Frankreich werden nur mehr drei Europäer in den Top-10 Ländern vertreten sein. Gemeinsam mit den aufstrebenden Ländern Indien und Indonesien wird vor allem Süd-Ost-Asien eine zentrale Bedeutung zukommen.

Als Investor kannst du vom Wirtschaftswachstum dieser Regionen profitieren, indem du beispielsweise in Aktien dieser Länder investiert. Das ist aber häufig mit großen Unsicherheiten verbunden. Dir sollte in diesem Zusammenhang auch bewusst sein, dass die großen Unternehmen dieser Welt auch am Wirtschaftsleben der Wachstumsregionen teilhaben. Der Anteil der in Schwellenländer erwirtschaftete Umsatz liegt zum Teil deutlich über 20 % der Gesamteinnahmen. Insofern kannst du als Investor auch am Aufschwung aufstrebender Regionen profitieren, indem du in Aktien weltweit tätiger Unternehmen, wie Google, Apple und Volkswagen investierst.

INFLATION

Wir alle sind gegenwärtig mit hohen Inflationsraten konfrontiert. Spätestens seit den starken Preisanstiegen ist dieses Thema auch in der breiten Bevölkerung angekommen. Aber was bedeutet überhaupt Inflation und wie wird sie berechnet?

Die Inflationsrate gibt an, wie stark sich Preise für Güter und Dienstleistungen innerhalb einer Zeitperiode verändern. Um die Steigerungsraten berechnen zu können, wird ein eigener Warenkorb zugrunde gelegt. Die Inflationsrate gibt damit an, wie stark sich die Preise für genau diesen Warenkorb im Referenzzeitraum verändert haben.

Ausgabengruppe	%-Anteil Warenkorb
Wohnen und Energie	18,90%
Nahrungsmittel und alkoholfreie Getränke	11,30%
Bewirtungsdienstleistungen	11,10%
Transport und Verkehr	8,90%
Freizeit und Kultur	8,80%
Gesundheits- Sozial - und Bildungsausgaben	7,30%
Hausrat und laufende Instandhaltung	7,20%
Bekleidung und Schuhe	4,60%
Reisen	4,50%
Versicherungen	4,20%
Kauf von KFZ	3,80%
Alkohol und Tabak	3,40%
Körperpflege, Wellness, Kosmetik	2,40%
Kommunikation	2,00%
Sonstiges	1,60%

Abbildung 4: Warenkorb für Inflationsberechnung 2022
Quelle: Statistik Austria

In der Abbildung wird ein klassischer Warenkorb dargestellt. Den größten Anteil der Ausgaben haben üblicherweise die Bereiche Wohnen und Energie. Die offizielle Inflationsrate kann sich aber stark von deiner subjektiven Inflationsrate unterscheiden, da jeder Mensch ein anderes Ausgabeverhalten an den Tag legt. Du kannst dir aber auch deine eigene Inflationsrate berechnen und deine Ausgaben für unterschiedliche Bereiche mit jenen eines Durchschnittshaushaltes vergleichen.

SCAN ME

Hier geht es zum Inflationsrechner

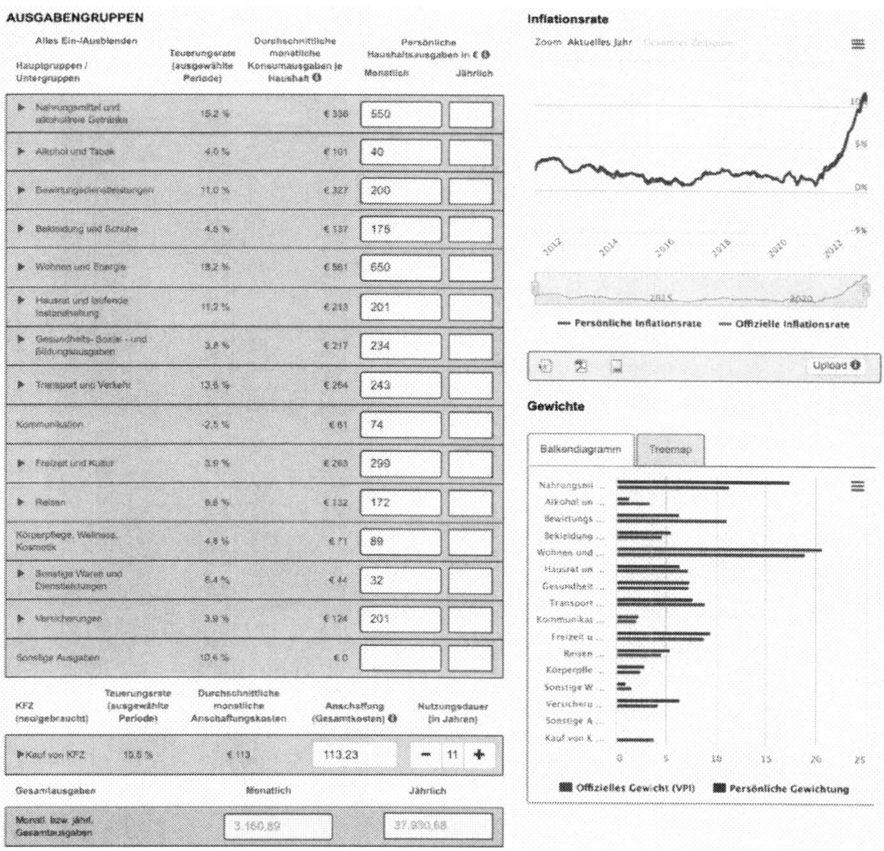

Abbildung 5: Inflationsrechner - Beispiel
Quelle: Statistik Austria

Kommen wir nun zu den Fakten. Die hohe Inflation 2022 ist kein europäisches, sondern ein globales Phänomen. Mittlerweile weisen 43 % aller Länder zweistellige Inflationsraten auf. Fünf von ihnen sogar im dreistelligen Bereich. Betroffen davon sind aber nicht nur Länder wie Venezuela oder Argentinien, die seit geraumer Zeit mit hohen Inflationsraten zu kämpfen haben, sondern auch Länder wie Deutschland, Österreich oder die Schweiz, die in den letzten Jahrzehnten auf eine sehr stabile und wertbeständige Währung aufbauen konnten. Als Hauptgrund dafür sind vorwiegend die hohen Energiepreise anzuführen. In Europa liegen die realen, also jene um die Inflation bereinigten, Preise für Elektrizität beispielsweise um 78 % über dem 20-Jahresdurchschnitt, jene von Gas sogar um 144 % darüber.

Eine der zentralen Aufgaben von Notenbanken ist es, den Geldwert zu erhalten. Die Europäische Zentralbank hat sich etwa ein Inflationsziel von maximal 2 % gesetzt. 2022 ist sie auf über 10 % geklettert. In Deutschland und Österreich haben wir die höchste Inflation seit Anfang der 1950er-Jahre erlebt, in der Schweiz immerhin die höchste seit den 1990ern. Die Notenbanken sind alarmiert und haben rund um den Globus die Leitzinsen angehoben. Durch höhere Zinsen versucht man, dem Wirtschaftskreislauf Geld zu entziehen, da Kredite teurer werden. Eine abnehmende Wirtschaftsdynamik sorgt dafür, dass es zu einer geringeren Nachfrage und in weiterer Folge auch zu einem geringeren Preisdruck kommt. Soweit einmal die Theorie. Weltweit haben 33 Notenbanken die Leitzinsen angehoben. Von den großen Notenbanken hat die amerikanische Federal Reserve Bank (Fed) im März begonnen und in lediglich neun Monaten die Leitzinsen um 4,25 % angehoben. Das ist sowohl von der Geschwindigkeit als auch vom Ausmaß her einzigartig und sichert Fed-Präsidenten Jerome Powell wohl einen Platz in den Geschichtsbüchern. Auch die EZB hat im Sommer 2022 begonnen, die Leitzinsen kräftig anzuheben und damit der hohen Inflation den Kampf anzusagen. Wohin die Reise geht, ist schwer zu prognostizieren. Die Volkswirte der EZB und der Fed gehen von einer Entspannung der Lage ab 2024 aus. Was bedeutet das nun für dich? Ein inflationäres Umfeld stellt uns alle vor große Herausforderungen. Die Frage stellt sich, wie du dich am besten gegen Inflation schützen kannst.

Um diese Frage zu beantworten, möchte ich mit dir einen Blick in die Vergangenheit werfen. Es gibt mittlerweile sehr viele Studien, die historische Inflationsphasen analysiert haben, die ich hier kurz zusammenfasse. Es hat sich gezeigt, dass sich in einem inflationären Umfeld vor allem Sachwerte als besonders werthaltig herausgestellt haben. Dazu zählen Immobilien, Aktien, Edelmetalle oder auch Sammlerstücke, wie Bilder oder Luxusuhren. Die Preise dieser Realwerte steigen mit der Inflationsrate mit. Im Gegensatz dazu haben Anleiheninvestitionen oder auch das klassische Bargeld sehr rasch an realen Wert verloren. Das bedeutet, dass du für dein Geld immer weniger bekommst. Darüber hinaus haben vermögende Menschen in großen Inflationsphasen der Vergangenheit ihren Reichtum durch Kredite finanziert.

HERAUSFORDERUNGEN DES 21. JAHRHUNDERTS

Einmal pro Jahr treffen sich Wissenschaftler, Unternehmer, Wirtschaftsführer und politische Entscheidungsträger im Schweizer Davos, um kontroverse Themen zu diskutieren und diese von unterschiedlichsten Blickwinkeln aus zu betrachten. In diesem Rahmen wird auch eine Risikolandkarte publiziert. Dabei werden einzelne Risiken hinsichtlich ihrer Eintrittswahrscheinlichkeit und ihrem Einfluss bewertet. Die größten Herausforderungen sind jene Risiken, die mit hoher Wahrscheinlichkeit eintreffen und darüber hinaus eine große Auswirkung auf uns als Menschheit haben.

Die Risiken werden in folgende Bereiche untergliedert:

(1) **Economic (Wirtschaft)**
z. B. Vermögensblase, Deflation, Energiepreisschock, Arbeitslosigkeit, Finanzkrise usw.

(2) **Environmental (Umwelt)**
z. B. Verlust der Artenvielfalt, Klimawandel, Extremwetterereignisse, usw.

(3) **Geopolitical (Geopolitik)**
z. B. Einsatz von Massenvernichtungswaffen, Kriege, Zusammenbruch von Staaten, Terrorismus usw.

(4) **Societal (Gesellschaft)**
z. B. Nahrungsmittelkrise, Infektionskrankheiten, Wasserknappheit, soziale Instabilität, usw.

(5) **Technological (Technologie)**
z. B. Cyberattacken, Zusammenbruch der Informationsinfrastruktur, Datenbetrug oder -diebstahl usw.

In den vergangenen Jahren hat sich die Wahrnehmung stark verändert. Während bis 2010 noch vorwiegend ökonomische Risiken dominierten, hat sich der Fokus in den vergangenen Jahren sehr stark in andere Bereiche verschoben. Erstmals wurden 2011 Risiken aus dem Umweltbereich unter den Top-Risiken angeführt. Spätestens seit 2017 hat sich der Fokus von ökonomischen auf umweltspezifische Risiken verlagert.

Top 5	Kurzfristig (2 Jahre)	Langfristig
#1	Lebensbedingungen/Existenzkrise	Scheitern Maßnahmen gegen den Klimawandel
#2	Naturkatastrophen und Extremwetter	Scheitern der Anpassung an den Klimawandel
#3	Geoökonomische Konzentration	Naturkatastrophen und Extremwetter
#4	Scheitern Maßnahmen gegen den Klimawandel	Verlust der Artenvielfalt (Biodiversität)
#5	Abnahme sozialer Zusammenhalt und soziale Polarisierung	Unfreiwillige Migration im großen Stil

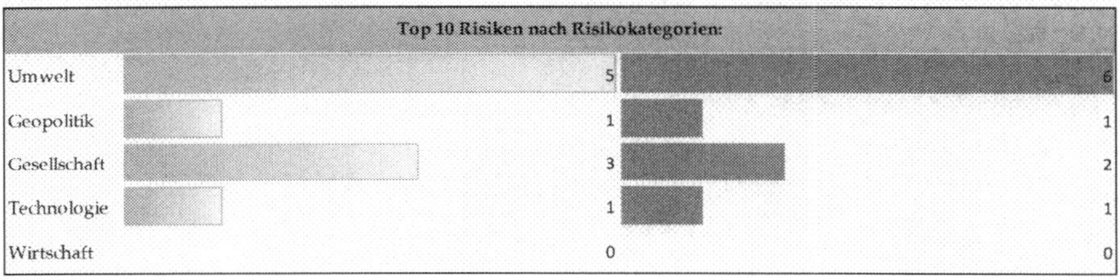

Abbildung 6: Risikolandkarte 2023
Quelle: World Economic Forum (WEF)

Die Top-5 Risiken werden für unterschiedliche Betrachtungsperioden dargestellt. Der kurzfristige Bereich umfasst einen Zweijahreszeitraum, der langfristige Bereich umfasst Risiken bis zu 10 Jahren. Laut Einschätzung des WEF wird das nächste Jahrzehnt von ökologischen und gesellschaftlichen Krisen geprägt sein, die von zugrunde liegenden geopolitischen und wirtschaftlichen Trends angetrieben werden. Sowohl kurzfristig als auch langfristig dominieren umweltspezifische Risiken. Interessant ist auch, dass sich in den Top-10 bei beiden Betrachtungsperioden kein ökonomisches Risiko wiederfindet. Verglichen mit dem Risikobericht 2022 gab es einige Veränderungen. Geopolitische Risiken sowie »alte« Themen, wie Inflation, Handelskriege oder auch Kapitalabflüsse aus Schwellenländern sind nun wieder in die Aufmerksamkeit gerückt.

Der »Evergreen« der Herausforderungen ist aber immer noch der Klimawandel. Die Top-2 Risiken auf 10-Jahressicht sind Risiken, die mit dem fortschreitenden Klimawandel zusammenhängen. Darüber hinaus müssen wir davon ausgehen, dass auch Naturkatastrophen und Extremwetterereignisse stark zunehmen. Kurzfristig betrachtet steht ein gesellschaftliches Risiko im Vordergrund. Laut Einschätzung der WEF-Experten werden sich die Lebensbedingungen ändern und Existenzkrisen deutlich zunehmen. Wir leben in einer vernetzten Welt und auch einzelne Risiken sind nicht separat zu betrachten, sondern sind miteinander verbunden.

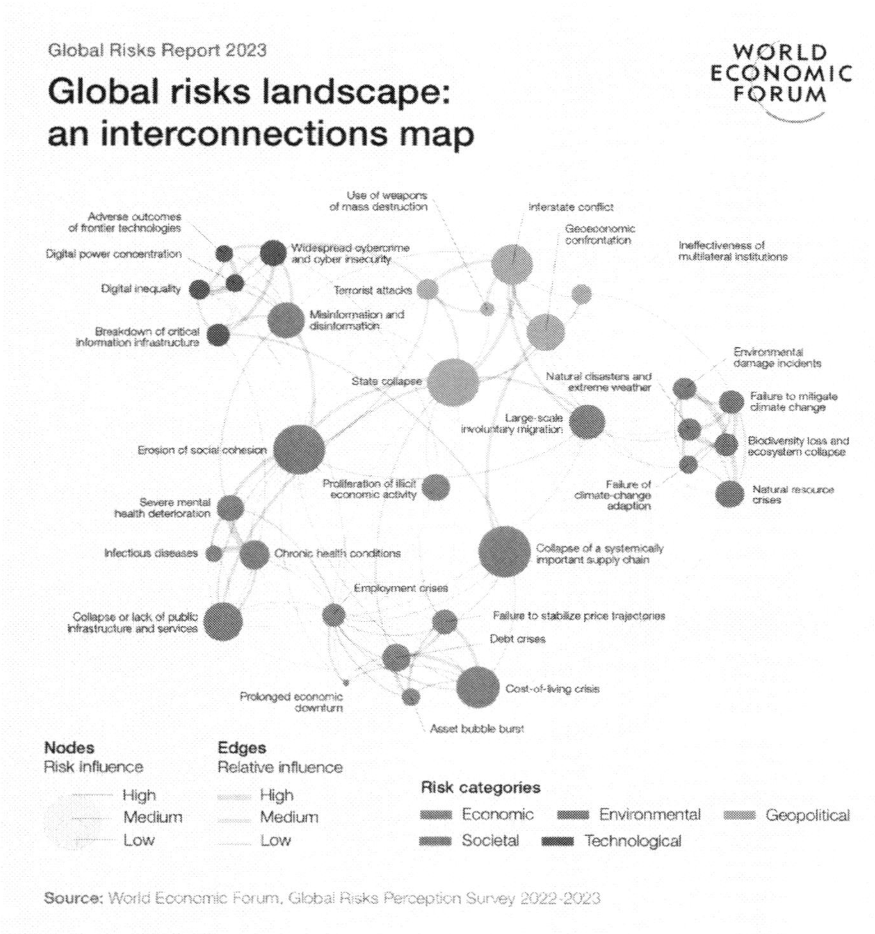

Abb 7: Risikolandkarte – Vernetzte Welt 2023
Quelle: World Economic Forum (WEF)

Warum sind das auch wirtschaftlich relevante Themen? Laut Prognosen von Wissenschaftlern könnte der Klimawandel weltweit bis 2050 7,9 Billionen US-Dollar kosten. Direkte Auswirkungen sind zunehmende Dürren, Überschwemmungen und Extremwetterereignisse sowie damit verbundene Ernteausfälle. Besonders stark betroffen ist die südliche Erdhalbkugel.

Aber auch wir in Europa oder Menschen in Nordamerika sind direkt davon beeinflusst. Durch den Klimawandel wird der Meeresspiegel ansteigen. Wenn die Prognosen eintreffen, werden bis 2060 1,4 Milliarden Menschen Klimaflüchtlinge sein, da sie in bald unbewohnbaren Regionen leben. Das entspricht der Einwohnerzahl der Bevölkerung von Indien oder China. Oder einmal der Bevölkerung Afrikas, zweimal jenes Europas oder dreimal jener Südamerikas. Die Folge wäre eine humanitäre Katastrophe und soziale Unruhen, aufgrund der Migrationsströme, die sich daraus ergeben.

Naturkatastrophen haben im Jahr 2021 bereits 280 Milliarden Dollar gekostet. Allein der Schaden der Flutkatastrophe in Deutschland wird auf 40 Milliarden Dollar geschätzt. Laut Angaben der Versicherungsbranche waren weltweit 57 % der dadurch verursachten Schäden nicht versichert. Besonders stark betroffen davon sind ärmere Regionen, wo lediglich 10 % des Schadens von Versicherungen abgedeckt wird.

Die Anzahl an Extremwetterereignissen nimmt stark zu. Aktuell leben 1,8 Milliarden Menschen in einem Gebiet, in dem die Gefahr einer Jahrhundertflut als sehr hoch eingeschätzt wird. Betroffen davon sind nicht nur Küstengebiete, sondern auch Binnenländer. Besonders stark betroffen sind die Niederlande, wo 58,5 % der Menschen in einem gefährdeten Gebiet leben. In den Top-20-Ländern der am meisten gefährdeten Gebiete wird auch Österreich angeführt. In der Alpenrepublik lebt mehr als jeder Vierte in einer solchen Region.

Die Politik hat die große Herausforderung erkannt und bereits Maßnahmen eingeleitet. Auf globaler Ebene werden mit den Sustainable Development Goals (SDGs) oder dem Pariser Klimaabkommen nachhaltige Ziele verfolgt. Auf europäischer Ebene verfolgt die EU mit der Verabschiedung des EU-Aktionsplans das klare Ziel, Finanzströme in eine nachhaltige Richtung zu lenken.

Was bedeutet das nun für dich? Wir stehen vor großen Herausforderungen. Mittlerweile ist das Thema Nachhaltigkeit in der Finanzbranche angekommen. Seit August 2022 muss beispielsweise in jedem Beratungsgespräch das Thema Nachhaltigkeit vonseiten des Beraters adressiert werden. Auch du als Investor kannst durch eine gezielte Auswahl von Finanzprodukten deine persönlichen Werte mit deinem Investment umsetzen. Dabei ist es wichtig, nicht auf ökonomische Aspekte zu vergessen und diese mit in den Entscheidungsprozess einzubeziehen. Und dabei stellt sich erfahrungsgemäß heraus, dass für ein Investment in unterschiedliche Anlageklassen oder unterschiedliche Regionen nicht immer die gleichen Qualitätsmerkmale herangezogen werden können.

ARBEITSMARKT

Der Arbeitsmarkt ist für mich ein Sinnbild für die wirtschaftlichen Zusammenhänge in einem Wirtschaftsraum. Wenn die Arbeitslosenraten beispielsweise sehr niedrig sind, ist die Nachfrage nach Arbeitskräften hoch und das wiederum lässt den Schluss zu, dass die Wirtschaft prosperiert.

Aber auch aus staatlicher Sicht ist ein stabiler Arbeitsmarkt besonders relevant. Eine Rezession in Kombination mit steigenden Arbeitslosenzahlen reißt häufig ein kräftiges Loch in das Staatsbudget, da sowohl die Ausgaben- als auch Einnahmenseite davon betroffen ist. Auf der Ausgabenseite steigen die Sozialausgaben durch das Arbeitslosengeld oder sonstige Unterstützungsmaßnahmen. Und einnahmenseitig sinken die Steuereinnahmen. Das betrifft in erster Linie den Bereich Arbeit (z.B. Lohnsteuer oder Einkommenssteuer). Darüber hinaus ist davon auszugehen, dass eine Erwerbslosigkeit in weniger Konsumausgaben und damit in weniger Konsumsteuern (Umsatzsteuer) mündet. Gerade in Zeiten der Coronapandemie haben wir das hautnah miterlebt. In Europa wurden viele Arbeitnehmer in Kurzarbeit geschickt.

Was versteht man nun unter Arbeitslosenquote? Als arbeitslos werden laut Definition der International Labour Organization (ILO) jene Personen zwischen 15 und 74 Jahren, die:

- gegenwärtig keiner Erwerbstätigkeit nachgegangen sind,
- innerhalb der nächsten zwei Wochen mit einer neuen Arbeit beginnen können und
- in den vergangenen vier Wochen aktiv eine neue Arbeit gesucht haben.

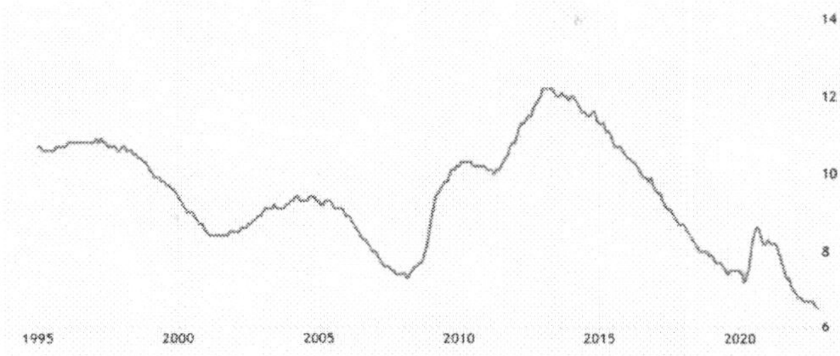

Abbildung 8: Arbeitslosenrate Eurozone
Quelle: TRADINGECONOMICS.COM, EUROSTAT

In der Eurozone ist die Arbeitslosenrate in den vergangenen Jahren trotz der Krisen deutlich gesunken. Wir befinden uns gegenwärtig auf dem tiefsten Stand seit Beginn der Datenerfassung Mitte der 1990er-Jahre. In den vergangenen Jahren ist auch der Anteil jener Personen, die einer Teilzeitbeschäftigung nachgegangen sind, deutlich gestiegen. In der Eurozone sind das rund 20 % aller Erwerbstätigen. Auch bei einer länderspezifischen Betrachtung für Deutschland, Österreich und der Schweiz ist die Arbeitslosenquote zwar wieder leicht angestiegen, aber immer noch auf einem historisch niedrigen Niveau.

Viele Unternehmen geben an, dass es gegenwärtig schwierig ist, gute Mitarbeiter zu finden. Gerade für gute und hoch qualifizierte Arbeitskräfte ist es momentan nicht schwierig, einen Job zu finden. Besonders nachgefragt sind Handwerker und Facharbeiter. Aufgrund der großen Nachfrage kann es auch zu einer Lohn-Preis-Spirale kommen. Bei steigender Inflation sinken die Reallöhne. Das wiederum führt zu Lohnsteigerungen, welche wiederum in höheren Preisen mündet. Üblicherweise dreht sich die Lohn-Preis-Spirale so lange, bis die Wirtschaftsdynamik deutlich abnimmt und damit auch die Nachfrage nach Arbeitskräften zurückgeht.

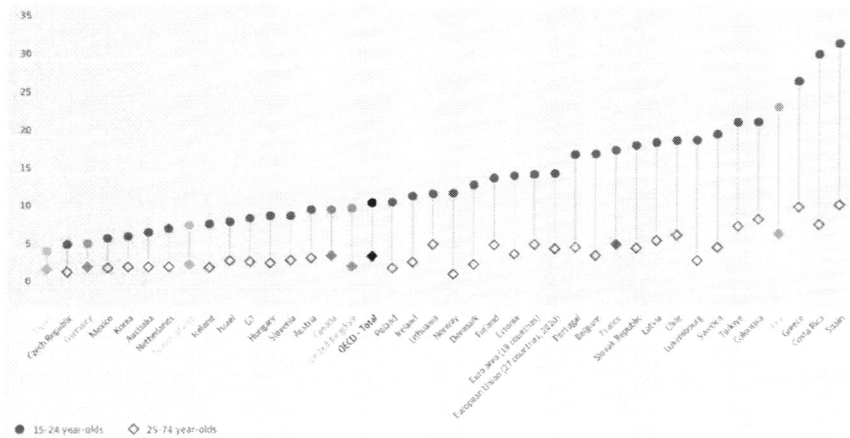

Abbildung 9: Arbeitslosenrate 15–24 Jahre vs. 25–74 Jahre
Quelle: OECD

Gegenwärtig ist in allen OECD-Ländern die Arbeitslosenrate für jüngere Menschen deutlich höher als jene der 25- bis 74-jährigen. Im OECD-Schnitt liegt die Arbeitslosenrate der 15- bis 24-Jährigen bei 11,2 %, jene der 25- bis 74-Jährigen bei 4,1 %. In Deutschland ist die Arbeitslosenrate der Jungen doppelt so hoch wie jene der Älteren, in Österreich sogar fast dreimal so hoch.

Dadurch ist es für junge Menschen in vielen Ländern sehr schwierig, sich im Arbeitsmarkt zu integrieren. Besonders betroffen sind wirtschaftlich eher schwächere Länder. Wenn sich jeder dritte Spanier oder jeder vierte junge Italiener im heimischen Arbeitsmarkt nicht integrieren kann, werden die gut Ausgebildeten über kurz oder lang ins Ausland abwandern. Die Abwanderung von hoch qualifizierten Arbeitskräften wird auch als Braindrain bezeichnet – also der »Abfluss von Intelligenz und Verstand«. Gerade für abgebende Länder hat das langfristige Auswirkungen. Gerade in den ersten Jahren wird aus volkswirtschaftlicher Sicht z.B. für eine Schulausbildung viel investiert. Mit dem Einstieg ins Erwerbsleben fließen Steuereinnahmen in das Staatsbudget. Ebenso sind das im Regelfall Gutverdiener, die das verdiente Geld vorwiegend nicht im Heimatland ausgeben. Das führt zu geringeren Konsumsteuern und ist auch zulasten der heimischen Wirtschaft. Festzuhalten ist auch, dass durch den Abgang viel Innovationskraft verloren geht. Und das wiederum hat langfristige gesellschaftliche und volkswirtschaftliche Auswirkungen. Mittlerweile gibt es auch schon einige Länder, die aktiv junge und hoch qualifizierte Arbeitskräfte anwerben. Der Kampf um die besten Köpfe in einer globalisierten Welt hat gerade erst begonnen.

Als Fondsmanager war und ist die Arbeitslosenrate für mich eine wesentliche makroökonomische Kennzahl, die viel Aussagekraft hat. Du kannst bei einer Veränderung Rückschlüsse auf die Wirtschaftsdynamik, Inflation, das Konsumverhalten oder auch auf das Staatsbudget ziehen.

VERSCHULDUNG

In den letzten Jahren ist die Verschuldung von Staaten, Unternehmen und Privathaushalten deutlich angestiegen. Ausschlaggebend dafür war vorwiegend das niedrige Zinsniveau und das lockere Kreditvergabeverhalten vieler Banken. Die Kreditkosten halten sich dank der expansiven Notenbanken bisher auch absolut in Grenzen. Um die Schulden zwischen einzelnen Ländern oder auch in Bezug auf die Historie vergleichbar zu machen, werden sie in Relation zum Bruttoinlandsprodukt (BIP) dargestellt.

Im Jahr 2020 erlebten wir ausgelöst durch die Coronapandemie den stärksten Anstieg seit 50 Jahren. In diesem Jahr sind zwei Faktoren zusammengekommen. Aufgrund des wirtschaftlichen Einbruchs ist das BIP stark zurückgegangen. Darüber hinaus haben vor allem Staaten die Geldschatullen geöffnet und mit einem gigantischen Unterstützungspaket Schlimmeres zu verhindern versucht. Zudem haben niedrigere Steuereinnahmen ebenfalls die Budgets belastet. In diesem Umfeld ist auch die Verschuldung von Privatpersonen und Unternehmen gestiegen. 2021 kam es zu einem wirtschaftlichen Rebound und einem stark steigenden BIP. Und das wiederum führte dazu, dass wir in Relation zum BIP die größte Verbesserung seit 70 Jahren gesehen haben. Obwohl, die Verschuldung in absoluten Beträgen nicht gestiegen ist.

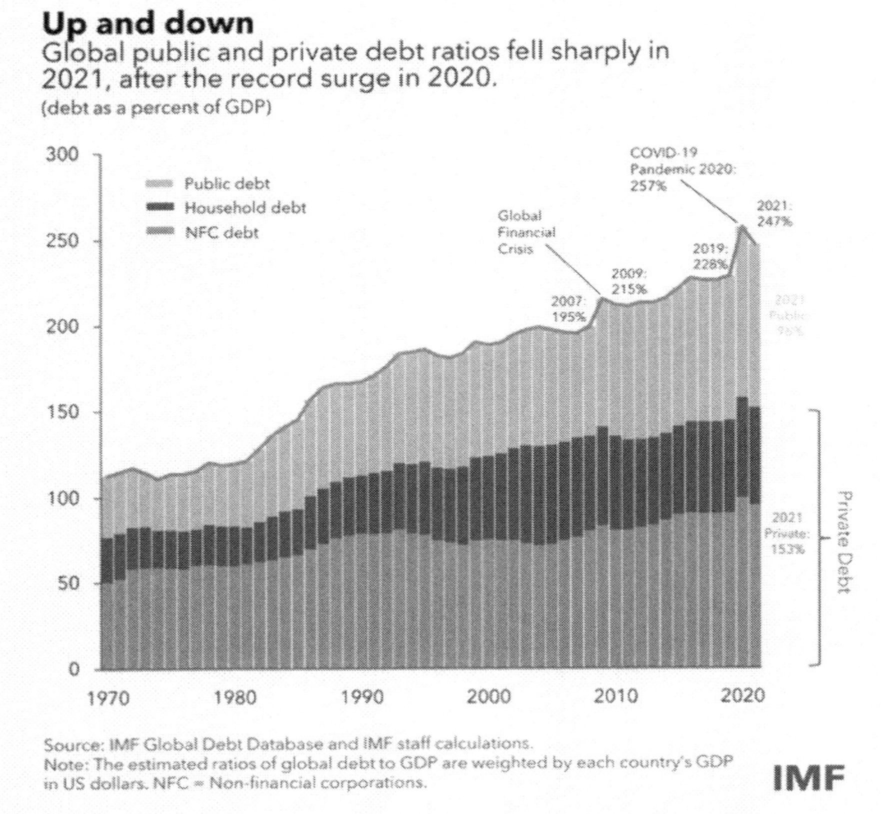

Abbildung 10: Verschuldung
Quelle: OECD

Prinzipiell ist die Nullzinspolitik der Notenbanken ein Paradies für alle Kreditnehmer. Bei einer hohen Inflation können die Schulden »weginflationiert« werden. Das bedeutet, dass eine Schuld von 100 € heute in 10 Jahren bei einer angenommenen Inflation von 7 % dem realen Wert von nur mehr 50 € entspricht. Und in diesem Umfeld ist die Schuld real betrachtet, natürlich viel leichter zu begleichen. Diesen Umstand haben sich auch Immobilienbesitzer zunutze gemacht. Die Wachstumsrate bei den Immobilienpreisen lag in den letzten deutlich über der Inflationsrate oder den Kreditzinsen. Seit 2015 sind die Häuserpreise in Deutschland und Österreich um mehr als 50 % gestiegen. Wenn jemand 2015 eine Immobilie um 200.000 € gekauft hat, ist die gleiche Immobilie heute rund 300.000 € Wert. Selbst wenn wir annehmen, dass der Käufer alles mittels Kredits finanziert und bisher nur die Zinsen zurückbezahlt hat, bleibt ein satter Gewinn übrig. Zudem ist die Verschuldungsquote, also die Schulden in Relation zum Immobilienwert, von 100 % auf 67 % gesunken. Die Rahmenbedingungen haben sich aber deutlich verändert. Die Notenbanken haben der Inflation den Kampf angesagt und die Leitzinsen deutlich angehoben. Das bedeutet, dass auch die Kreditkosten steigen. Und das wiederum sorgt für eine geringere Nachfrage nach Immobilien.

Die Zeit der Nullzinspolitik und des billigen Geldes scheint vorbei. Damit hat sich auch das Umfeld für Kreditnehmer deutlich verändert. Ziel muss es sein, das Schuldenniveau wieder zu reduzieren, um wieder etwas Freiraum zu gewinnen. Die Schulden der Eurostaaten in Relation zum BIP liegen bei über 90 %. Zur Erinnerung: Die Maastrichtkriterien haben einst für den Euroraum eine Schuldenobergrenze von 60 % definiert. Diese Grenze wird mittlerweile von mehr als der Hälfte aller Euroländer überschritten.

UNSER LEBEN HEUTE IM VERGLEICH ZU VORGÄNGERGENERATIONEN

Stellst du dir auch manchmal die Frage, ob unser Leben in den 2020ern besser ist als jenes der Vorgängergenerationen. Die Geschichte hat uns gelehrt, dass jede Generation ihre eigenen Herausforderungen zu bewältigen hat. Die Generation unserer Urgroßeltern und Großeltern erlebte einen oder vielleicht auch zwei Weltkriege, jene unserer Eltern die Wiederaufbaujahre und wir den Zusammenbruch des ehemaligen Ostblocks und das Voranschreiten der Globalisierung. Und aktuell stehen wir vor sozialen, wirtschaftlichen und umweltspezifischen Herausforderungen. Was bedeutet überhaupt besser und anhand welcher Indikatoren kann man das überhaupt messen? Our World in Data hat vier Indikatoren ermittelt, um die großen Veränderungen aufzuzeigen.

Indikator	Veränderung	Verbesserung / Verschlechterung	Heute	1800
Kindersterblichkeit (< 5 Jahre)	–39,6%	↑	3,7%	43,3%
Lebenserwartung	43	↑	72	29
Schulbildung (Jahre)	12,5	↑	12,7	0,2
BIP pro Kopf	17904	↑	18604	700

Abbildung 11: Unser Leben im Vergleich zu 1800
Quelle: Our World in Data, UNICEF, Weltbank, eigene Darstellung

Beginnen wir mit der Kindersterblichkeit. Diese liegt heute bei rund 3,7 % und damit immer noch über dem Zielwert der Sustainable Development Goals mit maximal 2,5 % bis 2030. Durch den medizinischen Fortschritt sowie die Verbesserung der Hygiene und der Lebensbedingungen hat sich die Rate jener Kinder, die ihren 5. Geburtstag nicht erleben, in den vergangenen Jahren deutlich verbessert. 1990 lag der Wert noch bei 9,3 % und im Jahr 2000 bei 7,6 %. Ein Großteil der betroffenen Kinder lebt in wirtschaftlich gesehen armen Ländern mit einer schlechten medizinischen Versorgung. Rund die Hälfte davon stammt allein aus der Region Sub-Sahara-Afrika. 9 von 10 Kindern stammen aus Afrika, Asien oder Südamerika. In absoluten Zahlen ausgedrückt sterben weltweit jeden Tag 13.700 Kinder vor dem 5. Geburtstag. Auf das Jahr bezogen sind das mehr Kleinkinder als in Deutschland überhaupt leben. Wenn wir die Kindersterblichkeit allerdings mit jener aus dem Jahr 1800 vergleichen, wird offensichtlich, welche Fortschritte wir erzielen konnten. Denn vor etwas über 200 Jahren lag die Kindersterblichkeit weltweit bei unglaublichen 43 %. Auch heute ist die Spannweite zwischen 12,7 % in Somalia und 0,2 % in Island sehr groß. Allerdings liegt selbst die Kindersterblichkeit in Somalia deutlich unter jener des Jahres 1800.

Als zweiten Indikator möchte ich die durchschnittliche Schulbildung heranziehen. Diese lag 1800 weltweit bei nur 78 Tagen. Heute liegt sie bei rund 8,4 Jahren. All jene Kinder, die 2017 in das Schulsystem eingetreten sind, haben eine erwartete Ausbildungsdauer von 12,7 Jahren. Am längsten dauert es mit 22,9 Jahren in Australien, am wenigsten lang in Süd-Sudan mit 4,9 Jahren. Bildung ist wichtig, keine Frage. Laut Studien ist das der wesentliche Schalthebel, um Ungleichgewichte abzubauen. Lediglich ein zusätzliches Ausbildungsjahr bringt erhebliche Vorteile:

- höheres persönliches Einkommen um bis zu 10 %
- höheres BIP um 0,37 % pro Jahr
- Reduktion der Kindersterblichkeit um mehr als 5 %

Als dritten Indikator betrachten wir noch die Gesamtwirtschaft. Als Indikator dafür wird das BIP pro Kopf herangezogen. Die wirtschaftliche Leistungsfähigkeit liegt weltweit aktuell bei $18.604. Am geringsten ist sie in Burundi mit $775, am höchsten in Luxemburg mit $134.555. Auch Deutschland ($57.881), Österreich ($58.430) und die Schweiz ($77.273) gehören zu den reichen Ländern. Im Vergleich dazu lag das BIP pro Kopf 1800 weltweit deutlich unter $1.000 und damit sogar unter dem heutigen Niveau von Burundi.

Als letzten Indikator möchte ich noch die Lebenserwartung heranziehen. Diese liegt weltweit bei rund 72 Jahren. Die Lebenserwartung hängt auch stark vom Wohlstand eines Landes ab. Hier spielen die medizinische Versorgung und die Hygiene eine zentrale Rolle. Auch geschlechterspezifisch sind Unterschiede feststellbar. In den allermeisten Ländern liegt die Lebenserwartung von Frauen um vier bis acht Jahre über jener der Männer. Am ältesten werden die Menschen in Japan mit 85 Jahren, am wenigsten lang leben Menschen in Sierra Leone mit 55 Jahren.

WAS BEDEUTET REICH

Viele Menschen wollen reich sein. Stellst du dir auch manchmal die Frage, was den überhaupt Reichtum bedeutet und ob du auch zu diesem erlauchten Kreis gehörst. Um diese Frage für dich zu beantworten, werden wir uns dem Reichtum von zwei unterschiedlichen Seiten aus nähern. Beginnen wir mit der Frage, wie hoch dein Einkommen ist. In Kombination mit einer Sparquote ist das das Fundament, um überhaupt ein Vermögen aufbauen zu können. Sozusagen der Treibstoff für deinen finanziellen Wohlstand.

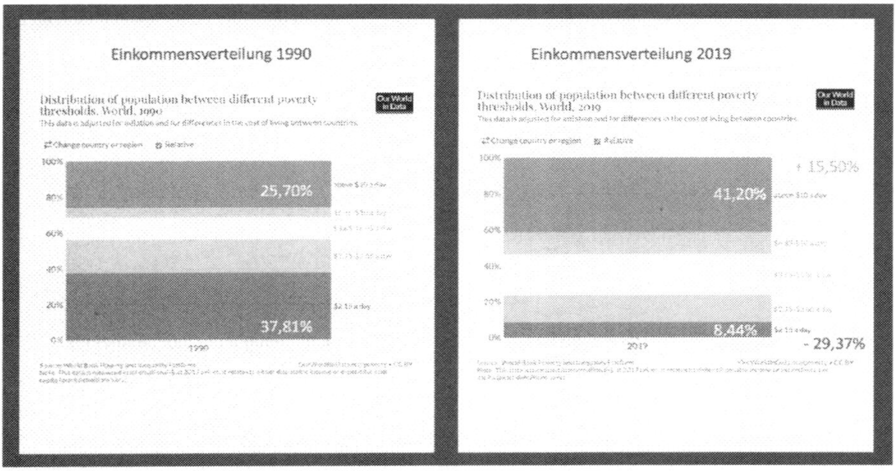

Abbildung 12: Einkommensvereitlung
Quelle: Our World in Data

Weltweit verdienen nur etwas mehr als 3 Milliarden Menschen mehr als $10 pro Tag. Auf der anderen Seite müssen 650 Millionen Menschen in extremer Armut leben. Darunter fallen alle Menschen mit einem Tageseinkommen von weniger als $2,15. Wenn wir uns aber die Entwicklung der letzten 30 Jahre vor Augen führen, erkennen wir wesentliche Fortschritte. Aktuell leben 8,44 % der Menschen in extremer Armut. Im Jahr 1990 waren es noch 37,81 % und damit mehr als jeder Dritte der Weltbevölkerung. Im Gegensatz dazu ist auch der Anteil jener Personen mit einem Verdienst von mehr als $10 pro Tag von 25,7 % auf am stärksten angestiegen. Durch die Coronapandemie und den Russland-Ukraine-Konflikt ist jedoch davon auszugehen, dass es zu einer Trendumkehr kommt und sich die Rahmenbedingungen wieder verschärfen.

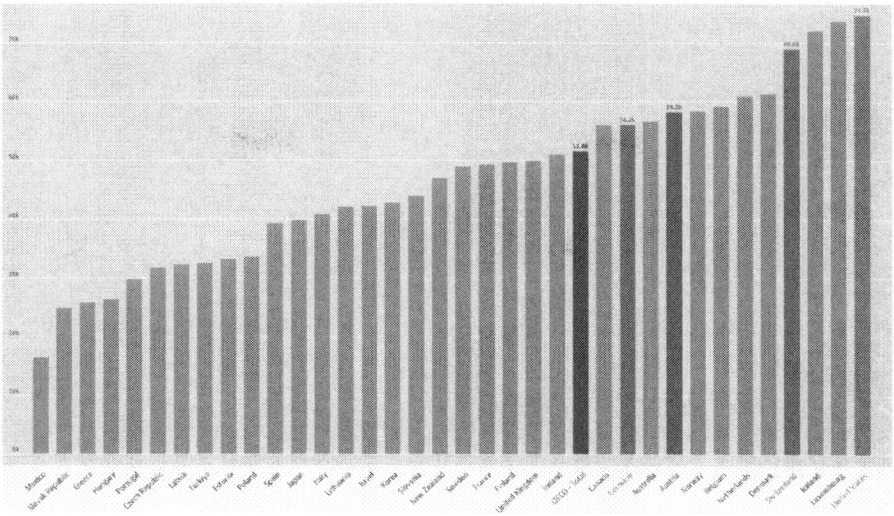

Abbildung 13: Durchschnittseinkommen OECD-Länder (in USD)
Quelle: OECD

Das Durchschnittseinkommen der OECD-Länder liegt bei $51.607. In Deutschland ($56.040), Österreich ($58.189) und der Schweiz ($68.957) ist der Wert deutlich höher. Wenn dein Jahreseinkommen die Schwelle von $124.720 übersteigt, verdienst du mehr als 99 % aller Menschen auf unserem Planeten und gehörst damit zu den absoluten Top-Verdienern. Auf den Monat bezogen sind das etwas mehr als $10.000. Zwischen einzelnen Ländern gibt es aber große Unterschiede. Die Bandbreite reicht von $336.953 in den USA bis $24.296 in Äthiopien. In Deutschland liegt die Schwelle bei rund 200.000 €.

Nähern wir uns jetzt dem Reichtum von einer anderen Seite. Die Haushalte besitzen weltweit laut dem Credit Suisse Global Wealth Report ein Vermögen von 463 Billionen US-Dollar. Das entspricht rund dem 4,6fachen Wert der globalen Wirtschaftsleistung (Welt-BIP). Knapp ein Drittel des Weltvermögens besitzen US-Haushalte. Gemeinsam mit China, welches aktuell rund 18 % der Vermögenswerte vereinnahmt, vereinen diese beiden Länder mehr als die Hälfte der Haushaltsvermögen. Dahinter folgen Japan (5,5 %), Deutschland (3,8 %) und UK (3,5 %) mit deutlichem Respektabstand. In den Top-10 finden sich mit Frankreich und Italien noch zwei weitere europäische Länder. Von der regionalen Aufteilung liegt Europa mit 23 % etwas hinter Nordamerika und Asien zurück, die jeweils etwas mehr als ein

Drittel vereinnahmen. Weltweit gab es 62,5 Millionen Millionäre. Auf jeden erwachsenen Erdenbürger – mittlerweile haben wir ja bereits die 8-Milliarden-Grenze überschritten – entfallen damit rund 87.000 US-Dollar. In Anbetracht der Kapitalmarktergebnisse ist das Geldvermögen 2022 das erste Mal seit vielen Jahren wieder einmal gesunken.

Rank	Name	Total net worth	Country	Industry
1	Bernard Arnault	$165 B	France	Consumer
2	Elon Musk	$138 B	USA	Technology
3	Gautam Adani	$121 B	India	Industrial
4	Bill Gates	$110 B	USA	Diversified
5	Warren Buffet	$108 B	USA	Technology
6	Jeff Bezos	$107 B	USA	Technology
7	Larry Ellison	$91,5 B	USA	Technology
8	Mukesh Ambani	$86,9 B	India	Energy
9	Steve Ballmer	$86,2 B	USA	Technology
10	Larry Page	$83,1 B	USA	Technology

Abbildung 14: Bloomberg Billionärsindex
Quelle: Bloomberg

Bernard Arnauld ist Franzose, der einen Konzern mit 75 Luxusmarken sein Eigen nennt, hat 2022 Tesla-Chef und Unternehmer Elon Musk als reichsten Menschen der Welt abgelöst. Sein Vermögen wird auf $165 Milliarden geschätzt. Auf dem 3. Platz liegt Gaudam Adani, unter anderem der größte Kohleproduzent und Flughafenbetreiber Indiens. Er ist zudem der Einzige der Top-10-Liste, der sein Vermögen im schwierigen Börsenjahr steigern konnte. Sieben Personen sind US-Bürger und sechs davon aus dem Technologiesektor. Sechs Menschen besitzen mehr als $100 Milliarden. Um einen Platz in den Top-100 zu ergattern, musst du ein Vermögen von $15,5 Milliarden besitzen. Die Schwelle für die Top-500 liegt gegenwärtig bei rund $5 Milliarden. Knapp zwei Drittel davon sind Selfmade-Milliardäre und haben es aus eigener Kraft zu beträchtlichem Wohlstand gebracht.

Knapp 30 % haben ihr Vermögen geerbt und lediglich 3 % haben es aus einem Angestelltenverhältnis zum Milliardär gebracht.

Viele Menschen haben das Ziel, eines Tages Millionär zu werden. Das scheint jene unsichtbare Schallmauer zum Reichtum zu sein. Hast du dir schon einmal die Frage gestellt, wie lange du persönlich benötigst, um es zum Millionär zu schaffen. Im Wesentlichen hängt dein Fortschritt von drei Faktoren ab. Wie hoch ist dein Startkapital, wie viel kannst du sparen und welchen Ertrag erwirtschaftest du mit deinem Investment?

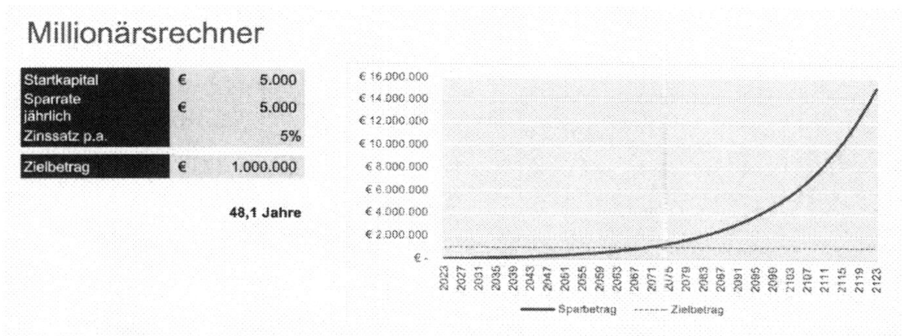

Abbildung 15: Millionärsrechner
Quelle: ecobono

Mit dem Millionärsrechner kannst du deine eigene finanzielle Zukunft planen. Du bekommst ein gutes Gefühl dafür, wie lange es braucht, um deine persönlichen finanziellen Ziele zu erreichen. Nehmen wir einmal an, dein Ziel ist es wirklich, Millionär zu werden, du besitzt ein Startkapital von €5.000 und bist in der Lage, jährlich €5.000 zu sparen. Für die Berechnung unterstellst du, dass du mit deinem Investment durchschnittlich 5 % pro Jahr verdienst. Unter diesen Rahmenbedingungen wird es 48,1 Jahre dauern, bis du ein Vermögen von einer Million Euro angehäuft hast. Wenn deine Performance aber »nur« um einen Prozentpunkt höher ist, sparst du dir 5 Jahre. Der Hebel hier ist im Vergleich zu den anderen Parametern am größten. Probiere es einfach einmal aus.

SCAN ME

Hier geht es zum Millionärsrechner

WARUM DIE MEISTEN MENSCHEN IHRE FINANZEN SCHLECHT MANAGEN

Meine Eltern waren Familienunternehmer. Vielleicht habe ich von Ihnen meine Zahlenliebe geerbt. Als Fondsmanager habe ich bereits früh gelernt, dass die Finanzwelt eine Welt der Zahlen ist. Am Ende des Tages kommt es schließlich immer auf die Performance an. Ich stelle mir auch oft die Frage, warum viele Menschen in Bezug auf die eigenen Finanzen so fahrlässig agieren und die Dinge einfach laufen lassen. Warum lassen sie Dinge schleifen und beschäftigen sich nur oberflächlich mit dieser Materie? Liegt es an der Komplexität? Liegt es an den vielen Zahlen oder liegt es einfach am Desinteresse? Das ist wahrscheinlich nur individuell und nicht kollektiv zu beantworten.

Finanzen spielen in jedem Leben eine nicht unwesentliche Rolle. Im Laufe der letzten Jahrzehnte habe ich gelernt, dass der größte Verbündete der Faktor Zeit ist. Und um diesen Faktor auch für dich nutzen zu können, ist es wichtig, die eigenen Finanzen gut zu managen. Was meine ich mit managen? Im Wesentlichen sind damit drei Bereiche verbunden. Zuerst musst du einmal den Status-Quo erfassen. Dabei sind sowohl aktuelle Vermögenswerte und Schulden als auch die monatliche Haushaltsrechnung gemeint. Im zweiten Schritt geht es darum, deinen eigenen Finanzplan zu erarbeiten. Im dritten Schritt geht es um die Umsetzung. »Es gibt nichts Gutes, außer man tut es.« In diesem Zusammenhang möchte ich alle Skeptiker gleich beruhigen. Es klingt nach unfassbar viel Arbeit. Ich kann dir aber versichern, einmal aufgesetzt und gut durchdacht, funktioniert es reibungslos und ohne großen Aufwand. Der Mehrwert wird sich erst nach einigen Jahren zeigen. Aber eines ist klar: Er wird immens hoch sein!

Was erwartet dich nun in diesem Kapitel? Bevor wir uns intensiv mit deinen persönlichen Finanzen auseinandersetzen, ist es wichtig, sich auch mental darauf einzustellen. Wir werden uns mit Glaubenssätzen und Denkfehlern beschäftigen, die viele Menschen daran hindern, ihre Finanzen professionell zu managen. Darüber hinaus werden wir uns mit der Vollkaskomentalität, der Schuldenfalle oder auch mit der Rolle der Finanzberater beschäftigen.

Die Börse ist ein Platz der Träume und Hoffnungen, aber auch der Gier und Enttäuschungen. In den vergangenen Jahren habe ich Menschen kennengelernt, die es zu immensem Reichtum gebracht haben, aber auch andere, die ihrer Gier zum Opfer gefallen sind. Für viele Menschen waren die tiefen Zinsen ein ausschlaggebender Grund, sich nicht mit den eigenen Finanzen zu beschäftigen. Und dann hätten wir noch mangelndes Interesse oder auch fehlendes Finanzwissen, um alles in geordnete Bahnen zu lenken.

In meiner Rolle als Finanzexperte habe ich tausende Gespräche mit Finanzberatern, Investoren, Studenten und Kunden geführt. Auch wenn sich die Fragen im Zeitablauf etwas verändert haben, sind sie im Grunde doch gleich geblieben. Viele dieser Punkte wurden uns bereits sehr früh vermittelt. Wir sind damit aufgewachsen und nehmen sie daher einfach als gegeben hin. Um das aufzubrechen, müssen wir unser eigenes Denken kritisch hinterfragen und gegebenenfalls neu ausrichten. Auch ich selbst habe viele Jahre benötigt, um mir ein professionelles Mindset anzueignen. Der Weg dorthin ist mit Blut, Schweiß und Tränen gepflastert und hat mich einiges an Lehrgeld gekostet, das kannst du mir glauben. Dieser Weg war für mich wichtig, um zu erkennen, was mich davon abhält, professionell mit meinen eigenen Finanzen umzugehen. Auch du kannst diesen steinigen Weg beschreiten. Oder aber, du versuchst, aus meinen Fehlern zu lernen und die für dich richtigen Schlüsse daraus zu ziehen. Damit nimmst du eine Abkürzung, die dir viel Geld ersparen wird.

GLAUBENSSÄTZE UND DENKFEHLER

Manchmal verhindern unsere Glaubenssätze oder alteingesessenen Denkmuster uns daran, erfolgreich zu sein oder unser Leben einfach nur nach den eigenen Vorstellungen zu gestalten. Das trifft prinzipiell auf viele Lebensbereiche zu. Im Laufe der Jahre habe ich festgestellt, dass sich gerade im Finanzbereich viele Mythen und Sichtweisen etabliert haben, die dich davon abhalten können, finanziell wirklich erfolgreich zu werden. In diesem Kapitel werden wir uns mit den sieben häufigsten Glaubenssätzen und Denkfehlern auseinandersetzen, die mir im Laufe der Jahrzehnte immer wieder untergekommen sind. Es lohnt sich, darüber nachzudenken.

#1: Ich kann nicht mit Geld umgehen.

Viele Menschen sind dieser Ansicht. Hast du dir schon einmal die Frage gestellt, welche Verhaltensweisen du an den Tag legen musst, um professionell mit Geld umzugehen? Allein wenn du dir diese Frage stellst, bist du schon sehr weit gekommen. Für mich ist das nichts anderes als eine billige Ausrede. Ein selbstauferlegter Schutzschild, welcher meine Passivität entschuldigt. Um mit Geld richtig umgehen zu lernen, musst du dich in erster Linie einmal damit auseinandersetzen. Letztlich sind es einige wenige Verhaltensweisen, die erfolgreiche Menschen konsequent umsetzen. Und genau diese sind in den Strategien dieses Buches eingearbeitet.

#2: Ich habe keine Ahnung von Finanzen.

Finanzwissen wird uns im Zuge unserer Ausbildung im Regelfall bestenfalls in den Grundzügen vermittelt. Geld ist für viele noch ein absolutes Tabuthema. Über Geld spricht man nicht. Das führt dazu, dass viele junge Menschen einen möglichst weiten Bogen um diesen Bereich machen und ihre eigenen Finanzen auch sträflich vernachlässigen. Um eine Finanzstrategie erfolgreich umzusetzen, musst du kein Studium der Betriebswirtschaft oder der Mathematik absolvieren. Mein Anspruch ist es, dir mit diesem Buch jenes notwendige Wissen zu vermitteln, auf dem du dein finanzielles Fundament solide aufbauen kannst.

#3: *Ich habe noch viel Zeit und muss mich jetzt noch nicht darum kümmern.*

Die Zeit ist dein größter Verbündeter. Je mehr Zeit du verstreichen lässt, desto weniger bleibt dir, um deine finanzielle Strategie erfolgreich umzusetzen. Finanziell erfolgreiche Menschen haben ihre Strategie über einen möglichst langen Zeitraum verfolgt und konsequent umgesetzt. In jeder Lebensphase passieren Dinge, die dafürsprechen, noch etwas zuzuwarten. Als Berufseinsteiger verdiene ich noch wenig, als Jungfamilie möchte ich eine Wohnung kaufen oder als werdende Eltern liegt der Fokus klar auf dem eigenen Nachwuchs. Da bleibt kein Platz dafür, sich auch noch mit den eigenen Finanzen auseinanderzusetzen. Und außerdem wird jeder Euro gerade für das aktuelle Projekt benötigt. Viele übersehen den richtigen Zeitpunkt und stehen in ihren 40ern oder 50ern ohne Kapital oder vielleicht sogar mit beträchtlichen Schulden da. Ich habe die Erfahrung gemacht, dass es weniger darauf ankommt, wie viel du sparst, sondern vielmehr darauf, dass du konsequent über eine lange Zeit eine Strategie verfolgst. Dann geht das in Fleisch und Blut über. Du wirst überrascht sein, welches Vermögen du über einen längeren Zeitraum aufbauen kannst.

#4: *Geld verdirbt den Charakter.*

Auch dieser Glaubenssatz hält sich seit vielen Jahren hartnäckig. Aber stimmt er wirklich? Meiner Erfahrung nach trifft dieses Sprichwort nur bedingt zu. Häufig ist es zu beobachten, dass Menschen, die es gewissermaßen über Nacht zu einem immensen Reichtum geschafft haben, Probleme damit haben, mit dieser Situation zurechtzukommen. Nehmen wir etwa den Lottogewinner von nebenan. Es gibt zwar keine offiziellen Statistiken, aber laut Insider-Schätzungen sind bereits nach zwei Jahren 80 % aller Lottogewinner wieder bei null oder sogar im roten Bereich angelangt. Nach anfänglichen Glücksgefühlen wird der Betroffene meist launisch, zynisch und misstrauisch. Die Persönlichkeit ist einfach nicht mitgewachsen. Ähnlich verhält es sich oft mit Menschen, die es durch Zockerei zu einem Millionenvermögen gebracht haben. Jedoch gibt es aber auch jene, die es durch Sparen und durch kluge, langfristige Investitionen zu einem Vermögen geschafft haben. Ich habe häufig beobachtet, dass in diesem Fall im Gegensatz zum Lottogewinner die Persönlichkeit und das Mindset mitwachsen. Für diese Menschen bedeutet Wohlstand oder finanzielle Unabhängigkeit Freiheit. Und diese Freiheit nimmt enorm viel Druck von den Schultern und führt dazu, dass jene Menschen ihre positiven Charaktereigenschaften intensiv ausleben. Insofern wünsche ich dir, dass du langfristig Wohlstand aufbaust und nicht bereits morgen durch deinen Lottoschein oder durch eine hochriskante Börsenzockerei zum Millionär wirst.

#5: Das ist mir zu riskant.

Wenn du in Wertpapiere Geld investierst, kannst du definitiv Geld verlieren. Das ist unbestritten. Grundsätzlich gilt: Je größer die Chance auf einen satten Gewinn, desto größer ist auch das Risiko, welches du mit deinem Investment eingehst. Wenn du aber eine kluge Finanzstrategie aufsetzt, kannst du das Risiko deutlich reduzieren und längerfristige höhere Erträge abschöpfen. Wenn du dich für ein Aktieninvestment entscheidest, ist kurzfristig nahezu alles möglich. Es kann dir beispielsweise passieren, dass du im nächsten Jahr die Hälfte deines Vermögens verlierst oder der Wert deiner Investments sich um 50 % erhöht. Bei einer langfristigen Veranlagungsdauer wird das Risiko geglättet. Das bedeutet, dass du einige sehr gute, aber auch einige sehr schlechte Jahre erleben wirst. Und genau darin liegt die Kraft eines Aktieninvestments. Im Laufe der Zeit werden schlechte durch gute Zeiträume ausgeglichen und in der Vergangenheit wurdest du am Ende auch für das eingegangene Risiko bezahlt. Das bedeutet, dass du deutlich mehr verdient hast als mit einem Sicherheitsinvestment. Achte aber auch darauf, möglichst breit zu streuen und nicht alles auf eine Karte zu setzen. Diese Maßnahme reduziert das Gesamtrisiko ungemein.

SCAN ME

7 Glaubenssätze und Denkfehler, die dich davor abhalten, deine Finanzen professionell zu managen

VOLLKASKOMENTALITÄT – DER STAAT WIRD ES SCHON RICHTEN

Wir leben in einer sehr wohlhabenden Region. Deutschland, Österreich und die Schweiz gehören zu den reichsten und wohlhabendsten Ländern dieser Welt. Europäische Länder zeichnen sich außerdem durch sehr hohe Sozialstandards aus. Das betrifft das Gesundheitssystem, eine hohe Sozialabsicherung, wie eine Arbeitslosenunterstützung oder auch das Pensionssystem. Für alle Eventualitäten scheint vorgesorgt zu sein. Das ist prinzipiell sehr angenehm und trägt zum Wohlstand eines Landes positiv bei.

Es gibt aber auch eine Kehrseite der Medaille. An diese staatliche Absicherung haben wir uns gewöhnt. Und das wiederum sorgt dafür, dass sich viele von uns voll und ganz darauf verlassen, dass es der Staat schon richten wird. Manch einer spricht sogar von einer Vollkaskomentalität. Durch Subventionen in der Coronapandemie oder auch durch Maßnahmen, um die Rekordinflation abzufedern, haben die Staaten nochmals ein Schäuflein draufgelegt. Die Frage stellt sich aber nun, ob es sich in diesem Fall nicht um eine »Schein-Sicherheit« handelt, damit sich auch risikoaverse Menschen wohlfühlen.

In Österreich belaufen sich die Sozialausgaben aktuell auf €133,8 Milliarden. Nach den deutlichen Anstiegen in den Vorjahren wurde ein erneuter Höchststand erreicht. Folgende Sozialleistungen werden abgedeckt:

- Altersteilzeitgeld
- Arbeitslosengeld
- Familienbeihilfe
- Familienhospizkarenz
- Karenz
- Kinderbetreuungsgeld
- Krankenversicherung
- Pensionsvorschuss

In den vergangenen Jahren sind die Sozialausgaben deutlich angestiegen. Im Vergleich zu 2019, also dem Jahr vor Ausbruch der Coronapandemie, sind die Ausgaben heute um €17,5 Milliarden oder 15 % höher. Im Vergleich zu 2003 haben sie sich sogar verdoppelt. Dieser Vergleich hinkt natürlich wegen der Inflation. Deshalb empfiehlt es sich, auch hier die Ausgaben in Relation zur Wirtschaftsleistung (BIP) zu stellen. Die Sozialausgaben in Relation zum BIP werden als Sozialquote bezeichnet. Im Jahr 2003 lag die Sozialquote bei 28,6 %, heute liegt sie bei 32,9 %. Das bedeutet, dass wir uns den Sozialstaat immer mehr kosten lassen. Auch für Deutschland lässt sich ein ähnliches Bild ableiten. Mittlerweile belaufen sich die jährlichen Sozialausgaben auf €1.162 Milliarden, was einer Sozialquote von 32,5 % entspricht. Im Vergleich dazu betrug die Sozialquote 2003 29,9 % und 1960 sogar lediglich 18,3 %. In den vergangenen sechs Jahrzehnten hat sich die Sozialquote in Deutschland damit nahezu verdoppelt.

Ein großer Teil der Sozialausgaben fließt mittlerweile in das Pensionssystem. Der Generationenvertrag ist unter Berücksichtigung der Alterspyramide in Europa nur schwer aufrechtzuerhalten. Immer weniger Junge müssen die Pensionszahlungen stemmen. Aktuell kommen in Österreich 1,7 Erwerbstätige für einen Pensionisten auf. Bereits 2030, wenn sich ein Großteil der Babyboomer-Generation in die Rente verabschiedet hat, wird die Quote auf unter 1,5 fallen. Im Vergleich dazu kamen 1990 auf jeden Rentner 4,07 Erwerbstätige.

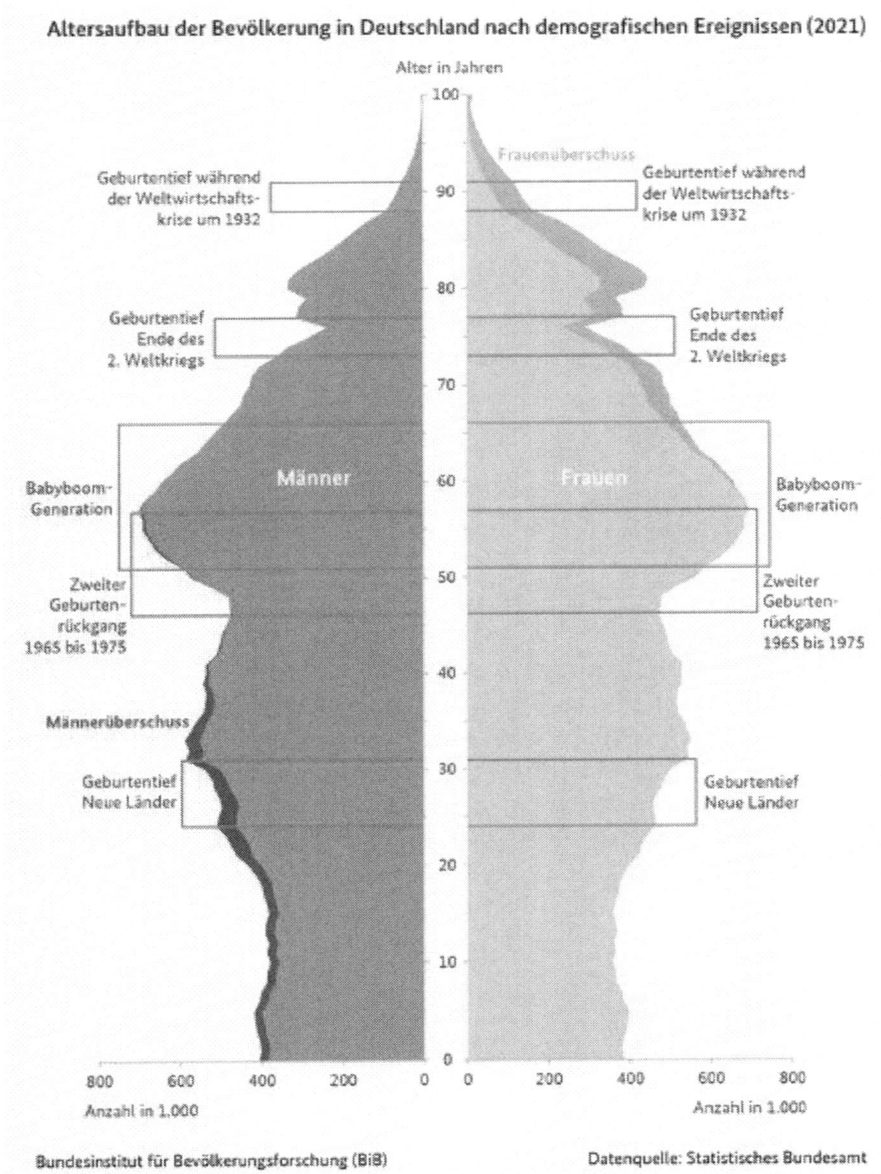

Abbildung 16: Altersstruktur Deutschland
Quelle: Bundesinstitut für Bevölkerungsforschung, Statistisches Bundesamt

Der Altersaufbau der Bevölkerung ist in Österreich, Deutschland und der Schweiz relativ ähnlich. Ein großer Anteil der Bevölkerung ist um

die 60 Jahre alt. Neben dem Renteneintritt ist auch davon auszugehen, dass mit einer zunehmend älteren Bevölkerung auch die Ausgaben für den Gesundheits- und Pflegebereich ansteigen werden. In Kombination mit den hohen Staatsschulden stellt sich nun die Frage, ob das Sozialsystem in dieser Form auch in den nächsten Jahrzehnten aufrechtzuerhalten ist.
Es ist bereits heute absehbar, dass viele ältere Menschen in die Altersarmut schlittern werden. Darunter fallen jene Personen, die über ein maximales Monatseinkommen in der Höhe von €1.167 verfügen. In Deutschland leidet gegenwärtig fast jeder Vierte der über 80-jährigen an Altersarmut. Die Tendenz ist hier vermutlich weiter steigend. Besonders betroffen davon sind Frauen, da Faktoren, wie eine Unterbrechung der Erwerbstätigkeit aufgrund einer Karenz, einer Teilzeitbeschäftigung und auch ein früherer Rentenantritt sich negativ auf die Pension auswirken.

Was bedeutet das jetzt für dich? Gerade für jüngere Menschen ist es wichtig, bereits frühzeitig einen Kapitalstock aufzubauen, um sich selbst vor der Altersarmut zu schützen. Je früher du beginnst, desto besser ist es. Verstehe mich nicht falsch. Auch ich lebe gerne in Österreich und schätze unser Sozialsystem. Wir sollten uns aber nicht in falscher Sicherheit wiegen und uns nur auf den Staat verlassen. Selbst unter dem Gesichtspunkt, dass es in der Vergangenheit immer funktioniert hat. Das wäre so, als würde ich als Fondsmanager die vergangene Performance kaufen, obwohl das nichts über die Zukunft aussagt. Ich habe aber auch gelernt, Risiken einzuschätzen, diese durch gezielte Maßnahmen bereits im Vorfeld abzufedern. Und genau das rate ich dir auch.

GIER UND DER WEG ZU SCHNELLEM REICHTUM

An der Börse sind schon einige Glücksritter sehr reich geworden. Gewinne ziehen Menschen magisch an. Und steigende Kurse steigern auch die Gier. Das habe ich gerade in meinen ersten Jahren als Fondsmanager am eigenen Leib miterlebt. Damals – wir sprechen hier vom Ende der 1990er-Jahre – befanden wir uns mitten in der Internetblase und die Kurse stiegen ins schier unermessliche. Plötzlich wollten viele Menschen Aktien von Internet-Unternehmen kaufen. Bewertungen wurden zum Teil völlig außer Acht gelassen. An der Börse kauft man schließlich ein Stück weit auch Hoffnung. Und die steigende Nachfrage nach Aktien führte wiederum dazu, dass sich am Börsenparkett wesentlich mehr Käufer als Verkäufer tummelten.

Das Ganze nahm zum Teil skurrile Ausmaße an. Ich kann mich an eine Präsentation eines Fondsmanagers erinnern, der im Rahmen einer Kundenveranstaltung sogar darum gebeten hat, nicht mehr in seinen Fonds zu investieren. Er war ausschließlich in deutsche Wachstumsaktien investiert. Das war damals ein sehr enger Markt. Bereits mit wenig Kapital war es möglich, die Kurse einer Aktie nach oben zu treiben. In dieser Aufwärtsspirale wurde der gute Mann mit Geld zugeschüttet, welches er wiederum in die Aktien investierte. Durch die hohe Liquidität auf der Käuferseite hat er sich damit die Kurse selbst nach oben getrieben. Und das wiederum hat neue Käufer angelockt. Wie verzwickt muss die Lage sein, dass ein Fondsmanager potenziellen Investoren davon abrät, in den eigenen Fonds zu investieren! Im März 2000 haben wir den Höhepunkt erreicht und die Internetblase ist geplatzt. Grund dafür war, dass die teuer bewerteten Unternehmen die hohen Gewinnerwartungen nicht erfüllen konnten. Irgendwann muss man trotz aller Euphorie einfach auch einmal liefern.

Das ist für jeden Investor bitter. Besonders aber für jene, die aufgrund ihrer Gier überproportional hohe Risiken eingegangen sind. Für mich als junger Fondsmanager war diese Zeit Gold wert. Nicht deswegen, weil ich viel Geld verdient habe. Im Gegenteil, ich musste viel Lehrgeld zahlen. Aber diese Erfahrung hat mich mein ganzes Berufsleben geprägt und mir vermutlich viel Ungemach erspart.

Die Internetblase war aber keine einmalige Sache. Die Geschichte wiederholt sich immer wieder. Die Mutter aller Spekulationsblasen ist die Tulpenmanie im 17. Jahrhundert. Damals haben große Teile der niederländischen Bevölkerung aus allen gesellschaftlichen Schichten ihr Geld in Tulpen investiert. Durch die hohe Nachfrage haben die Preise für Tulpenzwiebel zum Teil astronomische Ausmaße angenommen. In der Blüte entsprach der Preis dem zehnfachen Wert einer Nobelvilla in Amsterdam. Allein zwischen Dezember 1636 und März 1637 ist der Preis um das Zwölffache gestiegen. Die Blase ist geplatzt, weil bei einer Wirtshausaktion nicht der gewünschte Preis erzielt werden konnte. Investoren gerieten in Panik und lösten eine Verkaufswelle aus und das wiederum führte zum Ruin vieler Beteiligten. Aus der Tulpenmanie ist die Tulpenkrise geworden.

Neben der Internetblase und der Tulpenmanie möchte ich noch den Börsenboom in den 1920ern anführen, der in der großen Depression mündete. Die USA waren damals das Zentrum des wirtschaftlichen Fortschritts. Effizientere Produktionsabläufe lösten einen wahren Wirtschaftsboom aus. Die Aktienkurse kletterten stetig nach oben und lösten in weiten Teilen der Bevölkerung eine Euphorie aus. Bereits mit geringem Kapitaleinsatz konnte jeder am Börsengeschehen teilhaben. Börsenmakler verlangten lediglich 10 bis 20 % der Investitionssumme. Der Rest wurde mittels Kredit finanziert. Zwischen 1925 und Oktober 1929 haben sich die Aktienkurse verdreifacht. Am 24. Oktober 1929 begannen Aktien aus unerfindlichen Gründen zu bröckeln. Das löste eine Panik unter den Investoren aus und führte zu enormen Kursverlusten. Der amerikanische Aktienmarkt verlor 90 % von seinem Wert. Viele Menschen verloren ihr Erspartes oder standen sogar vor dem finanziellen Ruin. Und darüber hinaus folgte eine lange und schwere Wirtschaftskrise.

Was bedeutet das nun für dich und deine Investments? An der Börse wechseln sich Euphorie und Panik ab. Zum Glück nicht immer in dieser extremen Ausprägung. Die Wahrheit liegt vermutlich in der Mitte. Wenn du langfristig ein Vermögen aufbauen und die Chancen nutzen willst, benötigst du vor allem Zeit. Wenn du im Gegensatz dazu schnellen Reichtum anstrebst, bist du im Bereich der Spekulation.

Das kann natürlich auch gut gehen. Von vermeintlichen Leuchttürmen solltest du dich aber nicht blenden lassen. Die Strategie ist einfach. Setze alles und vielleicht noch etwas mehr auf eine einzige Karte. Mach die Augen zu und vertraue darauf, dass DU damit den Star ausgewählt hast und dass dein Investment durch die Decke geht. Du gehst sozusagen All-In. Und das mit einer sehr geringen Erfolgswahrscheinlichkeit. Denn den großen, schnellen Gewinn wirst du nur machen können, wenn du auch ein entsprechendes Risiko eingehst.

Und das wiederum gleicht einer Casino-Mentalität. Wenn du kleinere Summen auf Rot oder Schwarz setzt, ist dein Gewinnpotenzial deutlich geringer, als wenn du dein ganzes Geld auf lediglich eine Zahl setzt. Am Finanzmarkt ist die Wahrscheinlichkeit sogar noch kleiner als im Casino. Es gibt eine Unmenge an Investitionsmöglichkeiten. Allein im Aktienbereich stehen dir rund 60.000 Unternehmen zur Auswahl. Die Suche nach DER Aktie schlechthin gleicht der Suche nach der Nadel im Heuhaufen. Der Weg zum schnellen Reichtum ist durch viele gescheiterte Existenzen gepflastert.

Im Gegensatz zum Casino spricht die Wahrscheinlichkeit bei einem seriösen Investment und einer langfristigen Strategie nicht gegen dich. Und genau das kannst du dir zu Nutzen machen. Wichtig dabei ist es, bewusst Risiken einzugehen und diese auch über Phasen der Euphorie und Frustration konsequent durchzuziehen. Das klingt einfach. Aus eigener Erfahrung aber weiß ich, dass diese Strategie sehr herausfordernd ist. Du benötigst Mut, Disziplin und Durchhaltevermögen und vor allem einen klaren Fokus auf dein langfristiges Ziel, damit du nicht der Spielball kurzfristiger Ereignisse wirst.

SCHULDENFALLE KONSUMKREDIT UND MORAL HAZARD

Hohe Schulden gehen zulasten des Gestaltungsspielraums und schränken damit letztlich die Freiheit von Staaten, Unternehmen und Privatpersonen ein. Es ist zwischen zwei Kreditarten zu unterscheiden. Bei einem Investitionskredit wird etwas Wertbeständiges, wie eine Immobilie oder eine Unternehmensbeteiligung gekauft. Im Gegensatz dazu wird bei einem Konsumkredit ein nicht wertbeständiger Verbrauchsgegenstand, wie ein Flachbildschirm oder eine neue

Couch gekauft. Ein Investitionskredit ist nichts Verwerfliches und das Schmieröl des Wirtschaftsmotors. Einem Konsumkredit stehe ich persönlich, aber sehr skeptisch gegenüber, da er am Ende des Tages für einen oftmals nur kurzen Genuss die persönliche Freiheit des Kreditnehmers einschränkt.

Gerade in den letzten Jahren habe ich häufig beobachtet, dass das Geld gerade bei jungen Menschen sehr locker sitzt und viele Konsumwünsche mittels einer Finanzierung erfüllt werden. Ein chronisch überzogenes Konto, ein paar Euro pro Monat für das neue Mobiltelefon, ein Leasing für das Auto oder die Ratenzahlung für das neue Wohnzimmer. Alles für sich betrachtet, mögen das nur kleine Beträge sein. In Summe kann das aber das monatliche Haushaltsbudget merklich belasten.

Durch den Anstieg der Inflation, den Krieg und die Pandemie sind auch die Lebenshaltungskosten für den Otto Normalverbraucher deutlich angestiegen. Nahezu die Hälfte aller Menschen in Deutschland sind darüber besorgt, ihre Kredite planmäßig zurückzahlen zu können. Und das wiederum ist ein Indiz dafür, dass die Schuldenlast schon gewaltig auf den Schultern der Kreditnehmer lastet.

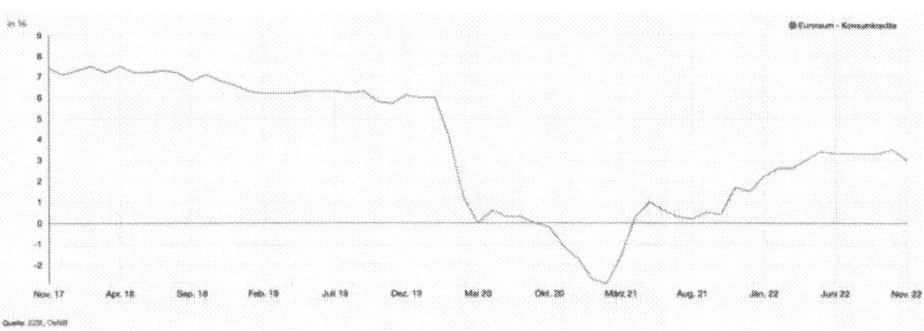

Abbildung 17: Konsumkredite Euroraum - Jahreswachstum
Quelle: EZB, OeNB

Vor Ausbruch der Coronapandemie ist das ausstehende Volumen an Konsumkrediten um mehr als 6 % pro Jahr gewachsen. Im Jahr 2020 kam es zu einem Trendwechsel und umdenken. Auch wenn die

Wachstumsraten immer noch deutlich unter dem Vor-Corona-Niveau liegen, ist die Bereitschaft für Konsumkredite mit 2022 wieder deutlich angestiegen. Weltweit belaufen sich die Konsumentenkredite bereits auf $10,45 Billionen. Bis 2027 werden sie laut Prognosen auf $13,96 Billionen ansteigen. Der Trend hält also nach wie vor an.

Moral Hazard ist ein gängiger Fachbegriff in der Wirtschaftssprache. Dieser liegt vor, wenn ein Entscheidungsträger aufgrund ökonomischer Fehlanreize verantwortungslos oder leichtsinnig ein überproportional hohes Risiko eingeht. Das kann z. B. ein Manager sein, der ein riskantes Geschäft eingeht, um die Chance zu haben, seine eigene Bonuszahlung zu optimieren. Schulden machen hat viele Jahre de facto sehr wenig gekostet. Der Niedrigzinsphase sei Dank. Damit wirken sich steigende Zinsen nur bedingt auf das Budget von Staaten oder auch Privatpersonen aus. In diesem Umfeld ist die Verlockung groß, den Schuldenstand in die Höhe zu treiben, um kurzfristige Löcher zu stopfen, als Privatperson zu konsumieren oder als Politiker die eigene Klientel zufriedenzustellen. Die Auswirkungen sind kurzfristig aufgrund der niedrigen Zinsen ohnehin vernachlässigbar gering. Für mich entspricht dieses Verhalten auch einem Moral Hazard. Das zum Teil verantwortungslose Verhalten schränkt den Gestaltungsspielraum für die Zukunft gehörig ein. Und eines ist auch klar: Am Ende des Tages bleibt ein Schuldenberg über, der eines Tages auch zurückgezahlt werden muss.

Was bedeutet das für dich? Überlege dir gut, ob du dich verschuldest und wofür du das Kapital einsetzt. Lust und Freude können den Blick trüben. Ich empfehle dir auch, im Vorfeld einmal ein Trockentraining zu machen. Ich bin immer gut damit gefahren. Vor allem dann, wenn es sich um eine größere Finanzierung handelt. Wenn du etwa eine Wohnung kaufen möchtest, kannst du die zu leistende monatliche Rate einmal ein paar Monate oder vielleicht sogar ein Jahr lang sparen. Dann wirst du merken, ob du damit dein Haushaltsbudget über Gebühr in Anspruch genommen hast oder ob du mit der Ratenzahlung zurechtkommst. Ich habe es häufig erlebt, dass gerade in der Anfangseuphorie das Rückzahlungspotenzial deutlich überschätzt wird. Wenn das im Trockentraining passiert, ist das kein Problem. Darüber hinaus schaffst du dir während der Testphase auch ein Kapitalpolster, der dir eine wertvolle Hilfe sein kann. Wenn dir das im Gegensatz dazu im Echtbetrieb passiert, kann es eine sehr schmerzvolle und herausfordernde Erfahrung sein. Und das gilt es tunlichst zu vermeiden.

KEIN INTERESSE UND MANGELNDES FINANZWISSEN

Viele Menschen machen um den Finanzbereich einen weiten Bogen. Das liegt oft einfach am Desinteresse. Wirtschafts- und Finanzthemen bestimmen auch nicht unseren Alltag oder sind das bestimmende Thema am Familientisch. Und das wiederum liegt auch an mangelndem Finanzwissen. Die OECD hat dazu das Rahmenwerk für die Berechnung eines Finanzwissensindex erarbeitet. Dazu werden unterschiedliche Themenbereiche abgefragt. Wie sieht es mit deinem Finanzwissen aus?

Bevor wir loslegen, beantworte für dich bitte noch folgende Frage: Wie würdest du dein Finanzwissen im Vergleich zu anderen Erwachsenen in Österreich beurteilen?

- o Ich kenne mich überhaupt nicht gut aus.
- o Ich kenne mich eher schlecht aus.
- o Ich kenne mich mittelmäßig aus.
- o Ich kenne mich eher gut aus.
- o Ich kenne mich sehr gut aus.

10 Fragen zu deinem Finanzwissen (OECD-Fragen und drei zusätzliche Wissensfragen):

1) Fünf Brüder bekommen 1.000 € geschenkt und sollen den Betrag gleichmäßig untereinander aufteilen. Die Brüder müssen ein Jahr warten, bevor sie ihren Anteil an den 1.000 € erhalten, und die Inflationsrate bleibt bei ca. 2 %. Können sie sich dann mit ihrem Anteil...

a) ...mehr kaufen, als sie es heute können?
b) ...genau so viel kaufen?
c) ...weniger kaufen, als sie es heute können?

2) Du leihst einem Freund abends € 25 und er gibt dir am nächsten Tag 25 € zurück. Wie viele Zinsen hat er auf diesen Kredit gezahlt?

€ _______

3) Du legst 100 € auf einem gebührenfreien Sparkonto mit einem garantierten Zinssatz von 2 % pro Jahr an. Du zahlst kein weiteres Geld auf dieses Konto ein und du hebst auch keines ab. Wie hoch wäre der Kontostand, einschließlich Zinsen am Ende des ersten Jahres?

€ _______

4) Und wie hoch wäre der Kontostand nach fünf Jahren?

a) Mehr als 110 €
b) Genau 110 €
c) Weniger als 110 €
d) Keine Antwort möglich

5) Ist folgende Aussage richtig oder falsch: Eine Geldanlage, die einen hohen Gewinn verspricht, ist wahrscheinlich sehr risikoreich.

a) Richtig
b) Falsch

6) Eine hohe Inflation bedeutet, dass die Lebenshaltungskosten rasch steigen.

a) Richtig
b) Falsch

7) Normalerweise lässt sich das Anlagerisiko am Aktienmarkt verringern, indem man eine Vielzahl verschiedener Aktien kauft.

a) Richtig
b) Falsch

8) Wenn du für dein Sparguthaben Zinsen in Höhe von 1 % pro Jahr bekommen und die Inflation 2 % beträgt: Wie viel könntest du dir mit dem Geld auf Ihrem Konto nach einem Jahr kaufen? (Angenommen, du müssten keine Kontoführungsgebühr zahlen.)

a) Mehr als heute?
b) Genauso viel?
c) Weniger als heute?

9) Im Normalfall ist es egal, ob ich mein Girokonto überziehe oder ob ich einen Kredit aufnehme, da sich bei beiden Kreditformen die Höhe der Zinsen nicht wesentlich unterscheidet.

a) Richtig
b) Falsch

10) Stell dir vor, du hast einen Kredit in Schweizer Franken aufgenommen und der Euro wertet gegenüber dem Schweizer Franken ab. Was meinst du, musst du dann in Euro mehr, weniger oder genauso viel zurückzahlen?

a) Mehr zurückzahlen
b) Genau so viel wie vorher zurückzahlen
c) Weniger zurückzahlen

Wie viele Antworten konntest du richtig beantworten (Lösungen findest du im Anhang des Buches auf Seite 214)?

OECD-Wissensfragen (Frage 1 bis 7) _____ / 7 Fragen

Ergebnis inkl. Zusatzfragen _____ / 10 Fragen

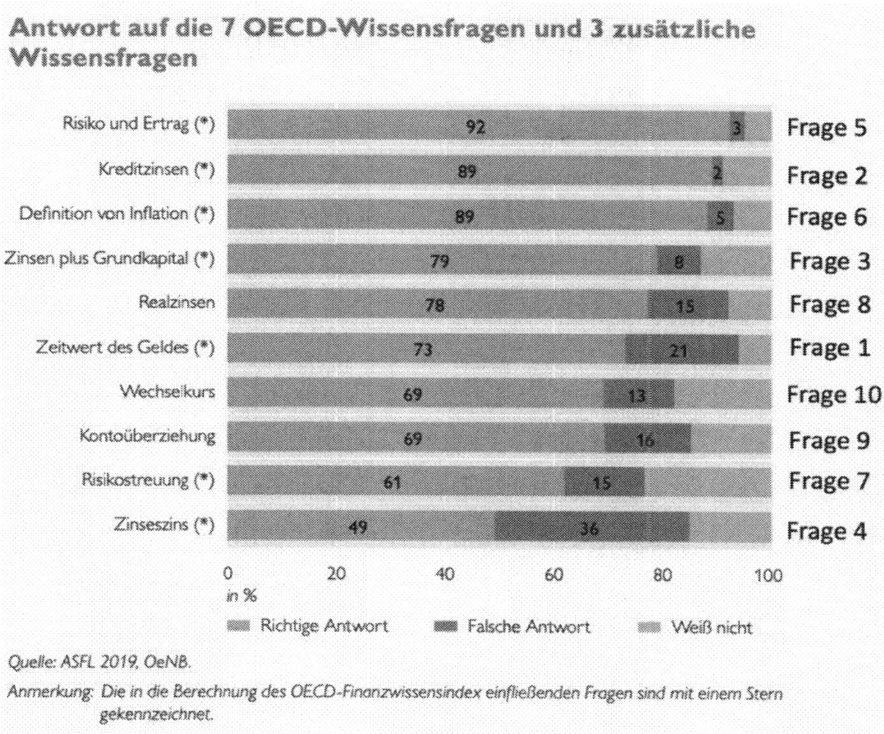

Abbildung 18: Ergebnis Finanzwissensfragen
Quelle: OECD, OeNB

Ein Großteil der Befragten konnte viele grundlegende Finanzfragen richtig beantworten. Das beste Ergebnis wurde bei der Frage nach dem Zusammenhang zwischen Risiko und Ertrag erzielt, das schlechteste bei der Frage nach dem Zinseszins. Grundsätzlich ist festzuhalten, dass die Wissenslücken bei den Jüngsten und Ältesten laut den Studienautoren am größten ist.

Wenn du ein gutes Ergebnis erzielt hast, gratuliere ich dir. Sei dir aber bewusst, dass es sich hier um Einstiegsfragen handelt, die noch nichts darüber aussagen, ob du deine Finanzen auch gut verwalten kannst. Wenn nicht, ist das kein Beinbruch. Allein, dass du dieses Buch in der Hand hältst, zeigt, dass du das Heft in die Hand nimmst und an deinen persönlichen Skills arbeiten willst. Es ist nicht wichtig, woher du kommst oder was du bereits weißt. Wichtig ist es, Grundsätze zu verstehen, eine Finanzstrategie zu erarbeiten und mit dem richtigen Mindset die Zeit ihre Wunder wirken zu lassen.

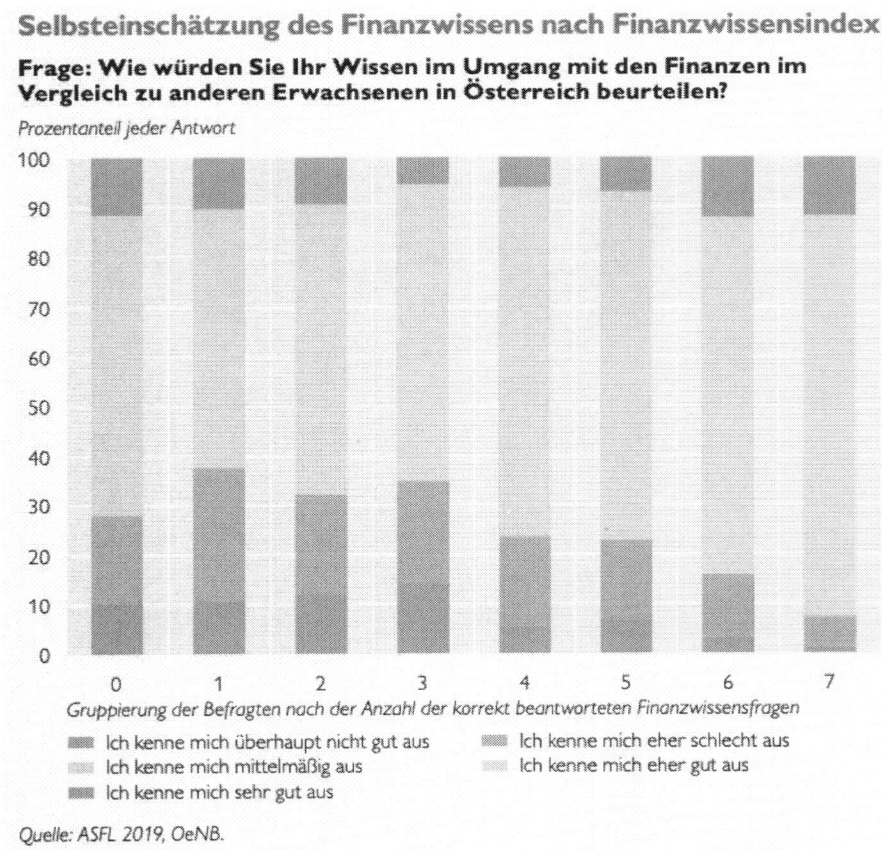

Abbildung 19: Selbsteinschätzung
Quelle: OECD, OeNB

Zur Darstellung: Absteigend (oberste Bereich: Ich kenne mich sehr gut aus / unterste Bereich: Ich kenne mich überhaupt nicht aus)

Wenn ich mir die Abbildung 18 ansehe, empfinde ich es als interessant, wie hoch die Diskrepanz zwischen der Selbsteinschätzung und dem tatsächlich erzielten Ergebnis ist. In der Tabelle werden die sieben OECD-Wissensfragen, welche in der vorherigen Grafik mit einem * gekennzeichnet sind, berücksichtigt. Die Teilnehmer der Umfrage wurden vor dem Wissenstest auch darüber befragt, wie sie ihr

Finanzwissen im Vergleich zu anderen Erwachsenen einschätzen. Die Ergebnisse sind eindeutig. Es gibt kaum Unterschiede in der persönlichen Einschätzung, egal, wie viele Fragen richtig beantwortet wurden. Eigentlich ist das erschreckend. Wir neigen dazu, das eigene Finanzwissen zu überschätzen. Wie sieht es bei dir aus? Hast du dich selbst richtig eingeschätzt?

Was bedeutet das nun für dich? Ich habe in jungen Jahren den Fehler gemacht, mein eigenes Können deutlich zu überschätzen. Erst im Laufe der Zeit habe ich gelernt, mich richtig einzuschätzen. Um deine Finanzen gut planen zu können, benötigst du eine Strategie und ein grundlegendes Finanzwissen. Und genau daran werden wir gemeinsam arbeiten.

FINANZBERATER WOLLEN OHNEHIN NUR MEIN GELD

Finanzberater haben bei vielen Menschen einen zweifelhaften Ruf. In Österreich, Deutschland und der Schweiz tummeln sich Zehntausende Finanzberater und es ist gar nicht so einfach, die Spreu vom Weizen zu trennen. Üblicherweise arbeiten Berater bei Banken, Versicherungen oder auf selbstständiger Basis. Ein Großteil des Verdienstes ist an den Verkaufserfolg geknüpft. In den letzten Jahrzehnten habe ich viele Berater kennengelernt, die durch ihr Wissen und ihre strategische Vorgehensweise für ihre Kunden einen immensen Mehrwert erzielen konnten. Meist sind das eher unaufgeregte und bodenständige Persönlichkeiten, die das eigene Tun langfristig ausrichten und nicht dem um die Ecke lauernden Traumgewinn hinterherjagen. Auf der anderen Seite habe ich auch Finanzberater kennengelernt, die vor allem die Optimierung des eigenen Gehalts im Fokus gehabt haben. Kundenbedürfnisse spielen hier eine untergeordnete Rolle.

Was macht für mich einen guten Finanzberater aus? Im Rahmen eines Beratungsgesprächs wird er mit dir über deine finanzielle Situation, deine Risikoneigung und viele andere Dinge sprechen und darauf aufbauend eine professionelle Veranlagungsstrategie ausarbeiten. Erst an diesem Punkt stellt sich die Frage, wie du die für dich erarbeitete Strategie bestmöglich umsetzen kannst und welche Produkte dafür ausgewählt werden können. Wichtig ist es, ein ganzheitliches Konzept zu erarbeiten, welches weit über die Produktebene hinausreicht. Nach Rücksprache und Abstimmung mit dir setzt der professionelle Berater dann das Konzept um. Ein guter Berater will natürlich auch Geld verdienen. Er zeichnet sich aber dadurch aus, dass er hinsichtlich der Kosten alles transparent offenlegt. Damit ist einmal eine gute Basis gelegt. Es ist aber auch klar, dass es sich dabei nicht um ein Einmal-Event handelt.

Ein guter Berater begleitet über eine längere Zeitspanne und passt das Konzept regelmäßig an sich laufend ändernde Rahmenbedingungen an. Ein guter Berater scheut sich auch nicht das eigene Vorgehen messbar zu machen. Dahin gehend wird er mit dir auch eine Performance-Analyse durchführen, Gutes und Schlechtes herausarbeiten und in diesem Analyseprozess auch das eingegangene Risiko berücksichtigen. Er fokussiert sich aber vorwiegend auf das Gesamtergebnis und nicht auf Performance einzelner Produkte. Der Grund dafür ist nicht, dass er sich keine Fehler eingestehen möchte, sondern das Bewusstsein, dass einzelne Vermögensklassen kurzfristig starken Schwankungen unterliegen und Zeit benötigen, um ihre Stärken ausspielen zu können. Professionelles Vermögensmanagement ist kein Voodoo-Zauber, sondern schlicht und einfach ein Handwerk eines gut ausgebildeten Finanzexperten. Ein guter Finanzberater kann für dich pures Gold wert sein.

Auf der anderen Seite gibt es Berater, die mit ihrem Verhalten das Klischee des unseriösen und gierigen Finanzberaters voll und ganz erfüllen. Schwarze Schafe gibt es leider immer und überall. Um die Guten von den Schlechten abgrenzen zu können, möchte ich dir 7 Tricks verraten, die ich bei unseriösen Beratern häufig beobachten konnte.

Trick #1: Häufiger Strategiewechsel.

Wenn dein Berater häufig die Strategie wechselt und in kurzen Zeitabständen immer wieder Umschichtungen und neue Produkte empfiehlt, ist das für mich kein gutes Zeichen. Die Wahrscheinlichkeit ist groß, dass die Empfehlung vor allem durch eine Abschlussprovision oder eine andere Vergütung begründet werden kann. Meiner Erfahrung nach ist es erfolgsentscheidend, der Entfaltung einer Strategie

Zeit zu geben. Die alte Börsenweisheit »Hin und her macht Taschen leer« solltest du unbedingt beherzigen.

Trick #2: Teure Investmentprodukte.

Unseriöse Finanzberater greifen bei der Produktauswahl vermehrt auf Investmentprodukte zurück, die eine hohe Gebührenstruktur aufweisen und damit dem Berater eine hohe Provision zahlen können. Dabei unterscheidet man zwischen zwei Arten von Provision. Einerseits gibt es die Abschlussprovision, die nach Geschäftsabschluss fällig wird. Bei Investmentfonds ist das beispielsweise der Ausgabeaufschlag. Darüber hinaus wird bei vielen Produkten auch eine Bestandsprovision bezahlt. Diese wiederum wird z. B. bei Investmentfonds aus der jährlichen Verwaltungsgebühr gespeist. Je höher diese angesetzt ist, desto höher kann auch der Vertrieb vergütet werden. Vor allem eine hohe Verwaltungsgebühr kostet langfristig richtig viel Geld. Insofern empfehle ich dir, einen kritischen Blick auf die Kosten zu werfen.

Trick #3: Persönliche Ziele sind nur ein Randthema.

Unseriöse Berater fokussieren sich fast ausschließlich auf den Verkauf eines Produktes, ohne deinen Rahmenbedingungen oder deinen finanziellen Zielen und Bedürfnissen gebührenden Raum einzuräumen. Von einer professionellen, auf deine Bedürfnisse abgestimmte Veranlagungsstrategie ganz zu schweigen. Das ist für mich ein klares Indiz dafür, nicht professionell beraten zu werden.

Trick #4: Hohe Gewinne und kein Risiko.

Unseriöse Berater sprechen von astronomischen Gewinnaussichten. Jeder, der nicht dabei ist, ist dumm. Er verschenkt Geld, da nahezu nichts passieren kann. Der Finanzberater spricht fast nur über Gewinne und das extrem hohe Ertragspotenzial, blendet aber das Risiko weitestgehend oder vielleicht sogar ganz aus. Das ist eine sehr einseitige Betrachtungsweise. Behalte immer im Hintergrund: Ein hohes Ertragspotenzial bezahlst du mit einem hohen Risiko. Sehr häufig handelt es sich bei den empfohlenen Produkten um sehr teure Produkte, die hohe Vertriebsprovisionen bezahlen.

Trick #5: Keine Messung der erzielten Ergebnisse.

Unseriöse Berater gehen in den Gesprächen mit ihren Kunden nicht oder nur sehr rudimentär auf die erzielten Ergebnisse ein. Oder sie reden um den heißen Brei herum. Gute Finanzberater machen mit Sicherheit auch nicht alles richtig, scheuen sich aber keinesfalls davor, über die erzielten Ergebnisse zu sprechen. Frage deinen Finanzberater bereits vor dem Erstinvestment, wie lange er schon als Finanzberater tätig ist und welchen Mehrwert er für seine Kunden erzielen konnte. Allein diese Frage kann für dich augenöffnend sein.

Trick #6: Drängen auf den schnellen Abschluss.

Unseriöse Berater nehmen sich wenig Zeit für dich und drängen auf einen Abschluss. Hier werden hauptsächlich zwei Verkaufsstrategien angewendet. Entweder handelt es sich um ein einmaliges Angebot, welches nur für eine sehr kurze Zeit gültig ist: Du hast Glück, lieber Kunde. Wenn du dich schnell entscheidest, kommst du in den Genuss eines Sonderrabatts. Die Aktion läuft aber bereits morgen aus." Oder es wird mit einer künstlichen Verknappung versucht, den Verkaufsprozess zu beschleunigen. Lieber Kunde, ich weiß nicht, ob du diese einmalige Chance nächste Woche noch nutzen kannst. Wir haben nur ein beschränktes Volumen zur Verfügung und sind bereits nach kurzer Zeit nahezu ausverkauft.

Trick #7: Unaufgeforderte Kontaktaufnahme.

Eine unaufgeforderte Kontaktaufnahme durch einen Finanzberater sehe ich immer skeptisch. Besonders dann, wenn es in Form von Massen-E-Mails oder durch eine klassische Kalt-Akquise erfolgt. Auch wenn das durch die DSGVO nicht mehr möglich sein sollte, ist es mir in den letzten Jahren immer wieder einmal untergekommen. Häufig handelt es sich auch um Anlageempfehlungen, die ungefragt an unzählige Empfänger versendet werden. Vor kurzem wurde mir

z. B. eine Aktie empfohlen, die in den letzten beiden Wochen über 100 % an Wert gewonnen hat. Dabei handelte es sich aber um ein sehr illiquides Wertpapier. Das bedeutet, dass bereits mit einem sehr geringen Kapitaleinsatz große Gewinne erzielt werden können. Wenn der ein oder andere Empfänger sich zu einem Kauf verleiten lässt, steigt der Kurs weiter an. Und schon bekommt man das nächst E-Mail mit dem Hinweis, dass der letzte Tipp aufgegangen ist. Wenn der Berater das einige Male so spielt, baut er sich Reputation und das Vertrauen auf. Die Performance scheint Beweis genug zu sein. Dass er sich darüber hinaus bereits im Vorfeld selbst ein paar dieser Aktien ins Depot gelegt hat, sorgt für zusätzliche Gewinne. Das ähnelt mehr einem Pyramidenspiel und hat mit einer seriösen Veranlagung nichts zu tun. Die Zeche zahlen am Ende jene, die nicht rechtzeitig den Absprung schaffen.

SCAN ME

7 Tricks unseriöser Finanzberater

NIEDRIGE ZINSEN MACHEN EINE VERANLAGUNG SINNLOS

Seit der Finanzkrise im Jahr 2008 waren die Notenbanken bis 2022 im Dauerkrisenmodus. Die Europäische Zentralbank hat über mehr als sechs Jahre sogar eine Nullzinspolitik verfolgt. Durch die stark steigenden Inflationsraten wurde allerdings im Juli 2022 die Trendwende eingeleitet. Im Sog der amerikanischen Notenbank hat auch die EZB begonnen, die Leitzinsen anzuheben. Zum Leidwesen aller Sparer hat man viele Jahre mit einem Sparbuch oder einer sicheren Anleihe nichts verdient. Unter Berücksichtigung der Inflation hat man sogar an Kaufkraft eingebüßt.

Abbildung 20: Rendite einer 10-jährigen deutschen Staatsanleihe
Quelle: TRADINGECONOMICS

Die Phase der Null- oder Negativzinsen ist definitiv vorbei. Im Jahr 2014 sind die Anleihenrenditen in einigen Ländern das erste Mal in den negativen Bereich geschlittert. Das war für mich damals einfach unvorstellbar. Wenn man als Kreditgeber dem Schuldner sogar Geld dafür zahlen muss, damit ich ihm etwas leihen darf. Verrückte Welt! Im Jahr 2020 haben Anleihen im Gegenwert von über 18 Billionen US-Dollar eine negative Rendite und damit eine negative Ertragserwartung ausgewiesen. Und damit war der Höchststand erreicht. Im Jahr

2023 sind Anleihen mit einer negativen Rendite weitestgehend von der Bildfläche verschwunden. Und das ist auch gut so.
Dieses Umfeld hat viele Menschen davon abgehalten, Geld zu sparen. Dabei handelt es sich aber um eine Fehlentscheidung. Ich stimme voll und ganz zu, dass eine Anleiheinvestition oder ein Sparbuch in diesen Zeiten ein sehr schlechtes Investment waren. Der Finanzmarkt bietet aber eine Vielzahl an anderen Veranlagungsmöglichkeiten. Andere Vermögensklassen, wie Aktien oder auch Immobilien konnten in den letzten Jahren trotz des schwierigen Umfeldes eindrucksvolle Gewinne erwirtschaften. Abgesehen natürlich vom Jahr 2022, einem Jahr, in dem nahezu alle Assetklassen zum Teil deutlich an Wert einbüßten.

Was bedeutet das nun für dich? Wenn du deine Finanzen professionell managen willst, brauchst du eine langfristige Strategie. Deine Bedürfnisse bleiben auch in einem schlechten Umfeld aufrecht. Ich habe viele Menschen beobachtet, die in den letzten 10 Jahren ihre Sparquote auf nahe null reduziert haben, weil es aus ihrer Sicht aufgrund der niedrigen Zinsen ohnehin sinnlos war, Geld zu sparen. Dadurch geht aber wertvolle Zeit für den Vermögensaufbau unwiederbringlich verloren. Ein schlechtes Umfeld oder schwierige Rahmenbedingungen dürfen nicht als Ausrede herhalten, den eingeschlagenen Weg nicht weiterzuverfolgen. Und genau das ist ein wesentlicher Unterschied zwischen Profis und jenen Menschen, die ihre Finanzen schlecht managen.

VERHALTEN UND ERFOLGSFAKTOREN

Um finanziell erfolgreich zu werden, braucht es neben dem Finanzwissen noch weitere Zutaten. Das habe ich selbst erst durch viele schmerzvolle Erfahrungen lernen müssen. Wesentlich dabei ist vor allem das eigene Mindset und ein entsprechendes Verhaltensmuster. Gerade als junger Fondsmanager habe ich im Umgang mit meinen persönlichen Finanzen völlig anders agiert als im Umgang mit den mir anvertrauten Vermögenswerten. Eine professionelle und auf Jahre ausgerichtete Veranlagungsstrategie war mir einfach viel zu bieder und fad. Rückblickend betrachtet, agierte ich viel zu aggressiv und ohne jede klar erkennbare Strategie. Immer auf der Suche nach der nächsten heißen Aktie oder einem billigen Optionsschein. In manchen Phasen war das auch durchaus erfolgreich. Vor allem in der Blütephase der Internet-Euphorie Ende der 1990er-Jahre richtete ich durch dieses unprofessionelle Vorgehen keinen großen Schaden an. Aber in den Jahren danach ist mein Kartenhaus zusammengebrochen. Das kostete in Relation zu meinem damaligen Einkommen enorm viel Geld. Das Erkennen der eigenen Schwächen war aber auch eine wichtige Erfahrung, die mir in weiterer Folge wertvolle Dienste erwiesen hat. Um das etwas näher zu beleuchten, möchte ich auf die wesentlichen Fehler eingehen.

#1) Wissen ist nicht zwingend Erfolg.

Damals bin ich dem Trugschluss verfallen, dass ich durch mein Wissen bares Geld verdienen kann. Eine klare Fehleinschätzung! Durch meinen Job und die intensive Beschäftigung mit der Finanztheorie und den Kapitalmärkten war ich davon überzeugt, die zukünftigen Superstars finden zu können. Das sind im Regelfall noch eher unbekannte Unternehmen mit einer heißen Story. Das sind aber meist auch Unternehmen, in deren Kursen viel Fantasie eingepreist ist und die irgendwann einmal liefern müssen. Mein Portfolio war auf wenige Titel fokussiert und extrem risikoreich aufgesetzt. Weit entfernt von den professionellen Portfolios, die ich für meine Kunden verwaltet habe. Außerdem war auch die Performance meiner privaten Investitionen unterirdisch.

#2) Von guten Ergebnissen blenden lassen.

In dieser Zeit habe ich mich von guten, singulären Erfolgen blenden lassen. In meiner »Reflexion« beschäftigte ich mich nur mit jenen Investments, die mir große Gewinne bescherten. Jene Handlungen, wie der Kauf eines Optionsscheins, der zu einem Totalverlust geführt hat, wurden von mir völlig ausgeblendet und ignoriert. Mit diesem Verhalten war ich von einer professionellen Portfolioanalyse meilenweit entfernt. Die Kluft zwischen meinem Selbstbild und der Realität war riesengroß.

#3) Keine klare Strategie.

Festzuhalten ist auch, dass ich mir damals keine großen Gedanken über meine persönlichen Finanzen gemacht habe. Von einer auf meine persönlichen Bedürfnisse und Träume abgestimmten Finanzstrategie ganz zu schweigen. Es ist aber essenziell, auch die persönlichen Liquiditätsbedürfnisse zu berücksichtigen und die Veranlagung darauf abzustimmen. Eine professionelle Finanzstrategie ist für mich ein zentraler Baustein und das Fundament, auf welches ich heute keinesfalls verzichten möchte. Wenn du nicht weißt, wo du hinwillst, wirst du dein Ziel vermutlich nicht erreichen. Fokus schafft Klarheit. Und wenn du dein Handeln darauf ausrichtest, erhöht das die Wahrscheinlichkeit, dass deine Ziele auch wirklich Realität werden.

Die daraus gewonnen Erkenntnisse sind ein wesentlicher Baustein dieses Kapitels. Darüber hinaus werden wir uns mit Investmentstrategien erfolgreicher Menschen befassen und uns die Frage stellen, wie du dieses Wissen auch in deiner persönlichen Finanzstrategie umsetzen kannst. Und nicht zu vergessen, das Mindset und typische Verhaltensweisen eines erfolgreichen Investors. Mit etwas mehr als zwei Jahrzehnten Respektabstand kann ich heute durchaus lächelnd an jene ereignisreichen Tage rund um die Jahrtausendwende zurückblicken. Eine Zeit, die mich sowohl im beruflichen, aber auch im privaten Umgang mit Finanzen sehr geprägt hat. Es war schmerzhaft, aber auch lehrreich zugleich. Das alte Sprichwort »Aus Schaden wird man klug!« hat sich für mich bewahrheitet. Aber um klug zu werden, kannst du auch vom Schaden anderer lernen.

SCAN ME

3 häufigsten Fehler von Investoren

WARUM DU SPARST

Im ersten Schritt müssen wir uns einmal die Frage stellen, warum wir sparen oder ein Vermögen aufbauen sollten. Wenn wir diesen Grund nicht ausfindig machen können, wäre es besser, das Vermögen augenblicklich zu verprassen. Wenn du heute Geld sparst, ist es schließlich nichts anderes als ein Konsumverzicht, den du irgendwann einmal in der Zukunft einlösen möchtest. Und Geld oder ein anderer Vermögenswert sind demnach nichts anderes als ein Wertspeicher. Wenn du heute €100 von deinem Verdienst zurücklegst, kannst du diese €100 in einem Monat, einem Jahr oder vielleicht auch noch später für ein Produkt oder eine Dienstleistung eintauschen, ohne auch nur eine Stunde dafür arbeiten zu müssen. Du kannst mit diesem Konzept Ressourcen schaffen, auf die du in Zukunft zurückgreifen kannst.

Abbildung 21: Gründe für den Vermögensaufbau
Quelle: ecobono

Es gibt zwei wesentliche Gründe, zu sparen. Ich kann jedem nur wärmstens ans Herz legen, einen gewissen Notgroschen zur Verfügung zu haben. Das sind unerwartete Ausgaben, wie eine kaputte Waschmaschine, eine saftige Nachzahlung bei deinem Stromanbieter, eine teure Reparatur des Autos oder auch unerwartete Ausgaben für die Familie. Wie hoch dein Notgroschen sein soll, hängt unmittelbar mit deinem Sicherheitsbedürfnis zusammen. Je sicherer du sein willst, desto mehr musst du als Notgroschen zur Seite legen. Erfahrungsgemäß sind 3 Monatsgehälter einmal ein guter Richtwert.

Darüber hinaus hast du mit Sicherheit auch Ziele, Wünsche und Träume. Vielleicht willst du dir in den nächsten Jahren eine Immobilie kaufen oder ein Sabbatical einlegen? Vielleicht steht ein neues Auto auf deiner Wunschliste oder ein dreiwöchiger Abenteuer-Tripp quer durch Asien? Oder vielleicht möchtest du einmal nur mehr Zeit mit deiner Familie verbringen und planst eine Elternteilzeit?

Du merkst schon, das ist sehr individuell und hängt ganz von dir persönlich ab. Und um deine Träume auch wirklich Realität werden zu lassen, wirst du Kapital benötigen. Sofern du dieses Geld noch nicht zusammen und in Form von Wertpapieren, Geld, Gold oder einem anderen Wertspeicher gebunkert hast, kannst du dieses durch Sparen sukzessive aufbauen.

WIE DU MIT EINEM TÖPFE-SYSTEM DEN ÜBERBLICK BEHALTEN KANNST

Um deine Finanzen auch wirklich in den Griff zu bekommen, musst du dich mit der Fristigkeit deiner Ausgaben auseinandersetzen. Soll das neue Auto heuer, nächstes Jahr oder erst in fünf Jahren bezahlt werden? Wann genau möchte ich eine Immobilie kaufen? Und wenn du den Zeitpunkt deiner Ausgaben kennst, kannst du in der Planung konkreter werden.

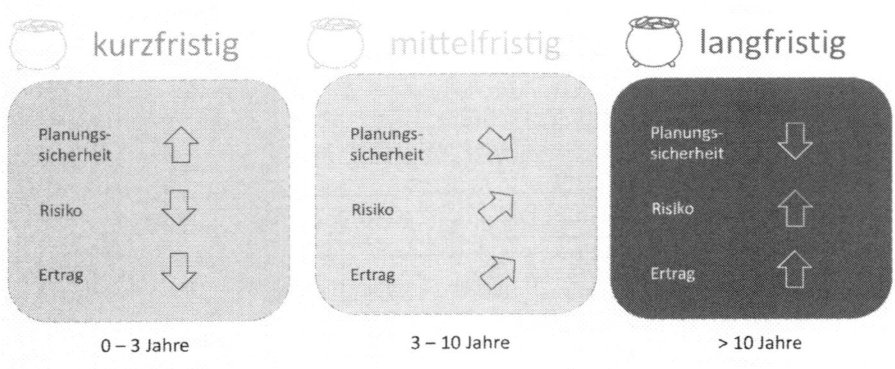

Abbildung 22: Töpfe-System
Quelle: ecobono

Prinzipiell ist zwischen kurz-, mittel- und langfristigen Zeithorizonten zu unterscheidenden. Der kurzfristige Horizont meint Ausgaben, die in den nächsten 3 Jahren anstehen. Die Planungssicherheit ist schon relativ hoch und du weißt in etwa, was auf dich zukommen wird. In Bezug auf deine Veranlagung bedeutet das, keine großen Risiken einzugehen. Das wiederum bedeutet, dass das Ertragspotenzial hier sehr gering ist (z.B. Geld auf dem Sparbuch oder dem Girokonto).

Unter mittelfristigen Ausgaben versteht man Ausgaben, die in den nächsten drei bis 10 Jahren anfallen werden. Die Planungssicherheit ist deutlich geringer als bei kurzfristigen Ausgaben. Nachdem du noch etwas Zeit hast, kannst du auch ein höheres Risiko eingehen. Und das wiederum erhöht auch dein Ertragspotenzial.

Ziele, die im langfristigen Topf sind, werden erst in ferner Zukunft fällig. Dabei handelt es sich typischerweise um relativ kostspielige Träume, wie der Kauf einer Immobilie. Hier kannst du in deiner Veranlagung ein hohes Risiko eingehen und auch von einem dementsprechend attraktiven Ertragspotenzial profitieren.

Die Grenzen zwischen kurz-, mittel- und langfristig sind nicht fix definiert. Meiner Erfahrung nach und unter Berücksichtigung der Risikoprofile sind diese aber eine gute Richtgröße, an denen du dich orientieren kannst.

Was bedeutet das jetzt für dich? Wenn du deine zukünftigen Ausgaben nach der Fristigkeit sortierst, kannst du deine Veranlagung darauf abstimmen. Dadurch hast du auf der einen Seite das Risiko im Griff und bist nicht von stark schwankenden Kapitalmärkten abhängig. Auf der anderen Seite kannst du aber bei mittel- und längerfristigen Veranlagungen auch bewusst Risiken eingehen und dir die höheren Ertragschancen zunutze machen.

WIE PLANST DU DEINE FINANZEN

Jetzt wird es Zeit, dass wir uns einmal mit deinen persönlichen Finanzen auseinandersetzen. Ziel einer professionellen Finanzplanung ist es, möglichst viele Aspekte deines Finanzlebens zu erfassen und miteinander in Einklang zu bringen. Dabei werden wir auf zwei zeitlichen Ebenen aktiv. Zum einen gilt es, den Status-Quo zu erfassen. Darüber hinaus ist es aber auch wichtig, zukünftige Ausgaben zu definieren und in die Strategie einfließen zu lassen.

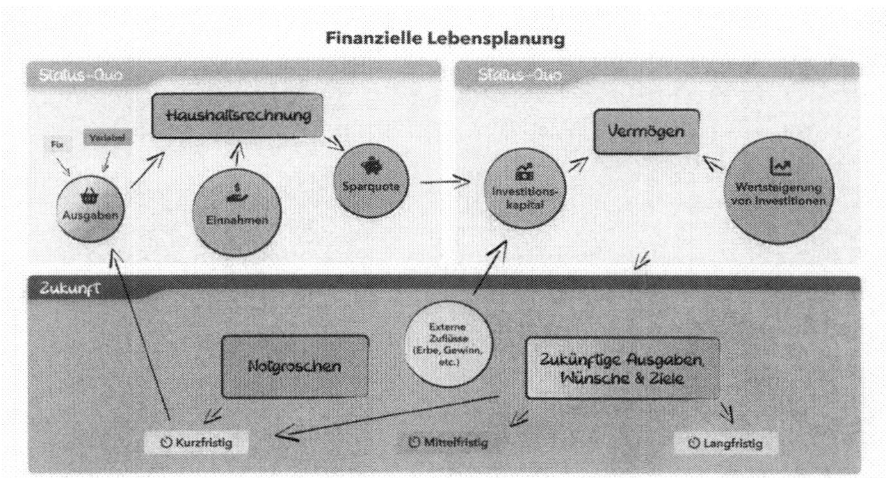

Abbildung 23: Finanzielle Lebensplanung
Quelle: ecobono

Im ersten Schritt gehen wir einmal auf den Status quo ein. Um hier ein umfassendes Gesamtbild zu erarbeiten, musst du sowohl deine monatliche Haushaltsrechnung als auch deine aktuellen Besitztümer berücksichtigen.

Beginnen wir bei deinem Vermögen. Dein aktuelles Vermögen ist das Fundament, auf dem du aufbauen kannst. Das Vermögen entspricht der Summe deiner Vermögenswerte abzüglich deiner Schulden. Dazu musst du einmal deine Besitztümer erfassen und auch bewerten. Besitzt du beispielsweise eine Wohnung, ein Wertpapierdepot oder auch Bankkonten? Hass du dein Geld in einem Versicherungsmantel veranlagt oder besitzt du ein paar Goldmünzen oder andere Vermögenswerte? Wie sieht es auf der anderen Seite der Bilanz aus? Hast du Schulden? Wie viele davon sind Konsum- und wie viele davon Investitionskredite?

Wenn du dein Vermögen dargestellt hast, geht es mit der Haushaltsrechnung weiter. Hierbei geht es darum, dir einen Überblick über alle regelmäßigen Einnahmen und Ausgaben zu verschaffen. Überlege dir auch, ob die Ausgaben fix sind oder ob du sie als variable Ausgaben titulieren würdest. Fix und variabel meint dabei nur, ob diese Ausgaben notwendig sind oder nicht. Wenn es darum geht, Einsparungspotenzial beim Haushaltsbudget zu erkennen, kann dir dieser Vermerk eine wertvolle Hilfe sein. Achte auch darauf, wie hoch deine Sparquote ist. Das ist der Treibstoff, um überhaupt ein Vermögen aufbauen zu können. Dein Investitionskapital wird nämlich durch deine Sparquote gespeist. Ziel ist es, den Wert der Investition zu erhöhen. Derjenige, der oft mehr ausgibt als er einnimmt, wird es nie zu einem Vermögen bringen.

Nachdem wir den Status-Quo nun genau unter die Lupe genommen haben, wagen wir einen Blick in die Zukunft. Hier kommt das Töpfesystem zum Einsatz. Welchen Liquiditätsbedarf hast du kurz-, mittel- oder auch langfristig, um deine zukünftigen Ausgaben begleichen zu können oder deine Wünsche und Ziele Realität werden zu lassen? Geht sich das alles überhaupt aus?

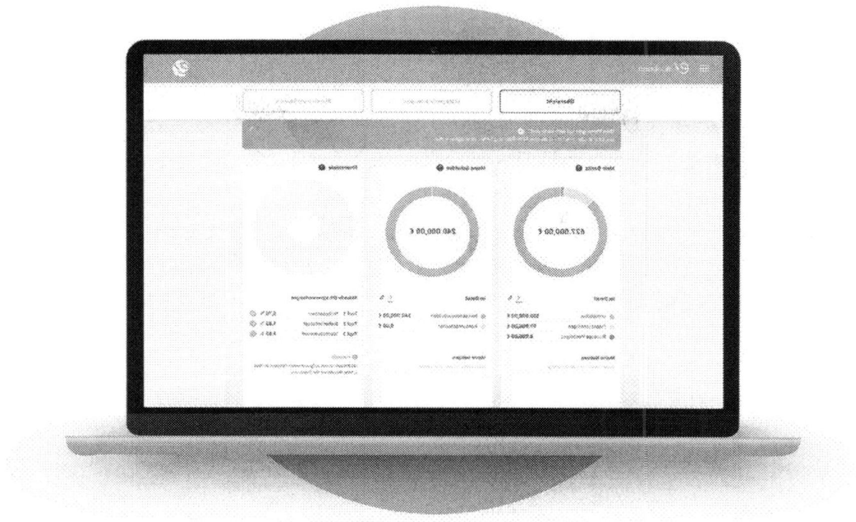

Abbildung 24: ecobono Finanz-Dashboard
Quelle: ecobono

Gemeinsam mit meinen Partnern Daniel und Kevin habe ich ecobono gegründet. Dabei haben wir nicht nur ein umfassendes Schulungskonzept ausgearbeitet, sondern auch ein Finanztool entwickelt, das wir dir als Besitzer dieses Buches gerne zur Verfügung stellen möchten. Wie du mit dieser Software professionell deine Finanzen planen kannst, erfährst du hier:

SCAN ME

Hier geht es zum ecobono - Dashboard

WELCHE PSYCHOLOGISCHEN FALLEN AUF DICH WARTEN

Kennst du den Homo oeconomicus? Das ist der Avatar der Wirtschaftswissenschaft und Spieltheorie. Der Home oeconomicus ist ein Nutzenmaximierer und handelt immer rational. Wissenschaftler nutzen ihn, um zum Teil sehr komplexe wirtschaftliche Zusammenhänge erklären oder auch besser verstehen zu können. Beim Homo oeconomicus wird ein betriebswirtschaftliches Idealbild gezeichnet. Viele behaupten von sich, ausschließlich rational zu entscheiden. Aber ist das wirklich so? Nein! Und das schreibe ich aus fester Überzeugung. Anders wäre es nicht möglich, dass Woche für Woche Millionen von Menschen Lotto spielen. Die Aussichten auf Reichtum sind gering, aber für die Hoffnung wird gerne der eine oder andere Euro bezahlt. Doch auch Investmentprofis sind nicht vor Emotionen geschützt. Die ganze Werbe- und Marketingindustrie baut darauf auf.

Das Leben als Börsianer ist und bleibt eine sehr emotionale Angelegenheit. Aus eigener Erfahrung weiß ich, wie schwierige es ist, die eigenen Emotionen auszublenden. An guten Börsentagen fühlt man sich blendend, an schlechten würde man sich am liebsten verkriechen. Im Laufe der Zeit habe ich zwar gelernt, mit Krisen umzugehen, aber einfach ist es deswegen trotzdem nicht.

Was sind denn jetzt die großen psychologischen Fallen, die du als Investor tunlichst vermeiden solltest:

Falle #1: Herdenverhalten

Darunter versteht man, dass die Mehrheit einfach dem Trend folgt. Wenn eine Aktie heiß ist, wird sie gekauft. Die Bewertung oder auch andere noch so rationale Gründe spielen dabei eine untergeordnete Rolle. Wir verhalten uns wie Lemminge und FOMO greift in das Geschehen ein.

Falle #2: FOMO

Unter FOMO (Fear Of Missing Out) versteht man die Angst, einen Trend zu verpassen und tatenlos dabei zuzusehen, wie andere reich werden. Die Tulpenblase, die Dotcom-Bubble oder auch die Wirecard-Euphorie lassen grüßen.

Falle #3: Verlustaversion

Wenn du einen Gewinn von €1.000 erwirtschaftest, fühlst du dich gut. Wenn du aber €1.000 verlierst, bist du höchstwahrscheinlich zu Tode betrübt. Der Ärger über einen Verlust wiegt deutlich schwerer als die Freude über einen Gewinn in der gleichen Höhe. Dieses Phänomen nennt man Verlustaversion. Diese Wahrnehmung ist wissenschaftlich sehr gut erforscht. Fast alle Menschen sind risikoavers. Das Gegenteil ist die sogenannte Risikofreude. Menschen sind dann risikofreudig, wenn sie sich über Verluste weniger ärgern als über verpasste Gewinne. Ich kenne solche Menschen aber zugegebenermaßen nicht.

Falle #4: Ankereffekt

Wenn du eine Aktie analysierst, die von €100 auf €5 gesunken ist, erscheint sie dir billig. Die muss doch ein ordentliches Potenzial haben, meinst du nicht auch? Hier spielt uns der Anker des historischen Preises einen Streich. Nur weil eine Aktie einmal €100 wert war, heißt das noch lange nicht, dass der Kurs wieder auf diesen Ankerwert steigt. Es ist völlig irrelevant, wie hoch der Aktienkurs einmal war. Wenn du mir nicht glaubst, schau dir einmal den Nikkei 225 Index von 1970 bis heute an.

Falle #5: Bestätigungsfehler

Investoren werden täglich mit einer gigantischen Nachrichtenflut überschwemmt. Die Kunst ist es, die Spreu vom Weizen zu trennen und die relevanten News auch richtig zu interpretieren. Die Gefahr besteht, dass du in deiner Blase nur diese Nachrichten wahrnimmst, die deine ohnehin schon feststehende Meinung weiter bestärken und du alles andere ausblendest. Die Selektion macht eine objektive Beurteilung unmöglich.

Falle #6: Home Bias

Wer kennt das nicht? Die Unternehmen aus deiner Region oder deinem Land stehen im Aufmerksamkeitszentrum. Manch einer würde sogar von einer Informationsasymmetrie sprechen. Anleger investieren gerne in den Heimatmarkt und gewichten diesen häufig überproportional hoch. Das führt zu starken Gewichtungskonzentrationen. Wenn du die Vorteile einer Diversifikation – also eine breite Streuung, die das Risiko reduziert – nutzen willst, musst du mit deinen Investments auch über die Landesgrenzen hinaus.

Falle #7: Overconfidence Bias

Selbstüberschätzung führt zu einer verzerrten Wahrnehmung. Das betrifft viele Lebensbereiche. So gehen 84 % der Franzosen davon aus, ein überdurchschnittlich guter Liebhaber zu sein. Und damit liegen zumindest schon einmal 34 % komplett falsch. Auch auf dem Börsenparkett tummeln sich Propheten und Experten. Um an der Börse langfristig erfolgreich zu sein, kann ein bisschen Bodenhaftung niemandem schaden. Die Zukunft ist und bleibt nicht vorhersehbar.

SCAN ME

7 psychologische Fallen, die du als Investor meiden solltest

REICH WERDEN IST ETWAS ANDERES ALS REICH BLEIBEN

Viele Menschen möchten reich werden. Wenn du darüber hinaus auch reich bleiben möchtest, erfordert es eine komplett andere Strategie. Beginnen wir einmal mit der Frage, wie du es zu schnellem Reichtum schaffen kannst. Wenn du diese fünf Punkte konsequent verfolgst, hast du die Strategie gut umgesetzt.

1. Setze dein ganzes Vermögen auf eine einzige Karte.
2. Wenn möglich, verpfände dein Haus oder verschulde dich anderweitig, um noch etwas mehr drauflegen zu können.
3. Achte darauf, ein hochriskantes Investment auszuwählen.
4. Lass Gewinn laufen und verkaufe ja nichts.
5. Illiquidität kann dir zu großen Kurssprüngen verhelfen.

Aber Vorsicht! Das ist ein gefährlicher Cocktail, der schon viele Menschen in den finanziellen Ruin geführt hat. Nur sehr wenigen gelingt es, mit dieser Strategie wirklich reich zu werden! Mit einer seriösen und professionellen Veranlagungsstrategie hat das nichts gemein. Dieses Vorgehens ist reinste Zockerei. Nicht mehr, aber auch nicht weniger!

Wenn du reich bleiben oder langfristig ein beträchtliches Vermögen aufbauen möchtest, musst du ein gänzlich anderes Vorgehen an den Tag legen. Und zwar in jedem einzelnen der fünf angeführten Punkte.

1. Verteile dein Vermögen breit und vermeide Klumpenrisiken*.
   *(hohe Gewichtungen und Konzentrationen in deinen Investments)
2. Investiere nur so viel, wie du dir leisten kannst.
3. Fokussiere dich auf etablierte und seriöse Investments.
4. Schöpfe Gewinne immer wieder ab, um Klumpenrisiken zu vermeiden und das Risikoprofil deines Investments nicht zu verändern.
5. Achte auf eine hohe Liquidität, damit du auch problemlos wieder verkaufen kannst.

Spannend finde ich auch, dass du durch gute Gewohnheiten und ein professionelles Verhalten auch mit einer seriösen Strategie ein beträchtliches Vermögen aufbauen kannst. Nur dauert es ein wenig länger! Um das zu untermauern, möchte ich dir den Hausmeister Roland James Read (1920 – 2014) vorstellen, der ganz normal und unauffällig lebte. Roland sparte konsequent und investierte sein Geld in die Kapitalmärkte. Am Ende seines Lebens besaß er ein Netto-Vermögen von $8 Millionen. Obwohl Roland nie viel verdiente, besaß er mehr als 99 % aller 2014 gestorbenen US-Bürger.

Im Gegensatz dazu ist Richard Fuscone ein Harvard Absolvent, der in der Finanzbranche Karriere machte und viel Geld verdiente. Er setzte sich vor seinem 50. Geburtstag zur Ruhe und hatte eine 1.600 Quadratmeter-Villa. Die Immobilienkrise 2008 hat in schwer getroffen. Hohe Schulden, ein teurer Lebensstil und mangelnde Liquidität, um die Fixkosten abdecken zu können, sind ein gefährlicher Gift-Cocktail, der Richard sogar in die Insolvenz führte.

Diese beiden Beispiele zeigen deutlich, dass das Verhalten langfristig Wissen schlägt. Insofern liegt es an dir und deinem Verhalten. Das hat Roland James Read eindrucksvoll bewiesen.

SCAN ME

Reich werden vs. Reich bleiben

WELCHE ERFOLGSFAKTOREN UND CHARAKTEREIGENSCHAFTEN PROFESSIONELLE INVESTOREN AUSZEICHNEN

Zeit meines Fondsmanagerlebens stelle ich mir die Frage, was erfolgreiche Investoren ausmacht. Gibt es gewisse Charaktereigenschaften oder Verhaltensweisen, die diese an den Tag legen? Oder ist es einfach nur Glück? Im Laufe meines Berufslebens habe ich viele erfolgreiche und auch weniger erfolgreiche Menschen kennengelernt.

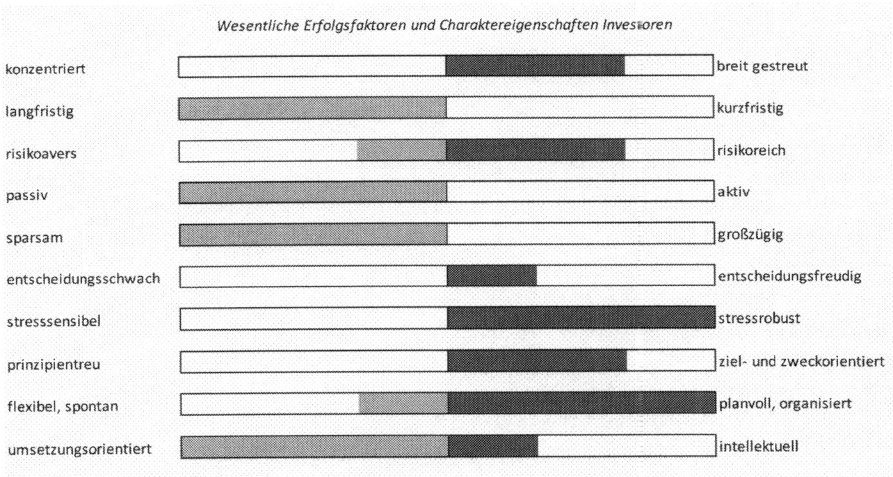

Abbildung 25: Wesentliche Erfolgsfaktoren und Charaktereigenschaften Investoren
Quelle: ecobono

In der Grafik werden jeweils zwei gegenteilige Paare, wie. ängstlich oder mutig dargestellt. Die Balken auf die jeweilige Seite zeigen die Ausprägung an. Dabei handelt es sich um keine wissenschaftlich fundierte Studie mit einer entsprechend großen Sample-Größe. Als Basis der Einschätzung dienen meine subjektiven Erfahrungswerte, die ich durch meine jahrzehntelange Beobachtung des Investorenverhaltens gewonnen habe.

Konzentriert oder breit gestreut?

Hier schlägt das Pendel bei einer langfristigen Betrachtungsdauer klar zum breit gestreuten Investor aus. Das Klumpenrisiko, das ein konzentriertes Portfolio mit sich bringt, sorgt für ein erheblich größeres Risiko. Professionelle Investoren achten daher darauf, große Gewichtungskonzentrationen zu vermeiden.

Langfristig oder kurzfristig?

Eine langfristige Ausrichtung schlägt im Regelfall eine kurzfristige Strategie. Langfristig betrachtet gibt es gute und schlechte Perioden, die sich im Zeitablauf glätten. Erfolgreiche Investoren zeichnet aus, dass sie das Durchhaltevermögen aufbringen, langfristig konsequent ihre Strategie umzusetzen. Es gibt natürlich Phasen, wo kurzfristige Strategien besser funktionieren. Deswegen ist es immer wichtig, langfristige Vergleiche durchzuführen und nicht Ergebnisse innerhalb eines Jahres oder einer kurzen Periode miteinander zu vergleichen.

Risikoavers oder risikoreich?

Das Pendel schlägt zum risikoreichen Investor aus. Damit ist jedoch nicht das subjektive Empfinden gemeint, sondern die Bereitschaft, Risiken einzugehen. Wenn du langfristig an der Börse erfolgreich sein möchtest, musst du Risiken eingehen. Nur so kannst du das höhere Ertragspotenzial auch heben. Ein bisschen Vorsicht ist aber durchaus geboten. Wichtig ist es vor allem, das Gesamtrisiko der eigenen Investitionen im Fokus zu haben. Gerade in Zeiten der Euphorie neigt man dazu das Risiko zu überspannen, also übermäßig risikoreiche Investitionen zu tätigen. Und das wiederum führt zu deutlich höheren Kursverlusten in einer Abwärtsbewegung.

Passiv oder aktiv?

Hier beziehe ich mich auf das Verhalten des Investors. Passive Investoren, die nicht jeder News oder jedem Trend hinterherhecheln, sind langfristig erfolgreicher. Aktive Investoren sind zwar am Puls der Zeit und immer dabei, langfristig gelingt es aber nur den wenigsten, durch ihre Aktivität auch wirklich einen Mehrwert zu generieren. Insofern viel Lärm um nichts!

Sparsam oder großzügig?

Hier ist ganz klar der sparsame Investor im Vorteil. Das betrifft sowohl die Kostenstruktur einzelner Investmentprodukte als auch die persönliche Sparquote, die langfristig der Treibstoff zum Vermögensaufbau ist.

Entscheidungsschwach oder entscheidungsfreudig?

Meiner Erfahrung nach sind entscheidungsfreudige Menschen auch am Kapitalmarkt erfolgreicher als entscheidungsschwache. Denn es gibt unmittelbar immer Argumente gegen ein (neues) Investment. Ein bisschen Mut und die Fähigkeit, eine Entscheidung zu treffen, gehören natürlich dazu. Ich habe entscheidungsschwache „Investoren" kennengelernt, die Opportunitäten zwar gesehen, sich aber lange Zeit nicht zu einer Kaufentscheidung durchringen konnten. Aber zu viel Entscheidungsfreude ist auch kontraproduktiv, da jene Menschen im Regelfall dazu neigen, häufig ihre Strategie über Bord zu werfen.

Stresssensibel oder stressrobust?

An der Börse brauchst du gute Nerven. Gerade in Krisenzeiten ergeben sich gute Chancen, die es zu nutzen gilt. Dafür musst du aber stressresistent sein, um diese auch zu nutzen. Stresssensiblen Zeitgenossen würde ich dringend davor abraten, ein risikoreiches Investment zu tätigen. Ich habe Menschen kennengelernt, die bei einem Aktieninvestment nicht mehr ruhig schlafen konnten. Der Schlaf ist generell ein wichtiger Faktor, wenn man eigene Investments bewerten möchte. Wenn man nicht mehr schlafen kann, weil man Angst vor Verlusten oder Sorge nach entgangenen Gewinnen hat, dann muss man die Veranlagung ändern. Erst wer ruhig schläft, investiert auch richtig.

Prinzipientreu oder ziel- und zweckorientiert?

Prinzipientreue Investoren halten an ihrer Strategie oder ihrem Investment fest. Selbst dann, wenn sie sich die Strategie als überholt oder das Einzelinvestment als unattraktiv herausgestellt hat. Wie heißt es so schön in der alten Indianer-Weisheit: »Wenn du entdeckst, dass du ein totes Pferd reitest, steig ab!« Zweckorientierte Investoren halten im Gegensatz dazu das Fernziel im Auge und sind durchaus bereit, auf dem Weg dorthin selektive und gut begründete Kurskorrekturen vorzunehmen. Ob man es glaubt oder nicht, als Investor besteht die Gefahr, dass man eine emotionale Bindung zu Aktien, Gold oder anderen Wertpapieren aufbaut. »Man glaubt« daran, heißt es oft so schön. Diese emotionale Bindung ist Gift, wenn man erfolgreich sein möchte. Man muss auch bereit sein, eigene Fehler einzugestehen und alte Gewohnheiten abzulegen, wenn das zu mehr Erfolg führt.

Flexibel und spontan oder planvoll und organisiert?

Aus meiner Sicht hat hier der planvolle und organisierte Investor große Vorteile. Es ist aber auch festzuhalten, dass eine gewisse Spontanität und Flexibilität durchaus förderlich sind. Das Pendel schlägt aber hier dennoch zum planvollen und organisierten Investor aus. Wenn man eine neue Investmentstrategie entwickelt, ist der planvolle und gut organisierte Typ im Vorteil. Wenn es um kleine Adaptierungen und neue Möglichkeiten geht, kann auch eine flexible und spontane Persönlichkeit punkten.

Umsetzungsorientiert oder intellektuell?

Prinzipiell schlägt das tägliche Verhalten das Wissen. Es ist aber definitiv erforderlich, zumindest über ein Finanzgrundwissen zu verfügen. Andernfalls wäre ein zielgerichtetes Verhalten nichts anderes als ein Zufallsprodukt. Die wahre Intellektualität zeichnet sich aber darin aus, dass man ehrlich zu sich selbst ist. Erfolgreiche Investoren sollten reflexionsfähig sein und sich selbst und die eigenen Fähigkeiten nicht überschätzen. Eine gute Portion Demut ist eine wichtige Zutat für Erfolg.

SCAN ME

Wesentliche Erfolgsfaktoren und Charaktereigenschaften Investoren

MEIN WEG ZUM FINANZIELLEN WOHLSTAND

Um finanziellen Wohlstand zu erreichen, gibt es viele Zugänge. Manche davon sind wahrscheinlicher, manche utopisch und manche schlicht und einfach unmöglich. Viele von uns – und da zähle ich mich auch dazu – haben keine reiche Erbtante. Und viele von uns werden auch niemals im Lotto Millionen gewinnen. Und die fulminante Start-up Idee, die beispielsweise Microsoft-Gründer Bill Gates zu einem der reichsten Menschen der Welt gemacht hat, haben auch nicht viele. Insofern beschäftigen wir uns hier mit dem normalen Weg. Und das Gute vorneweg. Wenn du ihn gehst, kannst auch du ein Vermögen aufbauen. Du brauchst nur Geduld und Durchhaltevermögen.

Um ein Vermögen aufzubauen, musst du Monat für Monat einen kleinen Betrag auf die Seite legen. Ohne dem wird es nicht funktionieren. Und um das zu erreichen, empfehle ich dir, einen Automatismus einzubauen und das Geld von deinem Gehaltskonto abzubuchen und in das gewünschte Investmentvehikel zu investieren. Banken und Online-Broker bieten das in Sparformen an, die es dir kostengünstig und einfach ermöglichen, diese Strategie konsequent zu verfolgen. Zur Auswahl stehen tausende unterschiedliche Investmentmöglichkeiten. Und damit sind wir schon bei der zweiten wichtigen Zutat angekommen. Die Auswahl des Produktes wird durch deine Veranlagungsstrategie definiert. Die Investmentprodukte werden vor allem von deinem Veranlagungshorizont und deiner darauf abgeleiteten Risikoneigung bestimmt. Bei einer langfristigen Veranlagungsdauer von mehr als 10 Jahren kannst du demnach den Fokus auf risikoreichere Assetklassen wie z.B. Aktien legen. Bei einer mittelfristigen Veranlagung ist die Aktienquote deutlich geringer, um auch das Gesamtrisiko im Zaum zu halten.

In diesem Kapitel werden wir uns mit der Realzinsfalle auseinandersetzen und uns die Frage stellen, wie dir der Zinseszins dabei helfen kann, deine finanziellen Risiken zu erreichen. Darüber hinaus werden wir uns mit dem Ursprung und der Wirkungsweise der Diversifikation beschäftigen und uns die Frage stellen, was eine Asset Allocation ist und warum diese die Basis deines Erfolges darstellt.

Um von finanziell erfolgreichen Menschen lernen zu können, werden wir uns damit auseinandersetzen, wie Millionäre oder die Yale-Universität ihr Geld veranlagt und was wir daraus für uns ableiten können. Auch das Thema Nachhaltigkeit spielt bei der Vermögensveranlagung eine immer größere Rolle. Insofern werden wir uns mit der Frage auseinandersetzen, wie du deine persönlichen Werte mit deinen Investments umsetzen kannst und wie der Finanzmarkt versucht, Gelder in eine nachhaltige Richtung zu lenken.

Jeder Investor wird mit Prognosen konfrontiert. Die Frage stellt sich, ob diese werthaltig sind und ob sie dir bei deiner Veranlagungsstrategie weiterhelfen können. Wir werden besprechen, wie du Wertpapiere überhaupt handeln kannst, was Leverage bedeutet und warum das der siamesische Zwilling der Spekulation ist.

Wenn du diese Punkte auf deiner Reise zum Wohlstand berücksichtigst, hast du bereits vieles richtig gemacht. Gerade für junge Leute mag das utopisch und unrealistisch klingen. Zu Beginn wird es keinen großen Unterschied zwischen jenen geben, die eine konsequente Strategie verfolgen und jenen, die das Thema locker angehen. Eines habe ich aber schon oft beobachtet. Je mehr Zeit vergeht, desto mehr klafft die Lücke auseinander. Und während die Konsequenten ein Vermögen besitzen, träumen die Lockeren immer noch davon, eines Tages wohlhabend zu sein.

WARUM DIE INFLATION FÜR DICH GEFÄHRLICH IST (REALZINSFALLE)

Die hohen Inflationsraten sind in aller Munde. Stark steigende Preise schlagen eine kräftige Delle in das Haushaltsbudget. 2022 haben wir erlebt, welche Auswirkungen eine hohe Inflation auf uns und unser Leben haben kann. Bei sehr niedrigen Inflationsraten, wie wir sie in den letzten Jahrzehnten erlebt haben, ist das ein sehr langsamer und schleichender Prozess. Die Auswirkungen sind aber ident, wenn die Realzinsfalle zuschnappt.

Der reale Zinssatz ist der Nominalzins um die Inflation bereinigt. Also kurz zusammengefasst: Realzins = Zins – Inflation. Das bedeutet, wenn du auf deinem Sparbuch einen Zins nach Steuern und Kosten von de facto Null bekommst und auf der anderen Seite die Inflationsrate bei über 10 % liegt, verlierst du real jedes Jahr 10 % an Wert. Das heißt, dass sich der Kaufwert von €100 in einem Jahr auf €90 reduziert. Du kannst damit nach einem Jahr für deine €100 nur mehr Waren und Dienstleistung kaufen, für die du vor einem Jahr noch €90 bezahlt hättest. Die Preise sind gestiegen. Wenn das über eine längere Zeitperiode andauert, hat das für all jene fatalen Folgen, die ihr Geld unverzinst auf ihrem Konto parken.

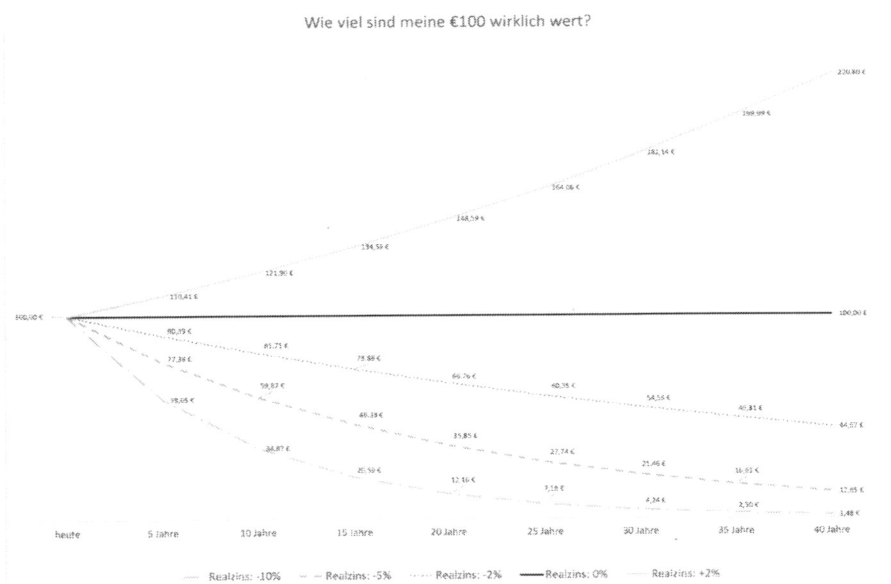

Abbildung 26: Wie viel sind meine €100 wirklich wert?
Quelle: ecobono

Wenn wir davon ausgehen, dass das aktuelle Umfeld mit hoher Inflation und niedrigen Zinsen auch die nächsten Jahre unverändert bleibt, werden aus deinen heutigen €100 real €1,48 in 40 Jahren. Doch selbst bei einer nur 5-jährigen Betrachtungsdauer reduziert sich der reale Wert auf €59,05. Auch bei einem negativen Realzins von 5 % sind die Auswirkungen fatal. Nach 13,5 Jahren hat sich der reale Wert deines Geldscheins halbiert. Sogar bei einem negativen Realzins von 2 % hast du nach 35 Jahren den realen Wert mehr als halbiert.

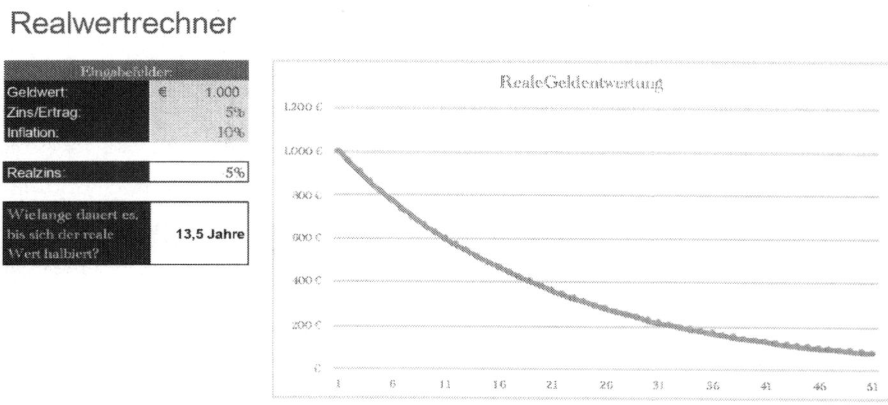

Abbildung 27: Realwertrechner.
Quelle: ecobono

Mit dem realen Geldwertrechner kannst du dir selbst ausrechnen, wie schnell der reale Wert deines Geldes von der Inflation aufgefressen wird. Um dir dahin gehend die Möglichkeit zu geben, selbst ein bisschen damit herumzuspielen, habe ich einen Realwertrechner erstellt. Probiere es einfach einmal aus:

SCAN ME

Hier geht es zum Realwertrechner

Gegen die Realzinsfalle kannst du dich nur schützen, indem du mit deinen Investments bewusste Risiken eingehst. Wie hoch das Risiko sein soll, hängt von deiner Risikoneigung und deinem Veranlagungshorizont ab. Den Anlagehorizont hast du bereits mit dem Töpfe-System ermittelt. Im aktuellen Umfeld ist es nur schwer möglich, nach Kosten und Steuern mit deinen Investments die Inflation zu toppen. Selbst ein Aktieninvestment hat eine langfristige Ertragserwartung von rund 8 %. Und das bedeutet noch immer einen negativen Realzins von 2 %. Die aktuelle Frage ist daher, wie schaffe ich es, die Kluft zwischen dem Ertrag meiner Investition und der Inflation möglichst kleinzuhalten, um real möglichst wenig zu verlieren.

WIE DIR DER ZINSESZINS HELFEN KANN

Albert Einstein hat den Zinseszins einmal als das achte Weltwunder bezeichnet. Um die Kraft des Zinseszinses zu beschreiben, möchte ich dir drei theoretische Optionen zur Auswahl geben.

Variante 1:	€ 10.000.000
Variante 2:	Josef Cent: €0,01 mit 5 % Verzinsung seit Jesu Geburt
Variante 3:	Schachbrett: Verdoppelung €0,01 für jedes Feld am Schachbrett

Für welches Investment würdest du dich entscheiden?

Variante ______________________________

Jahre	Startkapital	Mit Zinseszinz		Ohne Zinseszinz	
		Zinsen = 10%	Endkapital	Zinsen = 10%	Endkapital
1	1000 €	100 €	1100 €	100 €	1100 €
2		110 €	1210 €	100 €	1200 €
3		121 €	1331 €	100 €	1300 €
4		133 €	1464 €	100 €	1400 €
5		146 €	1611 €	100 €	1500 €
6		161 €	1772 €	100 €	1600 €
7		177 €	1949 €	100 €	1700 €
8		195 €	2144 €	100 €	1800 €
9		214 €	2358 €	100 €	1900 €
10		236 €	2594 €	100 €	2000 €

Abbildung 28: Realwertrechner.
Quelle: ecobono

Bevor wir uns näher mit den drei Varianten auseinandersetzen, werden wir uns mit der Funktionsweise des Zinseszinses beschäftigen. Nehmen wir an, du hast ein Startkapital von €1.000 und wir unterstellen einen Zinssatz von 10 %. Im ersten Jahr bekommst du Zinsen in der Höhe von €100. Im zweiten Jahr beginnt der Zinseszins bereits zu wirken. Deine Zinsen werden nicht mehr von €1.000, sondern von den €1.100 berechnet. Das bedeutet, dass du im zweiten Jahr schone €110 Zinsen bekommst. Im zehnten Jahr belaufen sich deine Zinsen in diesem Beispiel schon auf €236 und du hast ein bereits ein Kapital von €2.596 angehäuft.

Wenn du das Ganze im Vergleich dazu ohne Zinseszins berechnest, bekommst du jedes Jahr €100 Zinsen. In zehn Jahren hast du dann €1.000 an Zinsen bekommen und ein Kapital von €2.000 angehäuft. Der Zinseszinseffekt in diesem Beispiel beträgt €594 – das berechnet sich aus der Differenz des Endkapitals mit und ohne Zinseszins.

Wie sieht es aber nun mit den drei Varianten aus?

Variante 1 – Kapital:

€10.000.000

Variante 2 – Josef Cent:

€23.911.000.000.000.000.000.000.000.000.000.000.000.000

= eine 2 mit 40 Nullen
= ca. 531.356.000.000.000.000.000.000.000.000.000 Tonnen Gold
= mehr als 200 Sonnen in Gold

Variante 3 – Schachbrett:

€184.467.000.000.000.000

= eine 2 mit 17 Nullen
= ca. 4.100.000.000 Tonnen Gold

Um die Zahlen in das rechte Licht zu rücken, nur zur Erinnerung: Der reichste Mensch der Welt besitzt eine gerundete 2 mit »nur« 11 Nullen! Und alles Gold auf der Welt entspricht einem Würfel mit einer Kantenlänge von knapp über 20 Metern und wiegt »nur« knapp unter 200.000 Tonnen. Das zeigt sehr eindrücklich das Problem des Zinseszinses auf. Auch wenn Albert Einstein mit dem Weltwunder recht haben mag, ist das kein System für die Ewigkeit. Ab einem gewissen Punkt gerät der Zinseszins außer Kontrolle.

Du musst aber keine Ewigkeit warten, um in den Genuss des Zinseszinses zu kommen. Auf Platz 5 der reichsten Menschen der Welt befindet sich die Investoren-Legende Warren Buffett, dessen Vermögenswerte auf unglaubliche $108 Milliarden geschätzt wird. Buffett ist zweifelsohne ein guter Investor. Das möchte ich ihm keineswegs absprechen. Wenn man aber etwas genauer hinblickt, merkt man schnell, was sein Geheimnis ist. Buffett wurde 1930 geboren und hat bereits sehr früh damit begonnen, Geld an der Börse zu veranlagen. Und er war auch viele Jahre sehr erfolgreich. Spannend finde ich, dass er in der Mitte seiner Sechzigerjahre „lediglich" ein Vermögen von $3 Milliarden sein Eigen nennen konnte. Das bedeutet nämlich, dass er 97 % seines Vermögens erst danach angehäuft hat. Eigentlich unglaublich, meinst du nicht auch?

Was können wir daraus lernen? Gut Ding braucht Weile!

WARUM RISIKO FÜR DICH NICHT ZWINGEND SCHLECHT SEIN MUSS

Der Begriff Risiko ist in unseren Längen- und Breitengraden eher negativ behaftet. Die Angst davor, dass dieses Risiko eines Tages auch schlagend wird, scheint überhandzunehmen. Laut Definition ist Risiko ein mögliches aktuelles oder künftiges negatives Ereignis. Ein möglicher Verlust oder eine mögliche Gefahr stehen im Raum. Aber jede Medaille hat bekanntlich zwei Seiten. Nicht umsonst wird das chinesische Zeichen für Risiko auch für Chance verwendet.

Bei der Einschätzung des Risikos sind immer zwei Punkte wesentlich. Zuerst geht es einmal darum, das drohende Ausmaß oder den drohenden Schaden abzuschätzen. Darüber hinaus spielt auch die Eintrittswahrscheinlichkeit eine zentrale Bedeutung. Prinzipiell gilt: Je höher der Schaden und je höher die Eintrittswahrscheinlichkeit, desto mehr sollte dieses Risiko in deinen strategischen Überlegungen berücksichtigt werden.

Robert J. Shiller ist ein international anerkannter Professor am internationalen Zentrum für Finanzwissenschaften der Yale University und beschäftigt sich seit vielen Jahren mit den Finanzmärkten. Gemeinsam mit Lars Peter Hansen und Eugene Fama wurde er 2013 mit dem Wirtschaftsnobelpreis ausgezeichnet. In seinem »Measure Plan« hat er sich intensiv mit der Performance der Aktienmärkte auseinandergesetzt und daraus interessante Erkenntnisse gewonnen.

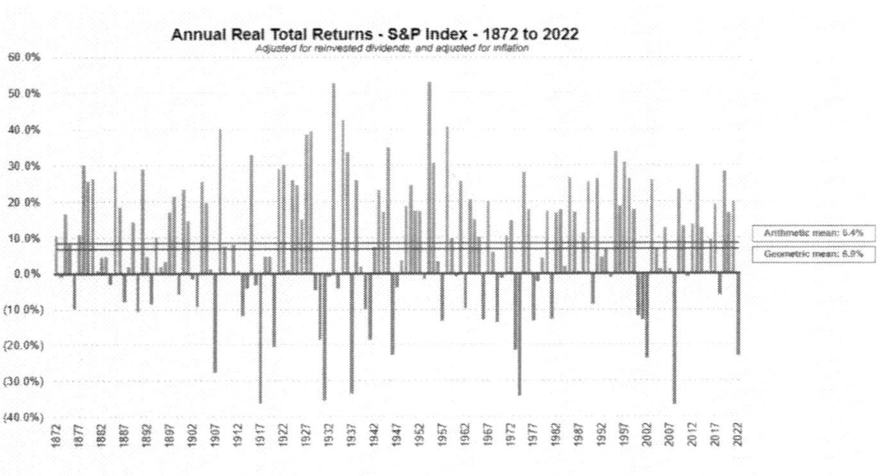

Abbildung 29: US-Aktienmarkt Performance
Quelle: The Measure Plan (Robert J. Shiller)

Wenn du dein Geld in Aktien investierst, wirst du Jahre erleben, in denen du viel Geld verdienst, aber auch Jahre, in denen dein Vermögen gehörig schrumpft. Eine theoretische Schwankungsbreite von ca. +60 % in guten und -40 % in schlechten Jahren ist definitiv nichts für schwache Nerven. Auffallend ist aber, dass es einen Trend auf die positive Seite gibt und es auch wesentlich mehr positive als negative Ausreißer gibt. Im Durchschnitt (Arithmetisches Mittel) konnte man mit dem US-Aktienmarkt von 1872 bis 2018 einen Ertrag von 8,4 % erwirtschaften.

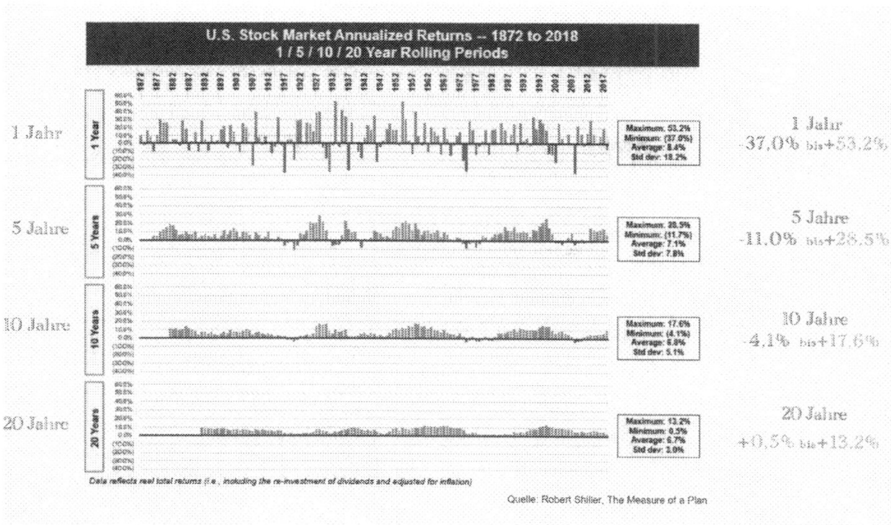

Abbildung 30: US-Aktienmarkt Performance-nach Behaltedauer
Quelle: The Measure Plan (Robert J. Shiller)

Robert J. Shiller hat sich auch mit der Schwankungsbreite der Aktienmarktrenditen über unterschiedliche Behalteperioden auseinandergesetzt. Auf 1-Jahressicht beträgt die Schwankungsbreite des S&P 500 der jährlichen Rendite zwischen -37,0 % und +53,2 %. Spannend finde ich, dass mit zunehmender Veranlagungsdauer die Schwankungsbreite der Renditen abnimmt. Auf 10-Jahressicht liegt sie im Korridor zwischen -4,1 % und 17,6 %. Bei einer 20-jährigen Behaltedauer im gesamten Analysezeitraum ist keine einzige Periode ausfindig zu machen, in der der Investor Geld verloren hat. Damit wird uns klar vor Augen geführt, dass mit zunehmender Veranlagungsdauer das Gesamtrisiko abnimmt. Schlechte Jahre werden durch gute Jahre kompensiert und am Ende des Tages landest du vermutlich nahe dem Durchschnittswert.

Welche Erkenntnisse kannst du daraus für dich ableiten? Wenn du Vermögen aufbauen willst, musst du bereit sein, auch gewisse Risiken einzugehen. Sonst wird der Ertrag mit hoher Wahrscheinlichkeit zu gering sein, um deine Ziele erreichen zu können. Die höhere Ertragserwartung bezahlst du mit Unsicherheit und vielleicht sogar mit der einen oder anderen schlaflosen Nacht. Wenn du deine Strategie aber über einen langen Zeitraum konsequent durchziehst, reduzierst du das Risiko und glättest die Performance. Wichtig ist es nur, deinem risikoreichen Investment auch entsprechend Zeit zu geben, um sich auch entfalten zu können. Lass dich also nicht von kurzfristigen Ereignissen aus der Ruhe bringen und behalte dein langfristiges Ziel im Auge. Gerade in Zeiten hoher Inflationsraten nimmt die Bedeutung deiner Veranlagung zu. Ziel muss es sein, den Realwertverlust möglichst gering zu halten, damit die Realzinsfalle die Kaufkraft deines Vermögens nicht auffrisst.

WARUM DIVERSIFIKATION DAS FUNDAMENT DER MEDICI-DYNASTIE IST

Wer kennt heute noch die Peruzzi? Einst waren sie eine hoch angesehene Familie. Wahrscheinlich sogar die mächtigste und einflussreichste Familie der Welt. Was ist nur schiefgegangen? Wie konnte es nur so weit kommen, dass sie heute kaum noch jemand kennt? Um das zu beantworten, blenden wir ins 14. Jahrhundert nach Florenz. Damals beherrschten die Peruzzi das Geldwesen. Einer der größten Kunden der Peruzzi war Edward III., der König von England. Er lieh sich Geld, viel Geld, um seinen aufwendigen Lebenswandel und seine Kriege gegen Frankreich finanzieren zu können. Die Peruzzi waren eine hoch angesehene Familie. Die Medici hingegen waren zwielichtige Geldverleiher. Sie stellten ihre Bänke auf den Straßen auf und liehen ihren einfachen Kunden darüber hinweg Geld. Hinter ihrem Rücken werden sie deshalb abwertend Banchieri genannt. Aufmerksam beobachteten sie das Geschäftstreiben der Peruzzi.

Eines Tages kam es, wie es kommen musste. Edward III. weigerte sich schlicht und einfach, seine Außenstände zu begleichen und trieb damit die Peruzzi in den Ruin. Kein Wunder, schließlich hatten diese nahezu ihr gesamtes Vermögen dem englischen König geliehen. Die Medici verglichen ihr eigenes Geschäftsmodell mit jenem der Peruzzi und erkannten schlagartig den wesentlichen Vorteil: Während die Peruzzi riesige Beträge lediglich wenigen Kunden geliehen hatten, haben sie selbst ihr Vermögen breit gestreut und vielen Kunden lediglich kleine Summen geliehen. Das bot Schutz vor einzelnen Zahlungsausfällen und verringerte die Abhängigkeit. Diese Geschichte ist eines der ersten historischen Beispiele für Diversifikation im großen Stil. Dieses Prinzip ist das Fundament, auf dem die Medici eine über Jahrhunderte andauernde Dynastie aufbauen konnten. Aus dem dubiosen Banchieri wird damit im Laufe der Zeit ein erfolgreicher und hoch angesehener Bankier.

Von diesem Konzept habe ich auch als Fondsmanager viele Jahre profitiert. Frei nach dem alten Sprichwort: »Lege niemals alle Eier in einen Korb.« Im Finanzbereich unterscheiden wir zwischen dem unsystematischen oder individuellen und dem systematischen oder marktspezifischen Risiko. Das individuelle Risiko bezieht sich direkt auf dein Investment. Du bist beispielsweise an einem Unternehmen beteiligt, welches aufgrund eines schlechten Managements nicht mehr konkurrenzfähig ist oder in einen gigantischen Korruptionsfall verwickelt ist. Dieses Risiko geht nur von diesem Unternehmen aus. Genau da setzt die Funktionsweise der Diversifikation ein. Durch breite Streuung in viele Unternehmen kannst du genau das Risiko deutlich reduzieren. Im Gegensatz dazu betrifft das systematische Risiko den Gesamtmarkt. Gegen Ereignisse, wie den Ausbruch der Coronapandemie, den Ukraine-Krieg oder den rasanten und unerwarteten Anstieg der Inflation kannst du dich nicht oder nur minimal, mit breiter Streuung absichern.

Welche Möglichkeiten hast du nun, Diversifikation in deiner Veranlagung zu berücksichtigen? Zum einen ist es sinnvoll, nicht dein ganzes Vermögen in lediglich eine einzige Assetklasse, wie Aktien oder noch spitzer in ausschließlich Technologieunternehmen zu investieren. Damit gehst du ein großes Klumpenrisiko ein. In meinen Portfolios setzte ich im Regelfall immer unterschiedliche Assetklassen, wie Aktien oder Anleihen ein. Abgesehen vom Jahr 2022, in dem die Diversifikation nicht funktioniert hat, konnte die Performance geglättet werden. Das heißt, wenn du vielleicht ein schlechtes Aktienjahr hinter dir hast, kann dein sicheres Anleiheinvestment deinen Verlust abfedern. Oder in einem schlechten Anleihejahr hilft dir vielleicht deine Aktienbeimischung. 2022 war insofern anders, als nahezu alle Assetklassen deutlich Federn lassen mussten. Auf der Anleiheseite führte der durch die hohe Inflation verursachte Zinsanstieg zu schmerzlichen Kursverlusten. Selbst deutsche oder österreichische Staatsanleihen mussten ein zweistelliges Minus hinnehmen. Den Aktien setzte der Russland-Ukraine-Konflikt, die hohe Inflation und auch die stark abnehmende Wirtschaftsdynamik unter Druck und das wiederum führte letztlich zum schlechtesten Aktienjahr seit der Finanzkrise 2008. Lass dich aber davon nicht blenden. Für mich ist und bleibt das ein Ausnahmejahr. Das Diversifikationskonzept wurde bereits frühzeitig erkannt und hat sich über Jahrtausende bewährt.

Schon der Talmud hat vor rund 1.500 Jahren dazu geraten, jeweils ein Drittel seines Vermögens in Land, Geschäfte und liquide Mittel anzulegen. Auch William Shakespeare war sich dessen bewusst und lässt den Kaufmann von Venedig sagen, dass er seine Güter weder einem einzigen Boot oder Meer noch dem Glück eines einzigen Jahres anvertraut. Für mich hat sich die Diversifikation als Schlüssel zum Risikomanagement bewährt. Der Nobelpreisträger Harry Markowitz formulierte seine Überzeugung sehr klar: »Diversification is the only free lunch in investing.«

Was bedeutet das für dich und deine Veranlagung? Ich kann dir nur dringend ans Herz legen, das »Free-Lunch« der Diversifikation zu nutzen. Das ist eine der wichtigsten Grundlagen für eine erfolgreiche Portfoliostrategie. Über kurz oder lang neigen viele Investoren dazu, vermeintlichen Kursraketen hinterherzujagen und sich damit von einem soliden und breit gestreuten Portfolio zu verabschieden.

WARUM ASSET ALLOCATION DIE BASIS DEINES ERFOLGES IST (MAGISCHE DREIECK/VIERECK)

Die Diversifikation über mehrere Vermögensklassen nennt man Asset Allocation. Ziel eines jeden Fondsmanagers ist es, ein gutes Ergebnis zu erzielen. Dabei sind sowohl die Performance als auch das dafür eingegangene Risiko zu berücksichtigen. Ein risikoadjustierter Ertrag beschreibt demnach, wie viel Ertrag pro eingegangenem Risikopunkt erwirtschaftet werden kann. Damit ist es möglich, Veranlagungen mit unterschiedlicher Risikoneigung miteinander zu vergleichen.

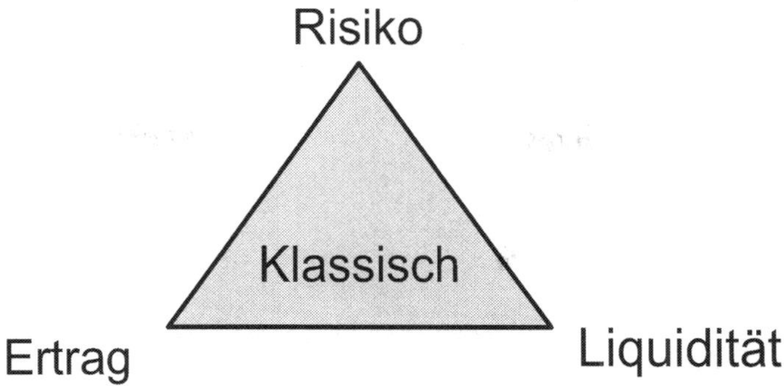

Abbildung 31: Magische Dreieck der Geldanlage
Quelle: ecobono

Jede Investition lässt sich anhand des magischen Dreiecks der Vermögensanlage bewerten. Die Kriterien Risiko, Ertrag und Liquidität stehen in engem Zusammenhang miteinander. Prinzipiell gilt, dass du mit einem risikoreicheren Investment mehr verdienen wirst als mit einer konservativen Veranlagungsvariante. Andernfalls würde es sich für niemanden auszahlen, in eine risikoreichere Veranlagungsform zu investieren. Insofern gilt: Je höher das Risiko, desto höher ist das Ertragspotenzial. Unter Liquidität versteht man die Zeit, die man benötigt, um sein Investment zu einem marktkonformen Preis verkaufen zu können. Je höher die Liquidität ist, desto schneller kann man marktkonform kaufen oder verkaufen und umgekehrt. Bei mangelnder Liquidität kann es deswegen sowohl bei Kauf- als auch Verkaufsaufträgen, die schnell stattfinden müssen, zu spürbaren Kursabweichungen kommen. Gerade dieser Faktor wird häufig bei der Transaktion eines ETF's übersehen, wo die Spannweite zwischen Kauf- und Verkaufskurs sehr hoch sein kann. Das macht das Handeln teuer und geht wiederum zulasten deines Ertrages. Bei manchen Asset-Klassen, wie Private Equity (nicht börsennotierte Beteiligungen) kann der Anleger eine Illiquiditätsprämie kassieren. Dafür kann er diese Anteile nur schwer oder manchmal gar nicht verkaufen. Auch eine Immobilie ist generell nicht hochliquide, weil es viel Zeit brauchen kann, bis man den Verkauf abgewickelt bzw. einen Käufer gefunden hat.

Im Jahr 2011 bin ich erstmals mit dem Thema Nachhaltigkeit in Berührung gekommen. Die Bedeutung dieses immens wichtigen Themas hat seit damals stetig zugenommen. Mittlerweile kommt kein

Vermögensverwalter mehr an daran vorbei. Seitdem spricht man in der Branche immer weniger vom magischen Dreieck, sondern vom magischen Viereck.

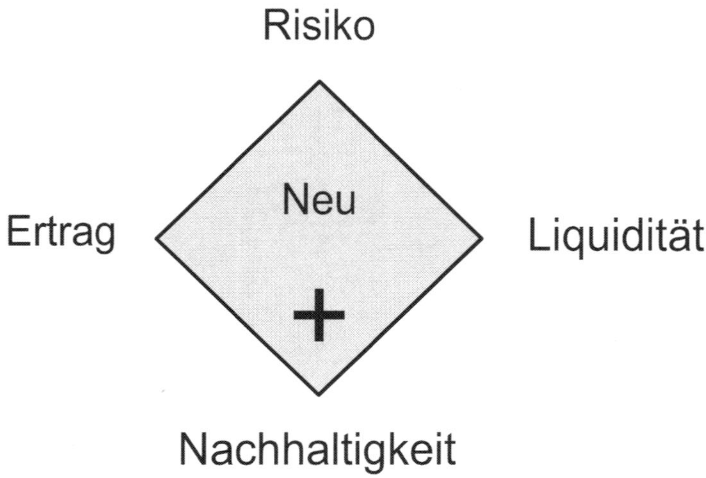

Abbildung 32: Magische Viereck der Geldanlage
Quelle: ecobono

Immer mehr Investoren fragen sich, ob sie mit ihrem Investment auch einen nachhaltigen Impact generieren können und sind mitunter auch bereit dafür auf Ertrag zu verzichten oder ein mehr an Risiko zu akzeptieren. Ich sehe das Thema Nachhaltigkeit aber ergänzend. Das bedeutet, dass ich meine Investments immer anhand der drei Säulen Ertrag, Risiko, Liquidität bewerte und nur darüber hinaus Nachhaltigkeit umsetze, wo das ohne ökonomische Abstriche möglich ist.

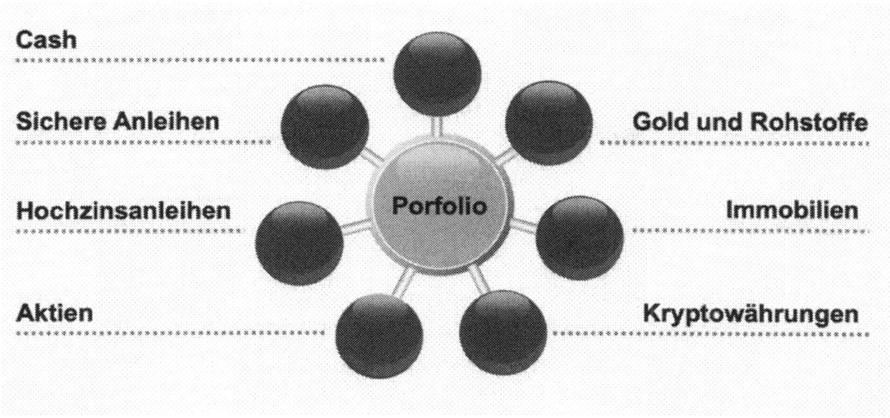

Abbildung 33: Asset Allocation - Exemplarisches Beispiel
Quelle: ecobono

In einem breitgestreuten Portfolio werden unterschiedliche Vermögenswerte mit unterschiedlichster Risikoausprägung beigemischt. Die Asset Allocation ist für mich die Königsdisziplin des Portfoliomanagements und ein wesentlicher Erfolgsbaustein für eine erfolgreiche Veranlagung. Am Ende des Tages ist es meist wichtiger, ob du Aktien deinem Portfolio beigemischt hast und wenn ja, wie viel Prozent. Die Frage, welcher Produktanbieter am besten abschneidet, ist meist zweitrangig oder irrelevant, solange die Kosten nicht zu hoch sind. Wenn Aktien stark steigen oder auch stark fallen, geht es primär um die Frage, ob du überhaupt in Aktien investiert bist.

Wie kannst du diese Erkenntnisse nun für dich in deiner Veranlagung berücksichtigen? Starte bei der Portfoliozusammenstellung immer damit, die Risikoneigung zu definieren. Diese hängt im Wesentlichen stark von der Veranlagungsdauer ab. Hierbei kann dir das Töpfe-System eine wertvolle Hilfe sein. Erst im nächsten Schritt geht es darum, die richtigen Produkte für dein Portfolio auszuwählen.

WIE MILLIONÄRE, DIE YALE UNIVERSITÄT UND DER NORWEGISCHE STAATSFONDS IHR VERMÖGEN VERANLAGEN

Wie veranlagen eigentlich Millionäre, Universitäten oder große Staatsfonds? Das ist eine spannende Frage, die uns im Zuge unserer privaten Finanzstrategie wertvolle Inputs liefern kann. Warum das denn? Millionäre verwenden im Durchschnitt wesentlich mehr Zeit dafür, ihre Vermögenswerte zu managen, als Menschen mit weniger Geld. Universitäten sind am neuesten Stand und haben ein profundes und umfassendes Kapitalmarktwissen. Insofern ist es sehr spannend zu sehen, wie sie ihre eigenen Gelder mit dem erworbenen Wissen anlegen. Und dann hätten wir noch einen Staatsfonds, der an den Finanzmärkten generationenübergreifend veranlagt. Auch hier können wir wertvolle Inputs gewinnen.

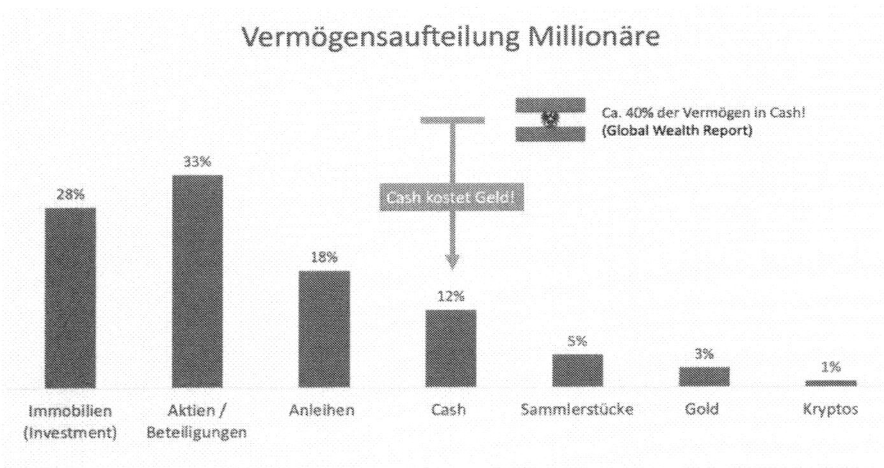

Abbildung 34: Asset Allocation Millionäre
Quelle: Global Wealth Report

Beginnen wir mit der Frage, wie Millionäre ihr Geld veranlagen. Wenn du dir die Vermögensaufteilung der Reichen genauer ansiehst, wirst du erkennen, dass diese breit streuen. Der größte Gewichtungsschwerpunkt liegt auf Aktien und Unternehmensbeteiligungen sowie Immobilien. Damit ist nicht die eigene Wohnung gemeint, in der sie mit ihrer Familie leben, sondern eine Immobilie, die einen Ertrag abwirft. Also z.B. eine Wohnung, die Monat für Monat eine Miete einbringt. Sammlerstücke, Gold oder auch Kryptowährungen spielen im Gegensatz dazu eine eher untergeordnete Rolle. 30 % des Portfolios entfallen auf Anleihen und Cash-Positionen. Und hier zeigt sich ein deutlicher Unterschied zur breiten Masse. Privatpersonen haben in Österreich stolze 40 % der Vermögenswerte in Cash gebunkert. Meiner Erfahrung nach liegt das vor allem am Sicherheitsgedanken. Wer will schließlich etwas verlieren? Das ist aber ein gefährlicher Trugschluss. Du verlierst zwar nominell nichts. Das heißt €100 bleiben €100. Du verlierst aber in diesem Umfeld kontinuierlich an Kaufkraft. Die Realzinsfalle lässt grüßen! In Summe gefällt mir die Portfoliostruktur der Reichen gut. Mit dieser Asset Allocation hat man die Ertragserwartung deutlich erhöht, aber auch auf sehr stabile Beine gestellt, um im Falle einer Krise das Rückschlagpotenzial in Grenzen halten zu können.

Kommen wir nun zur Wissenschaft. Wie würden kompetente Professoren ihr eigenes Portfolio aufsetzen? Um das zu verdeutlichen, sehen wir uns einmal die Asset Allocation der Yale University an, an der u. a. auch Robert J. Shiller tätig ist.

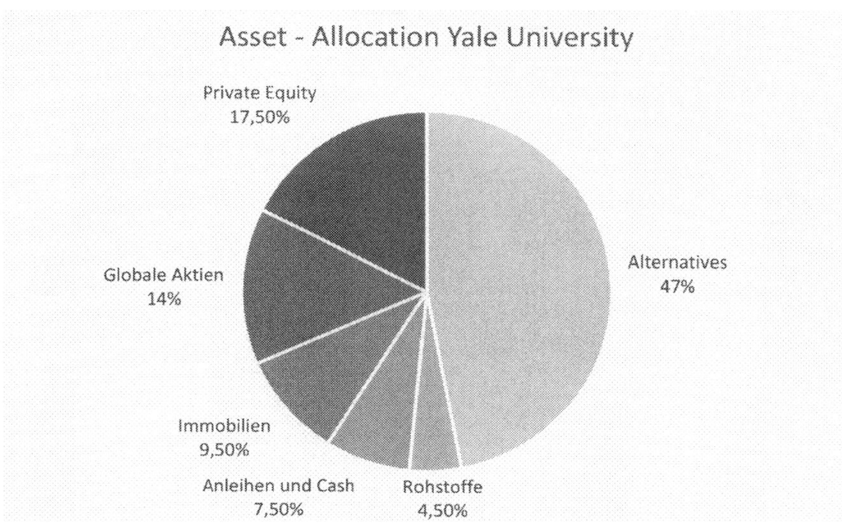

Abbildung 35: Asset Allocation Yale University
Quelle: Global Wealth Report

Die Vermögenswerte der Yale Universität sind ebenso sehr breit gestreut veranlagt. Hier fällt auf, dass die Quote für Alternatives (z. B. Hedgefonds) eine dominierende Rolle einnimmt. Auch bei den Unternehmensbeteiligungen liegt der Fokus auf Beteiligungen nicht börsennotierter Unternehmen (Private Equity). Gemeinsam mit einem klassischen Aktieninvestment werden 31,5 % des Vermögens in Unternehmensbeteiligungen veranlagt. Die Quote für Immobilien ist mit 9,5 % im Vergleich zur Asset Allocation der Millionäre etwas geringer. Und spannend finde ich auch, dass die Yale University überhaupt nur 7,5 % in sicheren Anleihen und Cash-Beständen gebunkert hat. Auch hier sieht man, dass die Experten versuchen, unrentable Segmente möglichst auszublenden. Für mich ist das Portfolio in Summe sehr gut aufgestellt. Durch den großen Kapitalstock können auch Alternatives und Private Equity Investments getätigt werden, die für einen Privatinvestor nicht zugänglich sind. Dein persönliches Vermögen solltest du also nicht an dieser Asset Allocation ausrichten!

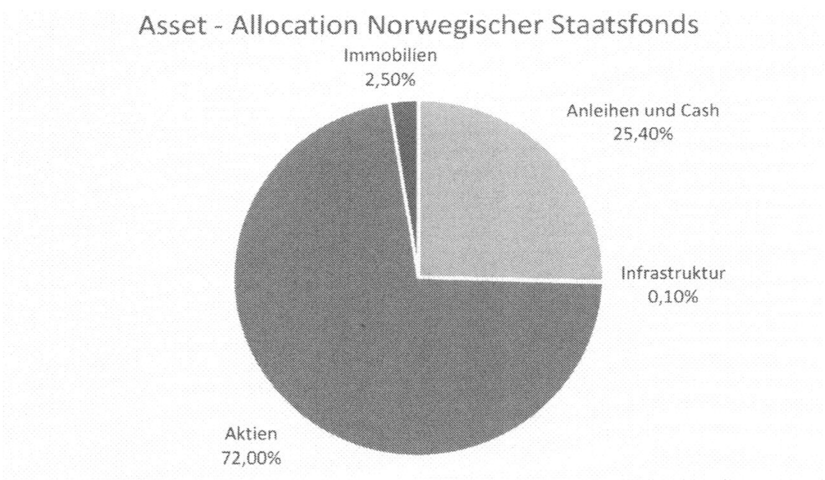

Abbildung 36: Asset Allocation Norwegischer Staatsfonds
Quelle: Norges Bank Investment Management

Der Norwegische Staatsfonds ist der weltweit größte Staatsfonds und verwaltet mittlerweile mehr als eine $1,2 Billionen. Der Fonds wurde erst 1996 aufgelegt und veranlagt seine Gelder mit dem Ziel, die Erdöleinnahmen über mehrere Generationen zu verteilen. Umgerechnet besitzt damit jeder Norweger rund $250.000. Der Staatsfonds investiert in über 9.000 Unternehmen in 70 Ländern. Darunter finden sich klingende Namen, wie Apple, Nestlé, Microsoft oder Samsung. Im Durchschnitt besitzt der Fonds 1,3 % aller weltweit börsennotierten Unternehmen. Der Fonds wird sehr professionell verwaltet. Die Aktienquote mit 72 % mag hoch erscheinen, bei einer generationenübergreifenden Veranlagungsstrategie macht das aber durchaus Sinn. Das bedeutet aber auch, dass der Fonds kurzfristig betrachtet, ein größeres Rückschlagpotenzial hat. Das Verständnis dafür ist in Norwegen mit Sicherheit gegeben. In Österreich und Deutschland wäre es vermutlich schwer vorstellbar, trotz erheblicher Verluste wie 2022 konsequent an der Strategie festzuhalten.

Der Fonds ist auch in der DACH-Region milliardenschwer investiert. In Österreich hält man Aktien von 34 Unternehmen. Kapitalmäßig am stärksten investiert ist man bei der Erste Group Bank AG, OMV AG und Verbund. Die höchste Unternehmensbeteiligung hält man bei der Wienerberger AG mit 2,89 %. In Deutschland ist das Engagement deutlich größer. In Summe ist der Norwegische Staatsfonds bei 212 deutschen börsennotierten Unternehmen beteiligt. Die kapitalmäßigen größten Beteiligungen sind Vonovia SE, SAP SE und Siemens. Auf der Beteiligungsliste finden sich aber auch andere klingende Namen und das Who's who der deutschen Wirtschaft wieder. Die höchste Unternehmensbeteiligung in Prozent hält der Fonds bei Vonovia SE, HelloFresh SE und thyssenkrupp AG. Auch in der Schweiz ist der Staatsfonds an 134 Unternehmen beteiligt und damit prominent vertreten. Kapitalmäßig die größten Beteiligungen werden bei Nestlé SA, Roche Holding AG und Novartis AG gehalten. Bei der SIG Combibloc GroupAG, Baloise Holding AG und Sika AG hat man die prozentual meisten Anteile in der Schweiz.

Welche Erkenntnisse kannst du daraus ziehen? Zum einen geht es darum, dass sowohl die Millionäre, die Yale Universität als auch der Norwegische Staatsfonds bereit sind, bewusste Risiken einzugehen. Das bedeutet, dass du kurzfristig betrachtet immer wieder größeren Rückschlägen ausgesetzt sein wirst, allerdings langfristig eine sehr große Chance hast, einen deutlich höheren Ertrag zu erwirtschaften. Zum anderen ist zu beachten, dass im Gegensatz zu vielen Privatpersonen das Geld auch wirklich investiert und nicht in Cash gebunkert wird. Auffallend ist, dass sich alle der Diversifikation verschrieben und ihr Vermögen in viele kleine Investments aufgeteilt haben. Wie du das nun konkret für dich umsetzen kannst, werden wir uns im Kapitel »Deine Investmentmöglichkeiten« noch genauer anschauen. Ich kann dich nur darin bestärken, dieses Gedankengut in deiner persönlichen Investmentstrategie zu verankern. Mir hat diese Strategie sowohl im beruflichen als auch im privaten Kontext Erfolg gebracht.

Wie legen Millionäre ihr Geld an

WIE DU DEINE PERSÖNLICHEN WERTE AUCH MIT DEINEM INVESTMENT UMSETZEN KANNST (NACHHALTIGKEIT)

Im Laufe meiner beruflichen Karriere im Fondsmanagement gab es immer ein dominierendes Thema. In den 1990ern, in der Blütephase der Internetblase war es die Performance. Nach dem Platzen der Blase rückte das Risiko ins Zentrum der Aufmerksamkeit. Und in den 2010er-Jahren verlagerte sich der Fokus zunehmend in Richtung der Nachhaltigkeit.

Bevor wir uns damit auseinandersetzten, wie wir unsere Veranlagungen auch nachhaltig ausrichten können, müssen wir einmal definieren, was denn überhaupt Nachhaltigkeit bedeutet. Und genau diese Frage kann nicht so leicht beantwortet werden. In den Naturwissenschaften oder in der Mathematik gibt es klare Gesetze und Regeln. Wenn du eins und eins zusammenzählst, ist das Ergebnis zwei. Das wird niemand bestreiten. Beim Thema Nachhaltigkeit funktioniert das leider nicht so einfach, da jeder Mensch etwas anderes darunter versteht. Im Wesentlichen gibt es drei Säulen der Nachhaltigkeit: die ökologische, die soziale und die ökonomische Säule. Ein Aktivist des WWF oder von Greenpeace wird das Thema mit Sicherheit auf andere

Art definieren als eine Krankenschwester oder ein Seelsorger aus dem kirchlichen Bereich.

Der Begriff Nachhaltigkeit stammt ursprünglich aus der Forstwirtschaft und wurde erstmals bereits im frühen 18. Jahrhundert verwendet. Der Urvater und Gründer des Nachhaltigkeitsgedanken Hans Carl von Carlowitz fasst es wie folgt zusammen: »Es soll immer nur so viel Holz geschlagen werden, wie durch planmäßige Aufforstung, Säen und Pflanzen nachwachsen könne.« Nachhaltigkeit hat damit etwas mit Langfristigkeit zu tun. Und genau das ist für mich das verbindende Element zwischen den einzelnen Zugängen. Eine inhaltliche Definition einer nachhaltigen Entwicklung geht auch aus dem sogenannten Brundtland-Bericht aus dem Jahr 1987 hervor. Laut diesem geht es bei einer nachhaltigen Entwicklung darum, die Bedürfnisse der Gegenwart zu befriedigen, ohne zu riskieren, dass künftige Generationen ihre eigenen Bedürfnisse nicht befriedigen können. Diese Definition gefällt mir sehr gut. Auch wir dürfen ein schönes Leben haben, aber wir sollen es so leben, dass auch unsere Kinder und Kindeskinder die gleiche Möglichkeit haben.

Wie kannst du nun deine persönlichen Werte auch mit deinem Investment umsetzen? Im Finanzbereich sprechen wir vom Triple-A der nachhaltigen Kapitalanlage:

- Ausschließen: Schlechtes verhindern!
- Auswählen: Gutes fördern!
- Ansprechen: Dinge verändern!

Ausschließen:

Beginnen wir mit den Ausschlusskriterien. Damit ist gemeint, dass du Unternehmen und Staaten ausschließt, die sich irgendwie negativ bemerkbar machen. Das können etwa Menschenrechtsverletzungen sein oder aber auch Korruption und viele weitere mehr.

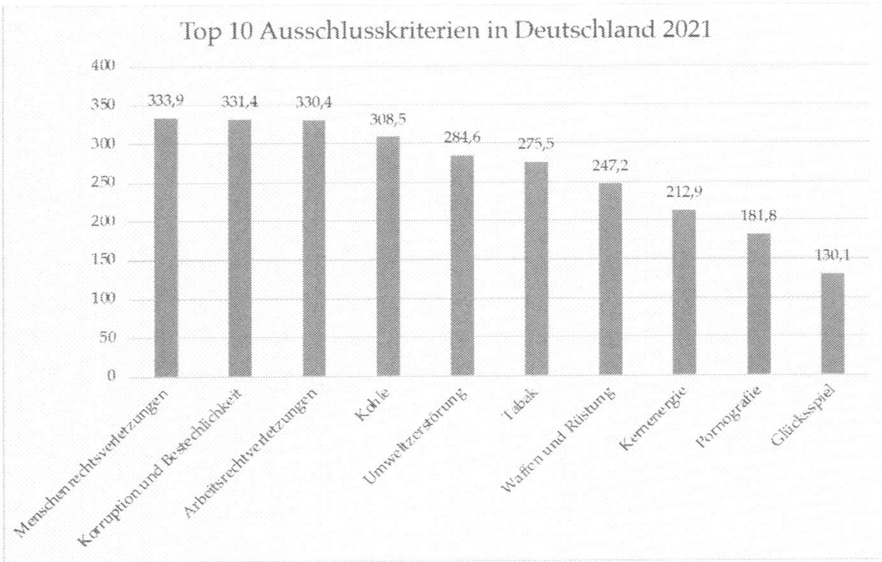

Abbildung 37: Top Ten Ausschlusskriterien in Deutschland 2021
(in Mrd. €)
Quelle: FNG Marktbericht 2022

Allein in Deutschland wurden 2021 bei Investments in der Höhe von €334 Milliarden das Kriterium Menschenrechtsverletzungen angewendet. Das bedeutet, dass in Unternehmen und Staaten nicht investiert wird, die (schwere) Menschenrechtsverletzungen aufweisen oder durchgeführt haben. Auf der Top-10-Liste der beliebtesten Ausschlusskriterien finden sich Kriterien aus den unterschiedlichsten Bereichen wieder. Gerade das Thema Kernenergie wird kontrovers diskutiert. Die EU hat mit der Taxonomie-Verordnung definiert, was sie unter einer nachhaltigen Wirtschaftstätigkeit versteht. Unternehmen, die Umsätze mit eben solchen nachhaltigen Wirtschaftstätigkeiten machen, dürfen sich in diesem Rahmen nachhaltig nennen. Leider fällt darunter aber auch Kernenergie und Erdgas, was von vielen Staaten, Organisationen und auch Privatpersonen heftig kritisiert wird.

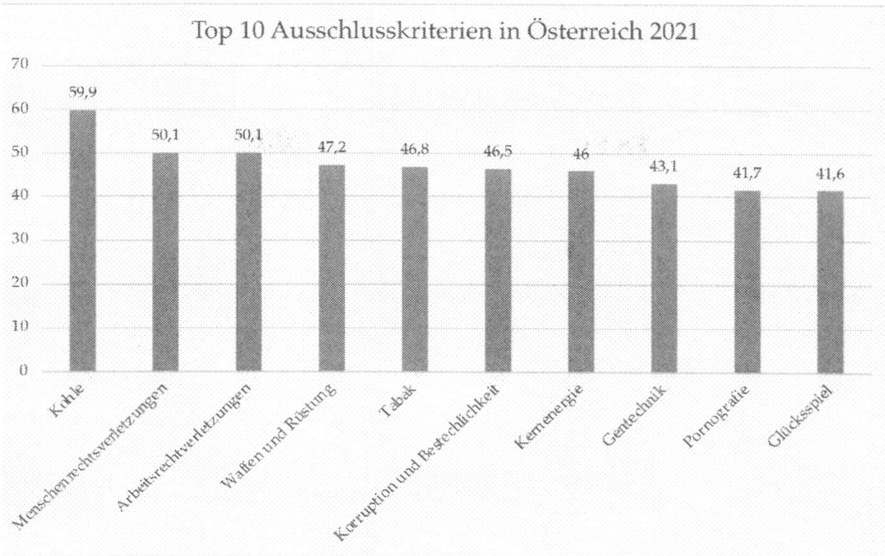

Abbildung 38: Top Ten Ausschlusskriterien in Österreich 2021 (in Mrd. €)
Quelle: FNG Marktbericht 2022

Das beliebteste Ausschlusskriterium in Österreich ist Kohle. Auch wenn es bei den einzelnen Kriterien hinsichtlich der Reihenfolge Unterschiede zwischen Deutschland und Österreich gibt, ist ein Großteil der Indikatoren ident. Interessant ist auch, dass beim Österreichischen Umweltzeichen, dem ältesten Nachhaltigkeitssiegel Europas, welches vom Bundesministerium für Klimaschutz, Umwelt, Energie, Mobilität, Innovation und Technologie vergeben wird, Nuklearenergie ein Ausschlusskriterium darstellt. Und das wiederum steht im klaren Widerspruch zur EU, die Nuklearenergie als nachhaltige eingestuft hat. Wie ihr seht, ist Nachhaltigkeit nicht nur auf einer Meta-Ebene subjektiv, sondern auch in der Praxis heftig diskutiert.

Auswählen:

Beim zweiten »A« geht aus um die gezielte Auswahl von Unternehmen und Staaten, die sich nach deinen Vorstellungen besonders positiv hervortun und verhalten. Das Ziel ist Gutes zu fördern und nicht wie bei den Ausschlusskriterien Schlechtes zu verhindern. Der Auswahlprozess wird auch Best-In-Class benannt, weil immer ein Vergleich mit anderen Staaten und Unternehmen stattfindet und »die Besten« im Rahmen einer individuellen Berechnungsmethodik für das Investment zugelassen sind. Der Auswahlprozess erfolgt nach sogenannten **ESG**-Kriterien.

E	*Environment (Umwelt)* z. B. Effizienter Ressourcenumgang, Klimawandel-Strategien, Umweltverträgliche Produkte
S	*Social (Soziales)* z. B. Einhaltung Arbeitsrechte, Verbot von Kinderarbeit, Faire Bedingungen am Arbeitsplatz
G	*Governance (Unternehmensführung)* z. B. Verhinderung von Korruption, Risiko- und Reputationsmanagement, Verankerung von Nachhaltigkeitsstrategien

Ansprechen:

Beim dritten »A« geht es darum, eine aktive Rolle als Investor einzunehmen. Das erfolgt im Regelfall in Form eines Engagement-Prozesses. Damit wird der aktive Dialog zwischen dem Investor und dem Unternehmen bezeichnet. Ziel ist es, im Austausch mit den Unternehmen wahrgenommene Defizite im Bereich der Nachhaltigkeit anzusprechen. Die Bandbreite der Aktivitäten reicht von einem Anschreiben über persönliche Gespräche mit Entscheidungsträgern bis zu einer konzentrierten Aktion mehrerer Investoren auf der Hauptversammlung des Unternehmens.

Zusammenfassend habe ich für dich noch 5 Tipps, um Geld zu verdienen und gleichzeitig Gutes zu tun:

#1: Es gibt keine eindeutige Definition von Nachhaltigkeit

Es existiert keine absolut gültige Definition, was unter Nachhaltigkeit zu verstehen ist, sondern eine Vielzahl von Definitionen und Beschreibungen. Am Ende des Tages bestimmt jeder individuell für sich selbst, was er oder sie darunter versteht. Willst du den Klimawandel bekämpfen oder Armut in der Welt? Beides ist gut und widerspricht sich nicht. Trotzdem wird der Fokus bei Investitionen ein anderer sein.

#2: Nachhaltig investieren und Geld zu verdienen stehen nicht im Widerspruch zueinander

Einige Investoren haben die Befürchtung, dass durch den Ausschluss von Unternehmen und Staaten weniger Chancen am Markt verfügbar sind. Fakt ist aber: Du musst dich bei entsprechender Streuung der Investments nicht zwischen »Gutes tun« und »Gewinne machen« entscheiden.
Eine Vielzahl an Studien zeigt, dass sich durch die generelle Berücksichtigung von Nachhaltigkeitsfaktoren keine ökonomischen Nachteile für die Unternehmen und Investor ergeben und darüber hinaus sogar mehrheitlich positive Effekte erkennen lassen. Des Weiteren sind nachhaltige Fonds nicht teurer als konventionelle Fonds. Zu beachten bleibt jedoch, dass die Ergebnisse je nach Anlagestil variieren können. Auch bei nachhaltigen Fonds muss eine Qualitätsanalyse stattfinden.

#3: Nicht in »böse« Unternehmen zu investieren, bedeutet nicht automatisch, dass dein Geld »gute« Unternehmen fördert

Bei der Umsetzung nachhaltiger Investmentstrategien stehen dir eine Vielzahl an Optionen zur Verfügung. Ein weitverbreiteter Ansatz sind sogenannte Ausschlusskriterien. Dabei werden Unternehmen aus gewissen Branchen (Kohle, Öl, Waffen, Tabak, etc.) oder aufgrund der Verletzung bestimmter Normen (Menschenrechtsverletzungen, Arbeitsrechtsverletzungen, etc.) ausgeschlossen. Das heißt aber nicht, dass dein Geld bereits Gutes tut.

Hierzu stehen weitere nachhaltige Veranlagungsstrategien am Markt zur Verfügung. Diese sind z. B. der Best-in-Class Ansatz, nachhaltige Themenfonds, Engagement-Strategien oder auch Impact-Investments. Wichtig ist: Diese Stile können individuell kombiniert werden, da es die »eine« perfekte nachhaltige Geldanlage nicht gibt.

#4: Jede Anlageklasse erzielt eine unterschiedliche Wirkung

Je nachdem, in welche Anlageklassen du investierst, kann dabei eine unterschiedliche Wirkung herauskommen bzw. hat dein Investment mehr oder weniger Impact (Einfluss) auf die reale Welt.

Dabei unterscheidet sich die Wirkung nicht nur im Hinblick auf Aktien, Anleihen, Immobilien, etc., sondern insbesondere auch, ob du in den Primär- oder Sekundärmarkt investierst. Bei Investments am Sekundärmarkt handelt es sich um Transaktionen, wo bereits bestehende Wertpapiere lediglich den Besitz wechseln und kein frisches Geld an die Unternehmen fließt. Die Börse ist faktisch ausschließlich Handel am Sekundärmarkt. In diesem Fall wird daher auch nur ein indirekter Impact, wenn überhaupt generiert.
Im Gegenzug dazu wird den Unternehmen am Primärmarkt frisches Kapital zugeführt. Dies geschieht z. B. durch die Ausgabe neuer Anleihen, Crowdfunding Projekte, Venture-Capital-Fonds oder bei einem Börsengang.

#5: Nachhaltige Finanzprodukte erkennen und Greenwashing vermeiden

Mittlerweile bieten immer mehr Finanzinstitute nachhaltige Produkte an. Doch nicht immer halten die Versprechen den Erwartungen stand. Teilweise werden gewisse Informationen auch bewusst »besonders nachhaltig« dargestellt und der Grat zum Greenwashing ist ein schmaler.

Um als Investor in der Praxis die Nachhaltigkeitsqualität einzelner Produkte bewerten zu können, bedarf es eines gewissen Know-hows und die Informationen der Produktanbieter auf deren Homepages sollten kritisch hinterfragt werden. Zusätzlich stehen aber auch anerkannte Nachhaltigkeitssiegel, wie das österreichische Umweltzeichen bzw. das FNG-Siegel zur Verfügung, die ein anerkanntes Qualitätsmerkmal darstellen und besonders nachhaltigen Fonds vorbehalten sind.

Mit cleanvest.org gibt es darüber hinaus eine Plattform, mit deren Hilfe du gezielt nachhaltige Anlageprodukte finden bzw. schon investierte Produkte analysieren kannst, die zu deinen individuellen und persönlichen Werten passen. Wenn du auf der Suche nach einem passenden Anlageprodukt bist, kann ich dir dieses kostenlose und frei zugängliche Tool wärmstens ans Herz legen.

SCAN ME

Cleanvest.org

Bevor wir mit dem nächsten Thema weitermachen, möchte ich dir noch eine Studie vorstellen, die wir im November 2022 veröffentlicht haben. Im Rahmen dieser Studie haben wir ca. 2.000 Aktienfonds, die in Österreich und Deutschland zum Vertrieb zugelassen sind, analysiert. Unsere Analyse hat dabei spannende Ergebnisse hervorgebracht. Prinzipiell ist die Aussage zulässig, dass nachhaltige Fonds nachhaltiger sind als konventionelle Fonds. Festzuhalten ist aber, dass es in Bezug auf die Nachhaltigekeitsgüte zwischen den einzelnen Produkten, aber auch hinsichtlich einzelner Kriterien große Unterschiede gibt.

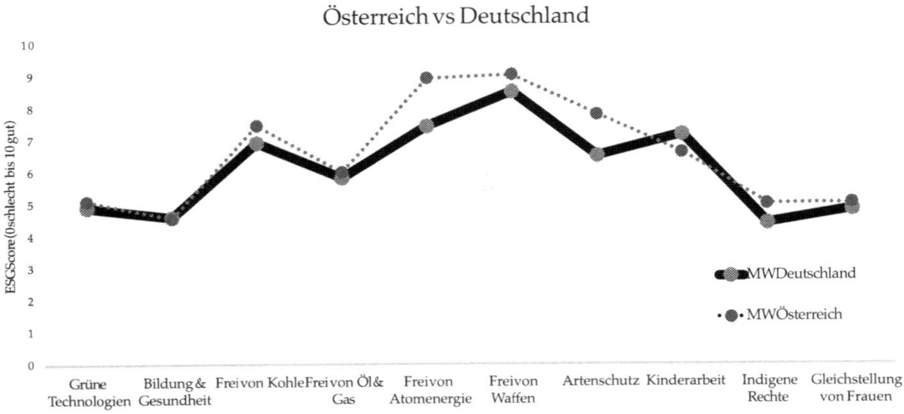

Abbildung 39: ESG Scores Aktienfonds nach Sitz der Kapitalanlagegesellschaft
Quelle: ESG Plus GmbH, ETHICO, Obergantschnig Financial Strategies GmbH (Nachhaltigkeitsstudie 2022)

In der Grafik wird die Nachhaltigkeitsgüte für einzelne Kriterien zwischen 10 (sehr gut) und 0 (sehr schlecht) angegeben. Stärker im Fokus stehen Ausschlusskriterien, wie z.B. Frei von Atomenergie oder Frei von Waffen. Noch nicht so stark im Fokus der Fondsmanager stehen dagegen Positivkriterien, wie z.B. Bildung & Gesundheit.

Was bedeutet das nun für dich und dein Investment? Auch du kannst durch eine gezielte Produktauswahl deine persönlichen Werte umsetzen. In jüngerer Vergangenheit gab es einige prominente Greenwashing-Fälle in der Finanzbranche, die ihre Produkte nachhaltiger dargestellt haben als sie in Wirklichkeit sind. Deswegen braucht es Grundwissen zum Thema nachhaltige Investments, um die Spreu vom Weizen trennen zu können.

WARUM DIR PROGNOSEN NUR SELTEN HELFEN

In der Finanzwelt ist man ganz heiß auf Prognosen. Wohin werden sich die Märkte entwickeln? Werden wir einen Bullenmarkt mit steigenden Kursen erleben? Oder gewinnt der Bär überhand und die Kurse rauschen in den Keller? Viele Investoren suchen Rat bei Experten, die aufgrund ihrer Erfahrung und ihres enormen Finanzwissens doch eigentlich wissen müssen, wohin die Reise geht. Aber ist das wirklich so, dass man sich auf Expertenmeinungen verlassen kann? Die Antwort auf diese Frage lautet ganz klar Nein!

Das wird dich vermutlich verwundern, nicht wahr? Wie kann es sein, dass hoch bezahlte Finanzexperten keine valide Prognose zusammenbringen? Die sitzen doch an der Quelle, verwalten Milliarden! Da sollte man eigentlich mehr erwarten können, oder?

Genau mit diesen Fragen war ich als Fondsmanager häufig konfrontiert. Aber in diesem Zusammenhang bin ich der festen Überzeugung, dass niemand die Zukunft vorhersehen kann. Auch ich nicht! Die Aufgabe eines Fondsmanagers ist es vielmehr, die aktuellen Rahmenbedingungen zu erfassen, Chancen zu erkennen und unter Berücksichtigung der Risikovorgaben ein breit gestreutes Portfolio aufzusetzen. Ich kann dir nicht einmal sagen, wo der Aktienmarkt heute Abend schließen wird, geschweige denn am Ende der Woche, des Monats oder gar am Ende des Jahres.

Mit dieser Unsicherheit musst auch du leben, wenn du dein Geld in den Kapitalmarkt investierst. Und aus eigener Erfahrung weiß ich, dass diese harte Erkenntnis sehr befreiend wirken kann. In einer globalisierten und vernetzten Welt wäre alles andere überraschend. Ich habe gelernt, dass in sehr regelmäßigen Abständen etwas Unerwartetes passiert. Wer hatte z. B. im Jänner 2022 den Ukraine-Krieg mit all seinen Auswirkungen auf der Agenda? Wer ging damals davon aus, dass wir in Europa zweistellige Inflationsraten sehen werden? Wer hat 2019 daran gedacht, dass bald die Coronapandemie die ganze Welt in Schach halten würde? Diese Extrem-Ereignisse sind mein ständiger Begleiter. Ich erlebte als Fondsmanager viele Krisen. Da hätten wir z. B. das Platzen der Internetblase, 9/11, die Lehman-Pleite oder die Euro-Krise, um nur einige zu nennen.

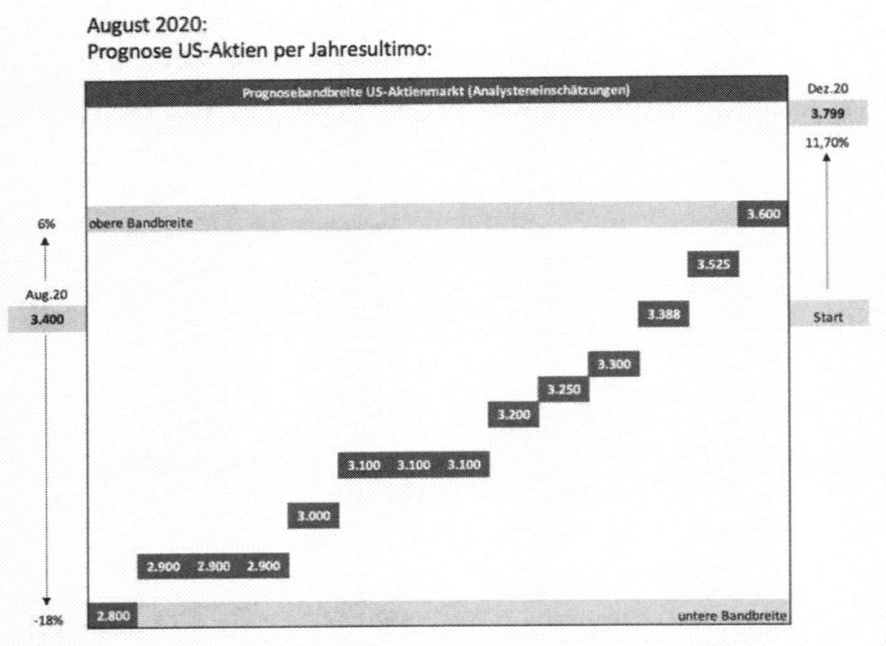

Abbildung 40: Wall Street Prognosen vs. Realität
Quelle: Bloomberg, Rifinitiv, CNN, Financial Times, Eigene Darstellung

Die US-Aktienmarktprognosen renommierter Wallstreet-Banken im August sind sehr breit gestreut. Bei einem Indexstand von 3.400 reichte die Spannweite der Jahresendprognosen von 2.800 bis 3.600 Indexpunkten. Das bedeutet, dass die negativste Prognose eine Performance von -18 % prophezeit, wohingegen die optimistischste Prognose einen Kursanstieg von +6 % prognostizierte. Und das in ledig vier Monaten! Ende 2020 schloss der Index bei 3.799 Punkten. Mit +11,7 % lag man damit deutlich über den Prognosen. Morgan Housel fasst es sehr spitz zusammen:

»Würde man jedes Jahr einfach annehmen, dass die Börsen um ihren historischen Durchschnittswert anstiegen, läge man mit dieser Prognose richtiger als die 20 wichtigsten Marktstrategen der großen Wall Street Banken.«

Eines solltest du dabei auch noch im Hinterkopf behalten. Wenn du als Analyst mit deiner Prognose berühmt werden möchtest, musst du ein Extremszenario prognostizieren. Wenn es aufgeht, bist du ein gemachter Mann. Wenn nicht, wird auch diese Prognose am Friedhof der unerfüllten Prognosen landen und vermutlich kein weiteres Aufsehen erregen. Und nur weil du einmal Glück mit deiner Prognose gehabt hast, heißt das noch lange nicht, dass du das Patentrezept für den Blick in die Glaskugel gefunden hast.

Was bedeutet das nun für dich und deine Finanzen? Sei dir darüber bewusst, dass niemand die Zukunft vorhersehen kann und hüte dich davor, dein Portfolio auf Basis von Expertenprognosen auszurichten. Im Rahmen einer wissenschaftlichen Arbeit habe ich die Werthaltigkeit von Prognosen über einen Zeitraum von sechs Jahren analysiert. Die Erkenntnis war ernüchternd. Wenn die Kurse steigen, werden mit Verzögerung auch die Prognosen angehoben. Das gleiche Phänomen gilt auch bei fallenden Kursen. Und darüber hinaus solltest du bedenken, dass in meinem Analysezeitraum zumindest 67 % der Prognosen positiv waren. Am Ende ist es nicht entscheidend, eine richtige Prognose abzugeben. Wichtig für den Erfolg ist es, konsequent über einen langen Zeitraum an deiner Veranlagungsstrategie festzuhalten. Prognosen beschreiben damit für mich bestenfalls den Weg zu einem Etappenziel.

WARUM LEVERAGE DER SIAMESISCHE ZWILLING DER SPEKULATION IST

In den 1990ern war es üblich, das Gehaltskonto zu überziehen und damit Aktien zu kaufen. Der Ertrag oder besser gesagt das Ertragspotenzial der Aktien lag weit über den Zinszahlungen, die für die Kontoüberziehung zu leisten waren. Die Rechnung war einfach. Nehmen wir an, der Kredit – denn nichts anderes ist eine chronische Kontoüberziehung – kostet pro Jahr 8 % und mit Aktien verdienst du zumindest 20 %. Sollte die Rechnung aufgehen, verdienst du 12 % auf die Kreditsumme, ohne dass du etwas dafür beitragen musst. Na ja, ausgenommen natürlich der Zinsverpflichtung und dem Risiko, dem du dich aussetzt. Das hat dazu geführt, dass viele Investoren im Rausch der Internet-Blase sich chronisch verschuldet haben. Die Aussicht auf die Gewinne war einfach zu schön. Und mit dem Platzen der Blase kam dann das böse Erwachen.

Als Leverage oder Leverage Effekt wird die Hebelwirkung des Fremdkapitals bezeichnet. Fremdkapital ist Geld, dass nicht dir gehört, sondern das du dir z. B. von deiner Bank geliehen hast. Wenn du neben deinem Eigenkapital auch noch Fremdkapital investierst, wirkt sich das unmittelbar auf deine Veranlagungsrendite aus. Um das näher zu betrachten, nehmen wir an, du hast ein Kapital von €1.000, welches du in eine hochriskante Aktie investieren möchtest.

Abb 41	**Variante A**	**Variante B**	**Variante C**
Eigenkapital (EK)	1000 €	1000 €	1000 €
Fremdkapital (FK)	-	1000 €	2000 €
Investition	1000 €	2000 €	3000 €
Gewinne	**Dein Ertrag**		
1% auf dein EK	10 €	20 €	30 €
	1 %	2 %	3 %
10% auf dein EK	100 €	200 €	300 €
	10 %	20 %	30 %
Verluste	**Dein Verlust**		
- 1% auf dein EK	- 10 €	- 20 €	- 30 €
	- 1 %	- 2 %	- 3 %
- 10% auf dein EK	- 100 €	- 200 €	- 300 €
	- 10 %	- 20 %	- 30 %

Abbildung 41: Leverage Effekt - Beispiel
Quelle: ecobono

In diesem Beispiel sind drei Varianten dargestellt. Bei Variante A investierst du nur deine €1.000 in die Aktie. Bei Variante B nimmst du einen Kredit von €1.000 auf und investierst in Summe €2.000 in die Aktie. Und bei Variante C erhöhen wir nochmals den Leverage und mischen €2.000 fremdfinanziertes Kapital bei. Kommen wir nun zu den Ergebnissen. Wenn die Aktie um 1 % steigt, verdienst du bei Variante A €10 oder 1 % auf dein eingesetztes Kapital. Der Form halber sei erwähnt, dass ich der Einfachheit halber bei den Varianten B und C auf Fremdkapitalkosten verzichtet habe. Damit verdienst du bei Variante B €20 und bei Variante C €30. In der Finanzbranche sprechen wir auch von einem Hebel von 2 bei Variante B bzw. 3 bei Variante C. Dieser Hebel ergibt sich aus dem Gewinnanteil, der sich aus dem Fremdkapital ergibt. Wenn sich dein Gesamtgewinn durch das Fremdkapital verdoppelt, hast du einen Hebel von 2 (Variante B). Bei einer Verdreifachung einen Hebel von 3 (Variante C). Um die Auswirkung auf dein Eigenkapital zu berechnen, kannst du die Performance einfach mit dem Hebel multiplizieren und schon hast du das Ergebnis.

Wenn die Performance in die richtige Richtung geht, kann der Leverage gar nicht hoch genug sein. Du gehst als Investor aber ein sehr großes Risiko ein. Denn der Leverage wirkt auch in die andere Richtung. Wenn die Aktie um 10 % fällt, verlierst du bei Variante A 10 %, bei Variante B 20 % und bei Variante C sogar 30 %. In einem durchschnittlichen Bärenmarkt verlieren Aktienmärkte zumindest 25 % an Wert. Bei Variante C wären bereits 75 % deines Eigenkapitals verloren gegangen. Die ganze Rechnung findet sogar ohne Kosten statt. Wenn ich diese noch berücksichtigen würde, wären wir schon nahe am Totalausfall und das bei einem »normalen« Rückgang von 25 %.

Normalerweise kann ein Teil deines Investments als Sicherheit hinterlegt werden. Bei Kursverlusten wird der Kreditgeber auf dich zukommen und größere Sicherheiten verlangen. Wenn du diese nicht hinterlegen kannst, wird der Kredit zumindest zum Teil fällig gestellt. Und dann musst du dein Investment verkaufen, um damit den Kredit zurückzahlen zu können. Wenn es jetzt nicht nur dir, sondern auch vielen anderen Investoren ähnlich ergeht, entsteht ein großer Verkaufsüberhang, es gibt also mehr Verkäufer als Käufer, was zu weiteren großen Kursrückschlägen führen kann. Das wiederum führt zu neuen Forderungen der Kreditgeber und die Abwärtsspirale beginnt so richtig an Fahrt aufzunehmen.

In der Vergangenheit gibt es viele Beispiele, bei denen ein hoher Leverage am Ende des Tages zum Ruin vieler Menschen geführt hat. Darunter fallen etwa die Tulpenkrise, die goldenen 1920er mit der darauffolgenden großen Depression oder auch die US-Immobilienblase und die anschließende Weltwirtschaftskrise. Das verbindende

Glied dieser Krisen ist, dass viele Investoren mit einem Kredit ihre Spekulation finanziert haben. Wie heißt es so schön: Gier frisst Hirn!

Was bedeutet das nun für dich? Achte darauf, dass du dein Risiko unter Kontrolle hast und investiere immer nur so viel, wie du dir auch wirklich leisten kannst. Es ist aber auch nicht so, dass ein Leverage zwingend schlecht sein muss. Wenn du dir beispielsweise eine Immobilie kaufst, wird es ohne Leverage nur schwer umsetzbar sein. Es kommt aber immer darauf an, wie hoch deine Fremdkapitalquote ist. Bei risikoreicheren Investments, wie z.B. bei einer Aktieninvestition rate ich dir aber davon ab, diese ungesichert mit Fremdkapital zu finanzieren. Ich habe schon einige Menschen kennengelernt, bei denen der Traum hohe Gewinne zu erzielen, letztendlich in einen Alptraum gemündet ist.

DEINE INVESTMENTMÖGLICHKEITEN

In meinen Anfangsjahren war ich schier überwältigt von der Vielfalt, die der Kapitalmarkt zu bieten hat. Und eines ist klar: Die Anzahl der Investmentprodukte ist in den letzten Jahren nochmals stark angewachsen. Du kannst dein Geld in eine der knapp 1.000.000 existierenden Anleihen oder in eine der 62.000 Aktien investieren. Und darüber hinaus gibt es viele weitere Möglichkeiten. Allein in Österreich gibt es mehr als 8.000 zum Vertrieb zugelassene Investmentfonds. Wenn ich mich an meine Anfänge zurückerinnere, ist es zuerst einmal wichtig, sich einen Überblick über die einzelnen Investitionsmöglichkeiten zu verschaffen, bevor du dich mit der Produktauswahl auseinandersetzt. Gerade zu Beginn meiner beruflichen Laufbahn habe ich häufig der Versuchung nicht widerstehen können, mich mit einer einzelnen Aktie intensiv auseinanderzusetzen, obwohl ich nicht einmal genau wusste, was eine Aktie überhaupt ist.

Und genau damit werden wir uns in diesem Kapitel beschäftigen. Zu Beginn werden wir uns die Frage stellen, was denn überhaupt der Finanzmarkt ist und wie er funktioniert. Prinzipiell gibt es zwei Varianten, in ein Unternehmen zu investieren. Du kannst entweder Eigenkapital oder Fremdkapital einbringen. Wir werden die großen Unterschiede herausarbeiten und auf die Auswirkungen auf dich in deiner Rolle als Investor näher eingehen. Danach werden wir uns die Frage stellen, was der Unterschied eines direkten oder indirekten Investments ist. Das ist für dich sehr wesentlich, wenn du auch die Diversifikation ausnutzen möchtest. Prinzipiell stellt sich für dich nämlich die Frage, ob du in Einzeltitel, in einen Fonds oder in einen ETF investieren möchtest. Wir werden darüber hinaus auch noch über Managementstile sprechen und auf Vor- und Nachteile von aktiv und passiv gemanagten Portfolios eingehen.

Damit haben wir einmal die Basis gelegt, um uns mit einzelnen Assetklassen tiefergreifend zu beschäftigen. Keine Sorge, es wird nicht zu technisch. Mir ist es ein Anliegen, dir die wesentlichen Aspekte einzelner Investitionsmöglichkeiten darzulegen, um dir einen kompakten Überblick zu verschaffen. Das sind genau jene Informationen, die mir als junger Fondsmanager wertvolle Dienste erwiesen hätten. In diesem Buch gehen wir auf die wesentlichen Asset-Allokation-

Bausteine ein, die meiner Erfahrung nach in vielen breit gestreuten Portfolios eingesetzt werden. Mit den folgenden 7 Bausteinen werden wir uns im Detail auseinandersetzen:

- Aktien
- Anleihen
- Krypto-Währungen
- Immobilien
- Edelmetalle und Rohstoffe
- Derivate
- Alternatives

Wir werden dabei neben der Funktionsweise auch auf Ertragschancen und Risiken eingehen. Das Verständnis dafür ist essenziell. Meiner Erfahrung nach erhöhst du damit die Chance, langfristig vermögend zu werden, um ein Vielfaches. Legen wir los!

WAS IST DER FINANZMARKT

Der Finanzmarkt ist ein Markt, an dem Finanzgeschäfte getätigt werden. Darunter fallen z. B. Wertpapiere, wie Aktien oder Anleihen, Währungen, Derivate oder auch Kredite. Der Finanzmarkt wird im Wesentlichen in drei Bereiche untergliedert.

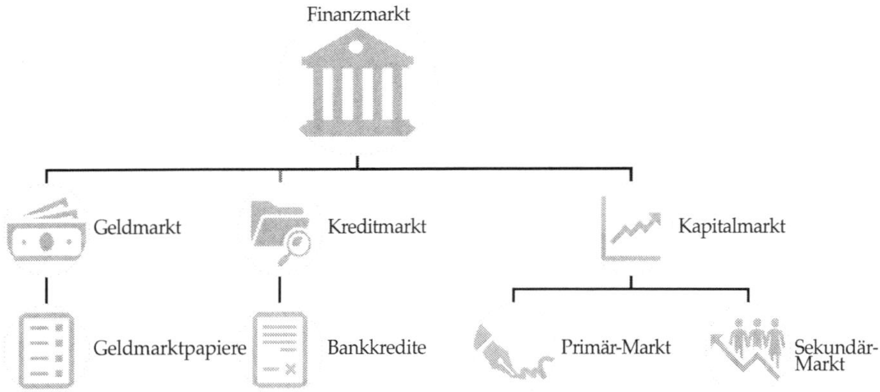

Abbildung 42: Sturktur Finanzmarkt
Quelle: ecobono

Unter Geldmarkt versteht man Kredite oder Wertpapiere mit einer sehr kurzfristigen Laufzeit von unter einem Jahr. Auf dem Kreditmarkt kann der Kreditgeber Kapital anbieten, welches sich der Kreditnehmer ausleihen kann. Und dann haben wir noch den Kapitalmarkt. Hier wird zwischen dem Primärmarkt und dem Sekundärmarkt unterschieden. Am Primärmarkt finden Wertpapieremissionen statt. Das bedeutet, dass der Kapitalfluss zwischen dem Investor und dem Emittenten erfolgt. Ein Emittent ist ein Unternehmen oder ein Staat, das/der Geld bzw. Schulden aufnehmen möchte. Ein Aktien-IPO (=Initial Public Offering), also der Börsengang eines Unternehmens ist auch dem Primärmarkt zuzuordnen. Das Unternehmen bietet dabei Investoren in einem öffentlichen Angebot an, sich direkt am Unternehmen zu beteiligen. Aufgrund von Angebot und Nachfrage wird der Emissionspreis bestimmt. Nach der Emission können Aktien an der Börse gehandelt werden. Dieser Markt wird Sekundärmarkt oder auch Zirkulationsmarkt bezeichnet.

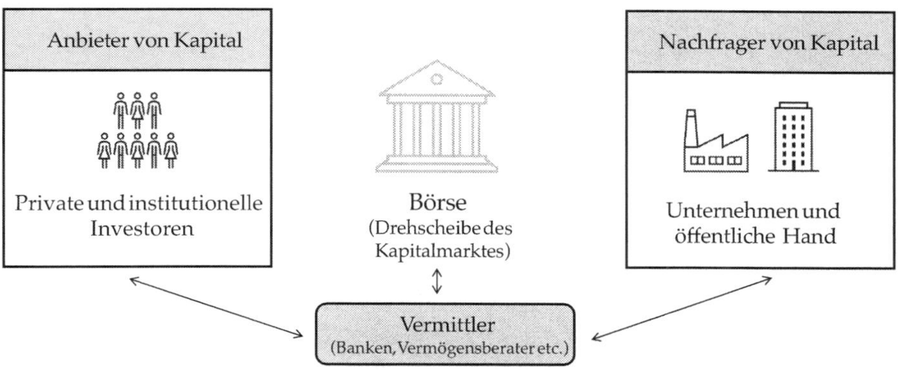

Abbildung 43: Sturktur Finanzmarkt
Quelle: ecobono

Die Börse ist damit eine wesentliche Drehscheibe des Kapitalmarktes. Menschen mit Geld treffen Unternehmen mit Ideen und Visionen. Wertpapiere sind fungibel, das heißt, dass die erworbenen Rechte, die in einem Wertpapier verbrieft sind, von einer Person an die nächste weitergegeben werden kann. Und du hast damit den Vorteil, dass du liquide bleibst und deinen Vermögenswert auch wieder verkaufen kannst.

Der Preis, den du dafür bekommst, wird durch Angebot und Nachfrage ermittelt. Die Geschäfte erfolgen Zug um Zug. Das heißt, Aktien werden gegen Geld getauscht. Wenn der potenzielle Käufer deiner Aktien nicht zahlungsfähig ist, bekommt er die Aktien nicht. Und wenn du Aktien kaufst und der Verkäufer sie nicht liefern kann, bekommt er dein Geld nicht. Das ist sowohl für den Käufer als auch Verkäufer sehr vorteilhaft und vertrauensfördernd. Die weltweit größte Börse ist die New York Stock Exchange (NYSE), an der 2021 Transaktionen im Gegenwert von $29 Billionen gehandelt wurden.

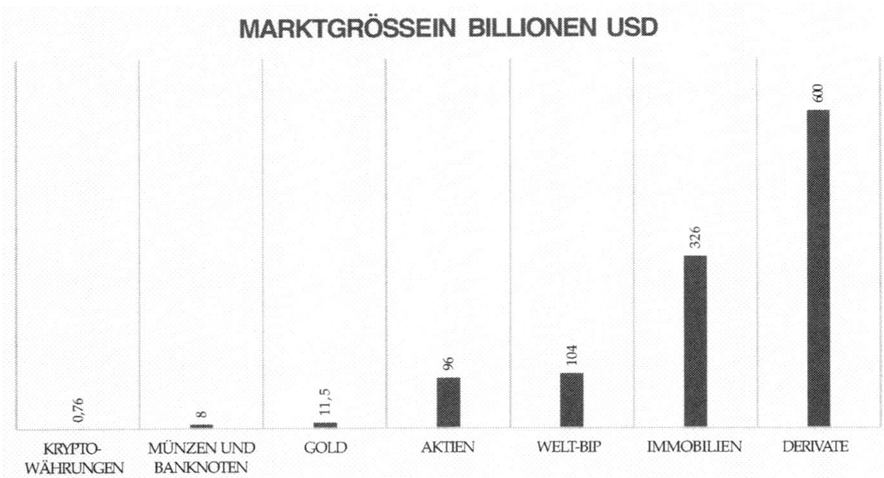

Abbildung 44: Marktgröße in Billionen USD
Quelle: CoinMarketCap, BIS, World Gold Council, Forbes, WFE, IMF, IIF, Savills

In der Grafik ist die Marktgröße in Billionen US-Dollar dargestellt. Der Kryptowährungsmarkt hat 2022 deutlich Federn lassen müssen und ist von seinem Höchststand 2021 von $2,82 auf $0,76 Billionen eingebrochen. Das entspricht einem satten Minus von 73 %. Bitcoin nimmt mit 41 % der Marktkapitalisierung eine dominante Position ein.

Kommen wir zu den Münzen und Geldscheinen, die aktuell im Umlauf sind. Der Marktwert des physischen Geldes entspricht $8 Billionen. Das entspricht aber nur knapp 10 % der gesamten Geldmenge, zu der z. B. auch Bankkonten oder Sparbücher dazugezählt werden. Die Goldbestände belaufen sich auf $11,5 Billionen.

Der Aktienmarkt ist rund $96 Billionen schwer. Mehr als ein Drittel davon entfällt auf den S&P 500, der die größten börsennotierten Unternehmen der USA repräsentiert. Die Weltwirtschaft (BIP) ist gegenwärtig $104 Billionen groß. Alle Immobilien der Welt sind aktuell $326 Billionen wert, davon entfallen knapp 80 % auf den reinen Wohnimmobilienbereich. Mit $600 Billionen Gesamtvolumen sind Derivate aber der mit Abstand größte Markt. Derivate sind Finanzinstrumente, die erst in Zukunft schlagend werden. So kannst du z. B. mit einem Geschäftspartner vereinbaren, in drei Monaten einen Aktienindex zu kaufen oder zu verkaufen. Derivate können spekulativ oder zur Absicherung eingesetzt werden.

EIGENKAPITAL VERSUS FREMDKAPITAL

Wenn du dein Geld an der Börse investierst, kannst du dich direkt an einem Unternehmen beteiligen. Du stellst damit Eigenkapital zur Verfügung. Oder aber du schlüpfst in die Rolle einer Bank und gewährst dem Unternehmen einen Kredit. Damit stellst du dem Schuldner Fremdkapital zur Verfügung. Betrachten wir das einmal aus dem Blickwinkel einer Unternehmensbilanz:

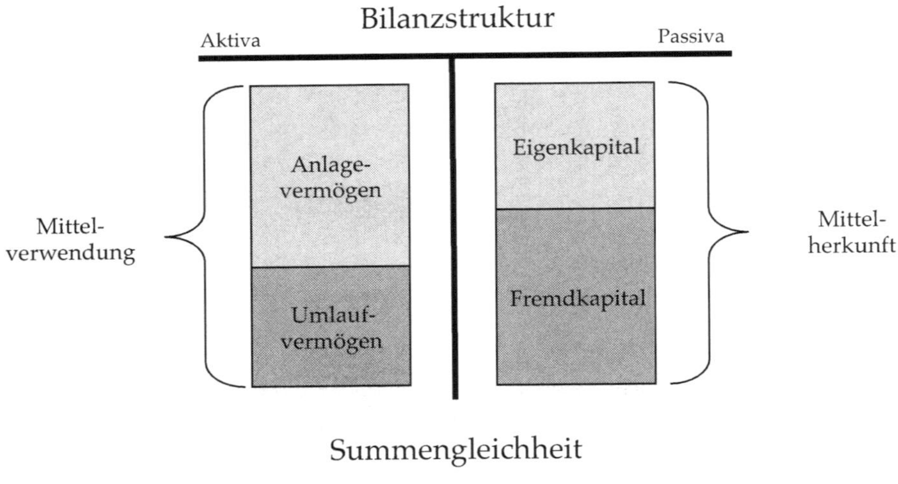

Abbildung 45: Grundlagen der Investition
Quelle: ecobono

Ein Unternehmen benötigt für den laufenden Geschäftsbetrieb Geld. Dieses Geld wird entweder in Anlagevermögen, wie z.B. eine Maschine oder in Umlaufvermögen, wie z.B. Waren, die es in einem Supermarkt verkauft, investiert. Wir sprechen hier von der Mittelverwendung. Auf der anderen Seite der Bilanz steht die Mittelherkunft. Schließlich muss das ja irgendwie finanziert werden. Das Geld könnte z. B. von einem Investor kommen. Das Unternehmen kann den Investor entweder am Eigenkapital beteiligen oder Fremdkapital aufnehmen.

Wenn du eine Aktie eines Unternehmens kaufst, erhältst du einen Anteil am Unternehmen. Du bist damit Miteigentümer und dadurch auch berechtigt, Informationen über das Unternehmen zu erhalten oder auch gemäß deiner Beteiligungshöhe Einfluss auf die Geschäftsleitung zu nehmen. Das ist bei Privatinvestoren allerdings selten der Fall, da viele Unternehmen mit weit mehr als einer Milliarde Euro bewertet sind und es für Ottonormalverbraucher nicht möglich ist, genug Anteile zu besitzen, um wesentliche Entscheidungen herbeizuführen.

Das eingesetzte Kapital muss vom Unternehmen nicht zurückgezahlt werden. Als Aktionär bist du direkt am Unternehmenserfolg beteiligt. Je erfolgreicher das Unternehmen wird und je mehr Gewinne es erwirtschaftet, desto besser ist es für dich. Im Falle einer Insolvenz gehst du aber mit sehr hoher Wahrscheinlichkeit leer aus und verlierst dein eingesetztes Kapital. Deine Haftung ist jedoch auf deinen Kapitaleinsatz beschränkt und du brauchst als Aktionär keine Angst davor zu haben, auch mit deinem Privatvermögen zu haften.

Wenn du dir eine Anleihe eines Unternehmens kaufst, gibst du dem Unternehmen einen Kredit. Du bist damit Geldgeber auf Zeit, da das eingesetzte Geld nach einer vereinbarten Laufzeit auch wieder zurückgezahlt werden muss. Für die Geldleihe bekommst du vom Unternehmen Zinsen auf das eingesetzte Kapital. Du bist als Geldgeber nicht berechtigt, Einfluss auf die Geschäftsleitung zu nehmen. Wenn ein Unternehmen aber in Schieflage kommt, werden Banken und andere Gläubiger den Druck erhöhen und versuchen, korrektiv einzugreifen. Wichtig ist auch, dass du als Anleihebesitzer nicht am Unternehmenserfolg beteiligt bist. Dadurch ist dein Ertragspotenzial auf die Zinszahlungen begrenzt. Du bekommst aber deine Zinsen auch, wenn das Unternehmen einmal keine Gewinne schreibt. Im Falle einer Insolvenz werden zuerst die Fremdkapitalgeber bedient.

	Eigenkapital (Aktionär)	Fremdkapital
Beteiligungsverhältnis	Eigentümer	Gläubiger
Finanzielles Risiko	Kapitalverlust	Kapitalverlust
Wertsteigerung	Beteiligt	Nicht beteiligt
Ausschüttung	Gewinnausschüttung (Dividende)	Zinsen
Laufzeit	Unbegrenzt	Begrenzt
Was wollen Investoren?	Positive Entwicklung (Kurssteigerung)	Zinsen und Rückzahlung Kapital

Abbildung 46: Überblick Eigenkapital vs. Fremdkapital
Quelle: ecobono

Durch die Gegenüberstellung der Charakteristika werden wesentliche Unterschiede zwischen einem Eigenkapital- und Fremdkapitalgeber offensichtlich. Als Aktionär verfolgst du das Ziel, dass sich das Unternehmen gut entwickelt und dadurch die Börsenkurse steigen. Aus Investorensicht macht es damit absolut Sinn, dass das Unternehmen auch einmal ein gewisses Risiko eingeht.

Als Anleihenbesitzer liegt dein Fokus darauf, dass das Unternehmen pünktlich die angelaufenen Zinsen und am Ende der Laufzeit das Kapital zurückzahlen kann. Aus dieser Perspektive heraus betrachtet möchtest du gar nicht, dass das Unternehmen ein Risiko eingeht. Du hast ja schließlich nichts davon.

Was bedeutet das nun für dich? Je nach Risikoneigung kann sowohl ein Eigenkapital- als auch ein Fremdkapital-Investment Sinn machen. Diese Struktur ist für jeden Investor von großer Bedeutung. Frage dich vor einem Investment immer, ob du in die Rolle eines Eigentümers oder eines Kreditgebers schlüpfst. Das Ertragspotenzial muss bei einem Eigenkapital-Investment größer sein als bei einem Fremdkapital-Investment, da du schließlich auch ein deutlich größeres Risiko eingehst.

DIREKTES ODER INDIREKTES INVESTIEREN IN EINZELTITEL, FONDS ODER ETF'S

Wenn du in einen Markt oder eine Asset-Klasse investieren möchtest, stehen dir im Wesentlichen zwei Möglichkeiten zur Verfügung. Du kannst entweder direkt oder indirekt investieren. Um das zu veranschaulichen, bleiben wir bei einem Aktieninvestment.

Du kannst dein Vermögen in Aktien investieren, indem du einen Einzeltitel (z. B. Apple, Volkswagen oder die OMV) über deinen Broker an einer Börse kaufst. Wenn du eine breite Streuung zusammenbringen möchtest, musst du aber viele Einzeltitel kaufen. Laut Lehrbuch benötigst du zumindest 30 gezielt ausgewählte Einzeltitel, um in den Genuss des Diversifikationseffektes zu kommen.

Wenn du keine Einzeltitel haben möchtest, kannst du auch indirekt in Aktien investieren. Indirekte Investments, sind Investitionen in Fonds oder ETFs (Exchange-Traded Funds). Als Fondsmanager war ich jahrelang für einen weltweit ausgerichteten Aktienfonds verantwortlich. In meinem Portfolio waren rund 1.300 Einzeltitel investiert. Und daraus erkennst du schon einen wesentlichen Vorteil eines indirekten Investments. Du hast dadurch die Möglichkeit, bereits mit vergleichbar geringem Kapitaleinsatz ein sehr breites Portfolio zu kaufen.

Beginnen wir einmal mit den Investmentfonds. Viele verschiedene Anleger investieren in einen Investmentfonds und erwerben Anteile dieses Fonds. Sie sind damit Miteigentümer am Portfolio. Das Fondsvermögen wird von einem professionellen Fondsmanager nach klar definierten Vorgaben verwaltet. Du kannst beispielsweise einen US-Aktienfonds oder einen europäischen Immobilienfonds kaufen. Hausbanken und Online-Broker bieten dir die Möglichkeit, bereits mit kleineren monatlichen Beträgen in einen Investmentfonds anzusparen. Als Investor gehst du keine Laufzeitbindung ein und kannst im Regelfall deine Fondsanteile jederzeit wieder abstoßen. Sollte deine Fondsgesellschaft in Konkurs gehen, wird das Fondsvermögen als Sondervermögen betrachtet und fließt nicht in die Konkursmasse ein. Das bedeutet, dass du als Anleger davon nicht betroffen bist und deine Fondsanteile auch weiterhin ganz normal veräußern kannst.

Bei einem Exchange-Traded Fund (ETF) wird meistens ein Index nachgebildet. ETFs sind im Vergleich zu klassischen Investmentfonds in der Regel sehr kostengünstig, weil kein aktives Management betrieben wird, sondern ein regelbasierter Ansatz exekutiert wird. Du kannst als Investor bereits mit einer sehr geringen Gebühr einen weltweit ausgerichteten Aktienfonds kaufen, der sich z. B. am MSCI All-Country World Index orientiert. Dadurch werden deinem Portfolio 9.200 Einzeltitel aus unterschiedlichen Sektoren in knapp 50 Ländern beigemischt.

Auch beim Handel gibt es einen wesentlichen Unterschied zwischen einem Fonds und einem ETF. Fonds können im Regelfall nur einmal pro Tag gehandelt werden. Auf Basis der aktuellen Kurse wird an jedem Handelstag ein Fondsvermögen berechnet. Der Preis eines Fondsanteiles entspricht genau dem aliquoten Anteil am Investmentfonds. Angebot und Nachfrage spielen beim Kauf oder Verkauf eines Fonds keine Rolle.

Beim börsennotierten ETF kannst du auch während des Tages handeln. Der Preis des ETFs wird im Gegensatz zu einem klassischen Fonds durch Angebot und Nachfrage bestimmt. Als Investor kostet dich die Transaktion neben den üblichen Gebühren auch die Verkaufsspanne. Das bedeutet, wenn der faire Wert eines Anteils bei €100 liegt, kann es sein, dass du den Fonds um €101 kaufen bzw. €99 verkaufen kannst. Die Verkaufsspanne beträgt in diesem Beispiel €2. Prinzipiell gilt, dass in normalen Marktphasen die Spannen relativ gering sind. In Krisenzeiten konnten wir aber schon öfter beobachten, dass sich die Verkaufspanne deutlich vergrößert hat. Das bedeutet, dass du im Falle eines Verkaufes gegebenenfalls auch deutliche Abschläge hinnehmen musst. Streng genommen sind ETFs also auch Investmentfonds, nur dass sie eben an der Börse gehandelt werden. Darüber hinaus werden ETFs meist passiv gemanagt.

Tipps für einen ETF-Kauf:

#1: Achte auf die Kosten

Je niedriger, desto besser! Diese unterscheiden sich je nach Asset-Klasse. Fokussiere dich auf die Total-Expense-Ratio (TER). Die TER entspricht im Regelfall der Gesamtkostenquote. Neben der Managementgebühr werden auch noch andere Kosten, wie z.B. Depotgebühren oder Kosten für den Wirtschaftsprüfer hinzugerechnet. Auch ein Blick auf die Kauf- und Verkaufsspanne ist in diesem Punkt zu berücksichtigen.

#2: Achte auf das Fondsvolumen.

Bei Aktien-ETFs würde ich dir ein Fondsvlumen von mind. €500 Mio. empfehlen. Bei anderen Asset-Klassen kann es auch niedriger sein.

#3: Berücksichtige das Alter des ETF.

Der ETF sollte zumindest 3 Jahre bestehen und die Performance nicht wesentlich von der Indexperformanc abweichen. Je jünger ein ETF ist, desto weniger kannst du über die Qualität des Managements aussagen. Je länger ein ETF besteht, desto besser kann auch die Seriosität des Managers bewertet werden. Man darf aber auch hier nicht vergessen, dass Menschen jederzeit schwere Fehler machen können. Das zeigt die Praxis leider sehr deutlich.

#4: Physisches Investment!

Achte darauf, dass der ETF physisch in Wertpapiere investiert. Das bedeutet, dass der ETF direkt die Einzeltitel hält. Alternativ dazu gibt es auch noch ETFs, die einen Markt synthetisch abbilden. Der ETF investiert also nicht direkt in den Einzeltitel, sondern nutzt Derivate (z.B. Swaps), um den Index abzubilden. Dabei kommt für dich als Investor neben dem Marktrisiko auch noch das Kontrahentenrisiko hinzu. Bei Derivaten bist du nämlich davon abhängig, dass die Gegenseite, mit der du das Geschäft vereinbart hast, auch zahlungsfähig ist. Wenn das nicht der Fall ist, kann das für dich im schlimmsten Fall einen Totalausfall bedeuten. Selbst dann, wenn der zugrundeliegende Index sich positiv entwickelt hat.

#5: Analysiere den Index

Bei einem ETF wird ein Index nachgebildet. Es ist für dich daher wichtig, wie der Index zusammengestellt ist und ob dieser sich auch für deine Veranlagungsstrategie eignet.

Was bedeutet das nun für dich? Für mich stellt eine indirekte Investition das Fundament meines Portfolios dar. Wenn du nicht über viele Millionen verfügst, macht es meiner Erfahrung nach wenig Sinn, sich ausschließlich auf Einzeltitel zu fokussieren. Ob du dafür auf einen qualitativ hochwertigen Investmentfonds oder einen ETF zurückgreifst, ist Geschmackssache. Ich persönlich mache das u.a. von der Asset-Klasse, dem Investmentprozess und vor allem der Kostenstruktur abhängig.

SCAN ME

5 Tipps für einen ETF-Kauf

AKTIVER ODER PASSIVER MANAGEMENT-STIL

In der Finanzbranche gibt es im Wesentlichen zwei unterschiedliche Investmentstrategien. Bei einem passiven Managementansatz wird ein Referenzindex nachgebildet. Diese Strategie wird beispielsweise in ETFs umgesetzt. Im Gegensatz dazu geht ein Verfechter eines aktiven Investmentansatzes bewusste Risiken ein und verfolgt damit das Ziel, den Index bzw. seine Benchmark zu übertreffen. Aufgrund seiner Analysen versucht er, attraktive Einzelinvestments ausfindig zu machen und damit für die Fondsinvestoren einen Mehrwert zu erwirtschaften.

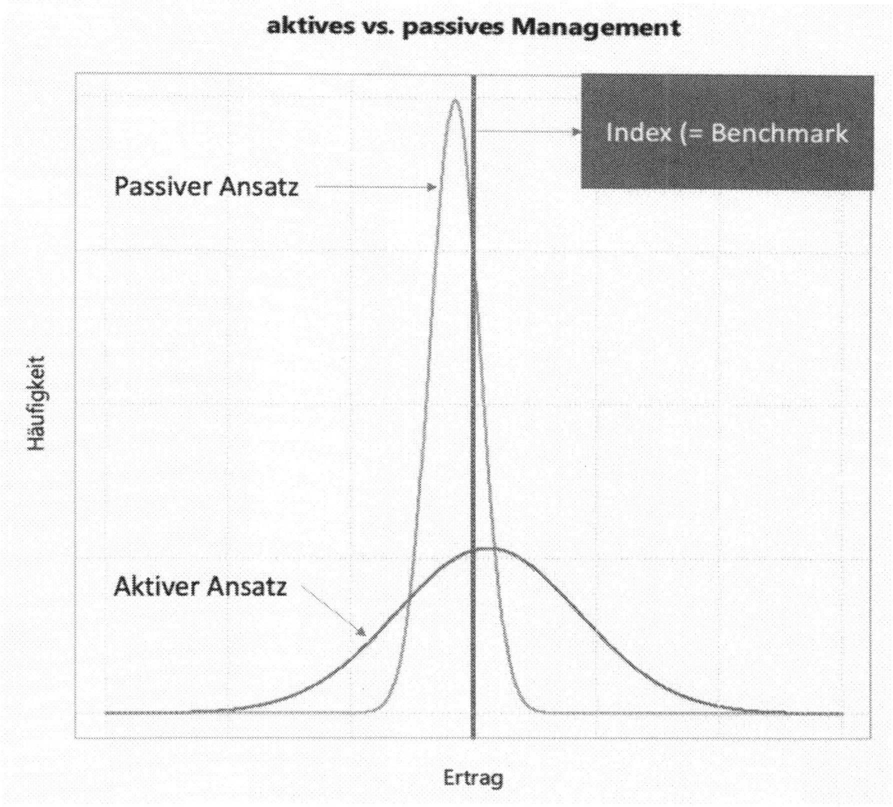

Abbildung 47: Verteilung der Renditen nach Management-Stil
Quelle: ecobono

In der Grafik siehst du die Verteilung der Renditen. Der gerade rote Strich repräsentiert den Ertrag des Index. Wenn der Fondsmanager sein Portfolio passiv managt, wird die erwartete Rendite nah jener des Index sein. Die Bandbreite der Performance zwischen positiven und negativen Ausreißern ist sehr gering. Durch die anfallenden Kosten des Fonds hast du damit aber eine sehr hohe Wahrscheinlichkeit, am Ende des Tages eine schlechtere Performance als die Benchmark zu erwirtschaften. Bei einem aktiv verwalteten Finanzprodukt ist die Bandbreite des Ertrages wesentlich größer. Das heißt, dass es einige Fonds geben wird, die deutlich besser sind als die Benchmark aber auch einige Fonds, die deutlich hinterherhinken.

In den letzten Jahren ist überproportional viel Geld in ETFs geflossen. Aber ist eine passive Strategie wirklich besser als eine aktive? Oder ist es vielleicht doch so, dass Fondsmanager durch ihren aktiven Auswahlprozess einen Mehrwert erwirtschaften können? Das ist die Frage aller Fragen, über die seit vielen Jahren aufs heftigste diskutiert wird.

Prinzipiell gehen passive Investoren von effizienten Kapitalmärkten aus. Das bedeutet, dass in den Börsenpreisen sämtliche Informationen enthalten sind. Wenn diese Theorie stimmt, kann der einzelne Fondsmanager durch seine Analysen gar keinen Mehrwert erzielen, da ja sowieso schon alle Informationen im Preis enthalten sind. Diese Theorie geht auf den Nobelpreisträger und Ökonomen Eugene Fama zurück.

Auf der anderen Seite führen die Befürworter von aktiven Management-Ansätzen ins Feld, dass es immer Gelegenheiten geben wird, unterbewertete Wertpapiere ausfindig zu machen. Darüber hinaus können aktive Manager auch den Markt »timen«. Das bedeutet, sie können bei fallenden Märkten aussteigen, das Geld in Cash halten, um bei einer Entspannung der Lage wieder billiger einzusteigen. Ziel dieser Strategie ist es, in Aufwärtsphasen voll und ganz dabei zu sein und in Abwärtsphasen die Verluste in Grenzen zu halten. Ein passiv verwalteter Fonds wird im Gegensatz dazu immer voll investiert sein. Das bedeutet, dass er sowohl die Aufwärts- als auch Abwärtsphasen voll und ganz mitmacht. Aber wie sieht nun die Realität aus?

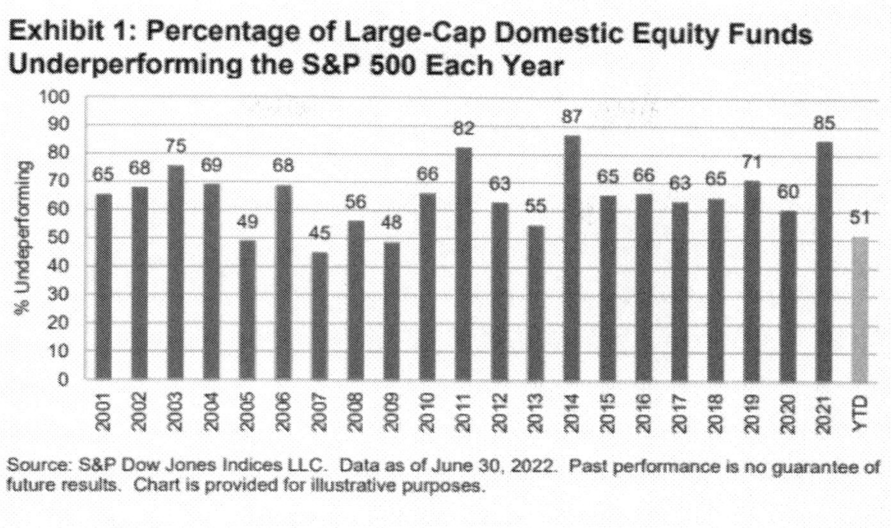

Abbildung 48: Fondsmanager vs. Index (S&P 500)
Quelle: SPIVA

In der Grafik wird auf jährlicher Basis dargestellt, wie viele Fondsmanager mit der Portfolioperformance hinter der Benchmark zurückliegen. Seit 2001 konnten in lediglich drei Kalenderjahren mehr als die Hälfte der Fonds eine bessere Wertentwicklung als der Index erwirtschaften. Das schlechteste Jahr war 2014, wo 87% der Fondsmanager den Markt nicht übertreffen konnten. Soweit die kurzfristige Betrachtungsweise. Wie schauen die Zahlen aber aus, wenn du in deinem Fonds über einen längeren Zeitraum investiert bleibst?

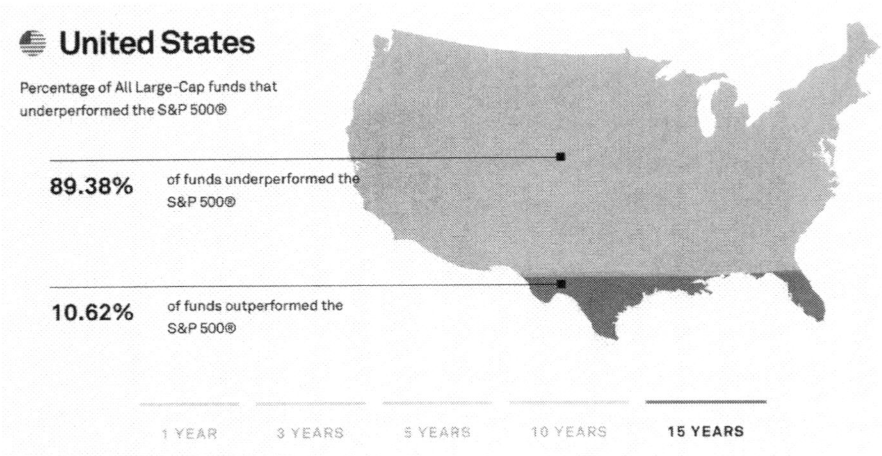

Abbildung 49: Fondsmanager vs. Benchmark – USA (S&P500)
Quelle: SPIVA

Auf 15-Jahressicht konnte nur jeder zehnte Fondsmanager, der in US-Aktien investiert, den breiten Markt schlagen. Ganze 89,38% der Fonds liegen über diesen langen Zeitraum hinter der Benchmark. In Europa sind die Zahlen nur für eine Zehnjahresperiode vorhanden. Aber auch hier zeichnet sich ein ähnliches Bild. Ganze 87,81% aller Fondsmanager liegen hinter der Benchmark zurück.

Bei der Indexperformance fallen im Gegensatz zur Fondsperformance keine Kosten an. Auch wenn dahingehend der Fondsmanager definitiv im Nachteil ist und der Vergleich etwas hinkt, ist das Ergebnis doch eindeutig. Darüber hinaus ist auch der Survivorship Bias zu berücksichtigen. Dabei handelt es sich um eine Verzerrung zugunsten der Überlebenden. Rolf Dobelli drückt es wie folgt aus: »Hinter jedem erfolgreichen Schriftsteller verbergen sich 100 andere, deren Bücher sich nicht verkaufen. Wir aber hören nur von den Erfolgreichen und verkennen, wie unwahrscheinlich schriftstellerischer Erfolg ist.« Das kann man auch auf die Investmentbranche ummünzen. Wenn du beispielsweise hörst, dass Aktienfonds durchschnittlich 10% Performance in den letzten 10 Jahren gemacht haben, werden für diese Berechnungen nur die »Überlebenden« berücksichtigt. Es ist aber auch festzuhalten, dass nahezu jeder zweite europäische Aktienfonds seinen 10. Geburtstag nicht erlebt hat. Und ich unterstelle einmal, dass das mit Sicherheit nicht die erfolgreichsten Fonds waren.

Nun könntest du dir ja die Frage stellen: »Warum nicht in die 10% der Outperformer investieren?« Die Antwort ist sehr simpel. Studien zeigen, dass diese 10% je nach Zeitraum stark variieren. Es scheint Managern nicht zu gelingen den Markt systematisch zu schlagen. 10% der Manager haben einfach Glück. Danach haben sie einmal Pech und andere sind wieder vorne. Dementsprechend funktioniert die Strategie einfach die Top-Fonds zu wählen leider nicht.

Was bedeutet das für dich? Wichtiger Erfolgsfaktor bei der Auswahl eines Investmentproduktes sind die zugrundeliegenden Kosten. Ob du dich für einen qualitativ hochwertigen Investmentfonds oder einen ETF entscheidest, ist Geschmackssache. Hinsichtlich der Anlageklassen gibt es für mich deutliche Unterschiede. Um das zu verdeutlichen, möchte ich auf Unterschiede zwischen Aktien und Anleihen eingehen.

Bei einem klassischen Aktieninvestment präferiere ich kostengünstige ETFs als Basisbausteine und mische gegebenenfalls aktive Elemente dazu. Die Analyse, wie viele Aktienfondsmanager den Index langfristig wirklich schlagen können, ist mir Beweis genug. Es ist aber auch festzuhalten, dass es durchaus gute aktive Investoren gibt, die über Jahre oder Jahrzehnte ein ordentliches Ergebnis erzielen konnten. Die Investorenlegende Warren Buffett ist für mich der Repräsentant dieser Zunft schlecht hin. Es scheinen aber nicht allzu viele zu sein. Outperformer fallen nicht vom Himmel. Und selbst diese Gurus müssen erst den Beweis antreten, dass sie nicht auch einfach in entscheidenden Phasen Glück hatten und nun von ihrem Ruf und vor allem von der langen Zeit ihrer Investitionen gut leben.

Bei Anleihen bevorzuge ich bei einer schlechteren Schuldnerqualität (niedrigen Bonität) einen aktiven Fondsmanager, der die Kreditqualität im Fokus hat. Bei klassischen Indizes werden jene Unternehmen und Staaten am stärksten gewichtet, die die höchsten Schulden haben. Die höhe der Schulden ist aber kein Qualitätskriterium. Deswegen braucht es bei Anleihen einen Blick hinter die Kulissen. Dieses Argument spricht für mich für einen aktiven Investmentansatz. Bei Anleihen bester Bonität kann man aber sehr wohl auch auf einen ETF vertrauen.

WELCHE BAUSTEINE DIR ZUR VERFÜGUNG STEHEN

Wenn du dein Portfolio aufsetzt, kannst du auf unterschiedliche Asset-Allocation Bausteine zurückgreifen. Für mich hat es sich bewährt, ein stabiles Fundament aufzusetzen. Dazu zählen Aktien und Anleihen. Diese beiden Asset-Klassen stehen daher in diesem Buch besondere im Fokus. Darüber hinaus können auch Satelliten-Investments beigemischt werden, die deinem Portfolio die individuelle Note verleihen. Dazu zählen Krypto-Währungen, Immobilien, Edelmetalle und Rohstoffe, Derivate oder auch Alternatives.

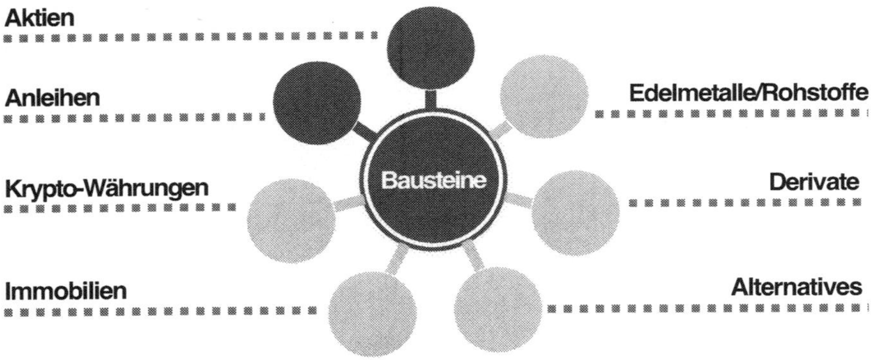

Abbildung 50: Asset-Allocation Bausteine
Quelle: ecobono

Im ersten Schritt geht es einmal darum, die Funktionsweise der jeweiligen Bausteine zu verstehen und daraus Chancen aber auch Risiken ableiten zu können. In meinen Ausführungen werde ich mich auf das Wesentliche fokussieren und meinen Erfahrungsschatz einfließen lassen, damit du dir einen kompakten Überblick verschaffen kannst.

Auch bei der Frage, ob du eine Asset-Klasse in deinem Portfolio aufnehmen solltest, empfehle ich dir, diese unter dem Blickwinkel des magischen Vierecks zu betrachten und folgende Kriterien zu berücksichtigen:

- Wie sieht das Ertragspotenzial aus?
- Welche Risiken gehe ich ein?
- Ist genügend Liquidität vorhanden?
- Leiste ich damit einen nachhaltigen Beitrag?

Und genau auf Basis dieser Fragen werden wir uns nun die sieben Asset-Allocation-Bausteine ansehen:

1. AKTIEN

Die Leidenschaft für Aktien hat mich seit den 1990ern nicht mehr losgelassen. Wenn du langfristig Vermögen aufbauen möchtest, wirst du an Aktien nicht vorbeikommen. Mit einem Aktieninvestment kannst du an der Weltwirtschaft teilhaben und kannst in die Rolle eines Unternehmers schlüpfen, ohne selbst mitarbeiten zu müssen oder auch operativ tätig zu sein.

Anleger, welche einen längeren Anlagehorizont haben und die Chance wahrnehmen wollen, an der Weltwirtschaft teilzuhaben und damit langfristig höhere Renditen zu erwirtschaften als mit klassischen Sparformen sind die Zielgruppe für Aktien. Man kann außerdem damit sein Geld vor der Realzinsfalle schützen bzw. wirklich Geld damit verdienen. Allerdings bezahlt man für die höheren Renditen mit Unsicherheit (Risiko), das man bewusst in Kauf nehmen muss.

Funktionsweise:

Mit dem Kauf einer Aktie beteiligst du dich direkt am Unternehmen. Du bist damit Miteigentümer. Aktien kannst du entweder im Rahmen eines Börsenganges (IPO) oder über die Börse erwerben.

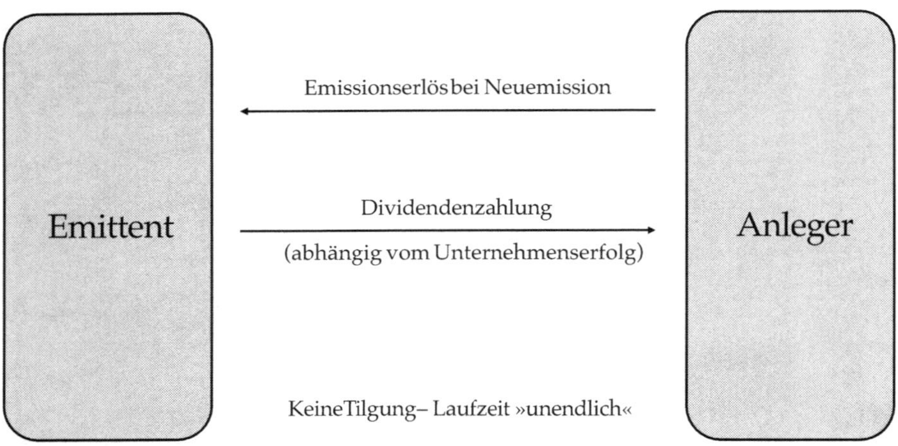

Abbildung 51: Funktionsweise Aktien
Quelle: ecobono

Der Emittent – also das Unternehmen – bietet dem Anleger bei der Emission (IPO) Aktien an und erhält dafür den Emissionserlös. Dafür erhält der Investor Miteigentümerrechte. Abhängig vom Unternehmenserfolg bekommt der Anleger auch eine Gewinnbeteiligung in Form einer Dividendenzahlung. Das Unternehmen muss dem Aktionär das Kapital nicht zurückzahlen. Die Laufzeit ist zumindest theoretisch »unendlich«. Voraussetzung dafür ist, dass das Unternehmen auch tatsächlich »unendlich« existiert.

Es gibt unterschiedliche Arten von Aktien, die sich hinsichtlich Übertragbarkeit, nach Stimmrecht, nach dem Emissionszeitpunkt oder nach der Handelbarkeit unterscheiden. Für dich relevant ist es, dass du Inhaberaktien kaufst, die anonym auf einen Inhaber ausgestellt sind. Das ist Voraussetzung dafür, dass die Aktien fungibel und damit an der Börse problemlos gehandelt werden können.

Im Gegensatz dazu gibt es auch Namensaktien, die auf den Namen des Investors ausgestellt sind. Wenn du diese Aktien verkaufen möchtest, müssen die Informationen im Aktienregister aktualisiert werden. Und das wiederum kostet Geld und erschwert den Verkaufsprozess.

Und dann gibt es noch Stammaktien und Vorzugsaktien. Stammaktien haben auf der Aktionärshauptversammlung ein Stimmrecht und können beispielsweise über die Bestellung der Aktionärsvertreter im Aufsichtsrat oder auch die Auszahlung eines Gewinnanteils in Form einer Dividende abstimmen. Im Gegensatz dazu bieten Vorzugsaktien kein Stimmrecht auf der Hauptversammlung. Dafür erhält der Investor aber gewisse Vorteile. Als Ausgleich bezahlen Unternehmen dafür oftmals eine höhere Dividende. Wenn dem Aktiennamen ein »VZ« beigefügt ist, weißt du, dass es sich um Vorzugsaktien handelt.

Weltweit gibt es rund 62.000 Aktien, die auf unterschiedlichsten Börsen der Welt gekauft werden können. Vier Unternehmen weltweit gehören dem Billionärsklub an. Das bedeutet, dass die Unternehmen mit mehr als einer Billion bewertet sind.

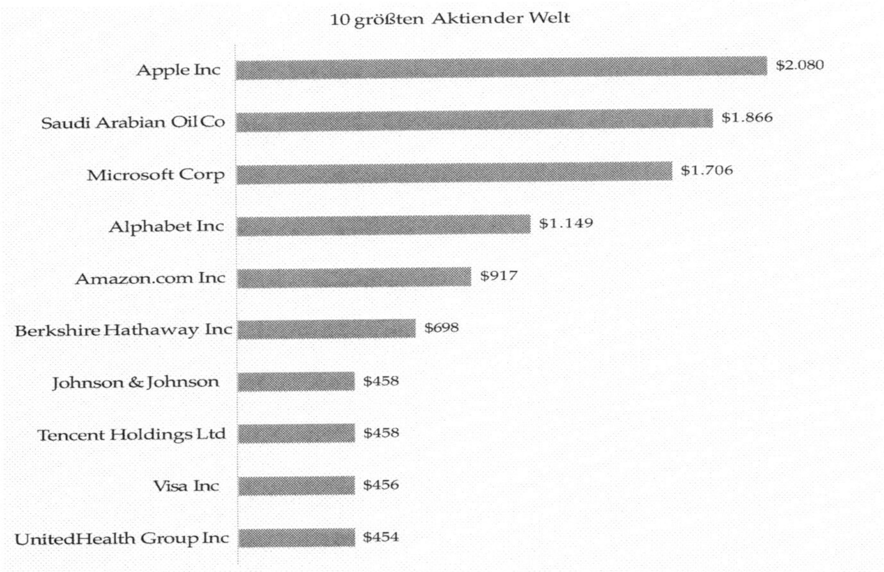

Abbildung 52: Top-10 Aktien nach Börsenwert in Mrd. Dollar (01/2023)
Quelle: refinitiv

Die 100 größten Aktien der Welt werden an der Börse mit knapp $30 Billionen bewertet. Das Feld wird von Apple, Saudi Arabian Oil, Microsoft und Alphabet angeführt, die mit einem Börsenwert von über einer Billion bewertet werden und damit dem erlauchten Kreis des Billioärsklub angehören. Ausgenommen von Saudi Arabian Oil befinden sich in den Top-10 nur US-Unternehmen. In Summe stammen 62 Unternehmen aus den Top-100 aus den USA. Unter den wertvollsten Unternehmen der Welt tummeln sich auch auffallend viele Tech-Unternehmen.

Analyse von Aktien:

Wie kannst du nun bewerten, ob eine Aktie günstig oder teuer ist. In der Praxis gibt es zwei vorherrschende Analysearten. Die Chartanalyse und die Fundamentalanalyse.

Bei der Chartanalyse, die auch als technische Analyse bezeichnet wird, wird auf Basis der vergangenen Kursentwicklung versucht, Rückschlüsse auf die Zukunft zu ziehen. Im Wesentlichen gibt es auch hier zwei Strategien. Entweder du verfolgst einen Contrarian Ansatz oder einen trendfolgenden Ansatz, die beide ein komplett anderes Ergebnis liefern. Beim Contrarian Ansatz versuchst du dich gegen den Trend zu stellen und spekulierst darauf, dass sich die Marktstimmung in Zukunft ändert. Frei nach der alten Börsenweisheit: Never Catch a falling knife! Übertragen auf den Aktienmarkt bedeutet das, dass man keine Unternehmen kaufen soll, die sich gerade im freien Fall befinden. Wenn ein Messer runterfällt und man es falsch auffängt, kann man sich in die Finger schneiden. Bei Kauf einer stark fallenden Aktie kann man große finanzielle Verluste erleiden, die auch sehr schmerzhaft sein können. Im Gegensatz dazu möchtest du bei einem trendfolgenden Ansatz stark ausgeprägte Markttrends erkennen und mit der Welle mitschwimmen. Auch hier haben wir eine alte Börsenweisheit bei der Hand: The trend is your friend!

Bei der Fundamentalanalyse werden bestimmte Bilanzkennzahlen eines Unternehmens analysiert und bewertet. Häufig wird dabei auf Ratios, wie z.B. das Kurs-Gewinn-Verhältnis (KGV) geachtet. Dabei wird der Börsenwert eines Unternehmens dem Gewinn gegenübergestellt. Ein KGV von 10 bedeutet, dass du 10 Euro investieren musst, wenn du einen Gegenwert von 1 Euro Gewinn des Unternehmens haben möchtest. Je höher das KGV ist, desto teurer ist das Unternehmen bewertet. Ein KGV von 10 hat an sich noch keine Aussagekraft. Deshalb macht es Sinn, Kennzahlen entweder mit der eigenen Historie oder aber mit Unternehmen aus der gleichen Branche oder dem gleichen Sektor zu vergleichen. Dann erhält die Zahl deutlich mehr Gewicht. In der Fundamentalanalyse gibt es aber noch viele weitere Kennzahlen, die Rückschlüsse über die Profitabilität, die Verschuldung oder auch die Ertragsqualität eines Unternehmens zulassen.

Aktien - Investoren-Check:

Ertragspotenzial: Einschätzung: ↑

Dein Ertrag als Investor hängt im Wesentlichen von der Entwicklung des Unternehmens ab. Wenn die Geschäfte florieren, ist davon auszugehen, dass sich das über kurz oder lang auf den Börsenkurs niederschlagen wird. Mit einem Aktieninvestment würde ich dein Ertragspotenzial auf jährlich 8% bis 10% einschätzen. Das ist abhängig davon, in welches Segment du investierst. Der Ertrag sollte aber langfristig deutlich über jenem einer risikoarmen Veranlagung liegen.

Risiko: Einschätzung: ↑

Das Risiko eines Aktieninvestments ist als vergleichsweise hoch einzustufen. Im Falle einer Pleite droht dir der Totalverlust in Form deines eingesetzten Kapitals. Wenn du in viele Aktien investierst, kannst du das Gesamtrisiko aber deutlich reduzieren.

Liquidität: Einschätzung: ↑

Aktien haben den Vorteil, dass sie fungibel sind. Das heißt, meine Apple-Aktien sind genau gleich viel Wert wie jene meines Freundes. Dadurch ist es möglich, die Aktien über eine Börse wieder zu verkaufen. Damit ist für dich Liquidität prinzipiell gewährleistet und du musst die Aktien nicht ewig im Portfolio behalten.

Nachhaltigkeit: Einschätzung: ↑

Die Assetklasse Aktien kannst du mittlerweile problemlos unter Berücksichtigung nachhaltiger Auswahlkriterien umsetzen. Es gibt ein breit gestreutes nachhaltiges Produktangebot, welches von Wachstumsaktien über Global Player bis hin zu Schwellenländeraktien reicht.

Investorentyp: **Der Vermögensaufbauer**

Aktien eignen sich als gutes Instrument für den langfristigen Vermögensaufbau. Du musst für das höhere Ertragspotenzial aber auch bereit sein, kürzere Schwankungen auszuhalten.

2. ANLEIHEN

Anleihen sorgen für Sicherheit und Stabilität in einem Portfolio. Du schüpfst als Investor in die Rolle einer Bank und leihst einem Unternehmen oder einem Staat Geld.

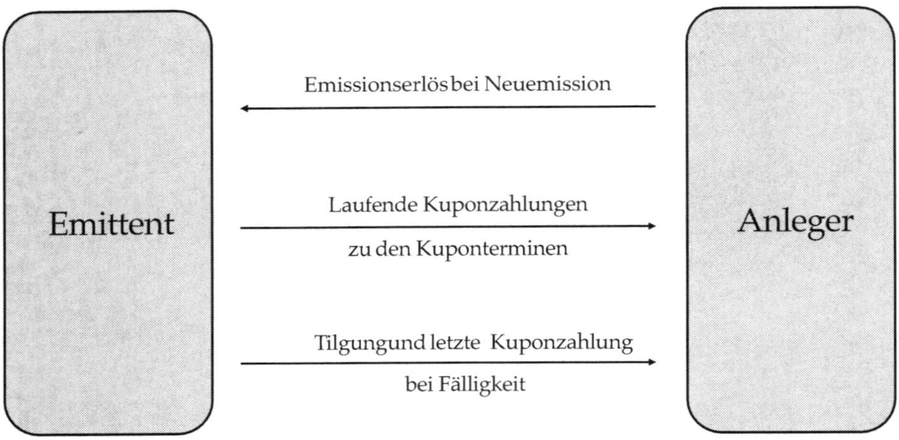

Abbildung 53: Funktionsweise Aktien
Quelle: ecobono

Bei der Emission, der Ausgabe der Anleihe, bekommt der Emittent den Emissionserlös vom Anleger. Dieser wiederum bekommt vom Unternehmen laufende Kuponzahlungen (Zinszahlungen) und am Ende der fixierten Laufzeit das eingesetzte Kapital wieder zurück. Der Investor kann die Anleihe entweder bis zur Fälligkeit behalten oder während der Laufzeit zum jeweiligen Marktkurs verkaufen. Anleihen werden auch als festverzinsliche Wertpapiere bezeichnet.

Wie ist eine Anleihenstruktur aufgebaut?

5% Deutschland 7.8.2037 105% (Nominale € 1.000)

In diesem Bespiel handelt es sich um eine deutsche Bundesanleihe mit einer Laufzeit bis 7.8.2037. Die Nominale von €1.000 bedeutet, dass du in €1.000 Blöcken der Republik Deutschland Geld leihen kannst. Damit kann das gesamte Emissionsvolumen auf mehrere Schultern aufgeteilt werden. Die 5% geben den Kupon an. Das ist der

Zinssatz, der von der Nominale berechnet wird. Das bedeutet, dass du unabhängig vom Marktpreis jedes Jahr €5 an Zinsen ausbezahlt bekommst. Und dann hätten wir noch den Kurs, der bei Anleihen im Gegensatz zu Aktien nicht in Währungen, wie Euro oder US-Dollar, sondern in Prozent angegeben wird. 105% bedeutet, dass du aktuell €1.050 bezahlen musst, um eine Nominale von €1.000 zu erhalten. Du bezahlst damit also mehr, als du am Ende der Laufzeit zurückbekommst. Warum ist das so? Der Grund dafür ist die Kurs-Zins-Beziehung, die ich am besten in Form eines Beispiels erklären möchte.

Um den aktuell fairen Preis einer Anleihe zu ermitteln, benötigen wir den Kupon, die Laufzeit und das aktuelle Marktzinsniveau für vergleichbare Anleihen. Du kaufst heute eine Anleihe mit folgenden Eckdaten:

Beispiel Anleihe A:

Kupon:	5%
Laufzeit:	1 Jahr
Kurs:	100%

Deine Anleihe läuft noch genau 1 Jahr und du bekommst jährlich 5% an Zinsen und am Ende der Laufzeit 100% deines Geldes wieder retour. Das bedeutet, dass der Kupon genau dem Marktzinssatz entsprechen muss. Der Marktzinssatz beträgt demnach 5%.

Nehmen wir nun an, dass über Nacht der Marktzins auf 6% gestiegen ist. Ist das jetzt gut für dich oder schlecht? Ich weiß, dass ist jetzt sehr knifflig. Nimm dir etwas Zeit und denke einmal kurz darüber nach, bevor du weiterliest.

Wenn du gestern etwas gekauft hast, dass dir einen Ertrag von 5% bringt und du einen Tag später für das gleiche Investment 6% erhalten würdest, wirst du dich mit Sicherheit ärgern. Schließlich hast du über Nacht 1% Zinsen und damit Ertrag verloren. Was bedeutet das aber nun für den Kurs der Anleihe. Wenn du mir die Anleihe verkaufen möchtest, werde ich dir nicht 100% der Nominale bezahlen, da ich ja anderswo 6% bekommen würde. Insofern musst du mit dem Preis runtergehen. Wenn du mir die Anleihe A um 99% verkaufen würdest, wäre das fair. Dann bekomme ich nach einem Jahr um € 1 mehr getilgt als ich dir bezahlt habe und darüber hinaus noch € 5 an Zinsen. Und damit ist mein Gesamtertrag auch € 6.

Was bedeutet das nun für dich? Wenn die Zinsen steigen, führt das zu Kursverlusten. Fallen die Zinsen, machst du Kursgewinne. Prinzipiell gilt. Je länger die Laufzeit desto größer ist das Zinsänderungsrisiko. Wenn wir bei unserem Beispiel der Anleihe A bleiben, macht es natürlich einen Unterschied aus, ob die Anleihe in einem Jahr oder vielleicht in 10 Jahren fällig wird. Bei 10 Jahren verlierst du pro Jahr €1 – das bedeutet, dass damit auch das Rückschlagspotenzial größer ist. Rückschlagspotenzial meint dabei, wie hoch dein Verlust mit einer Anleihe sein kann. Dabei gilt: Umso kürzer die Laufzeit, umso geringer die möglichen Verluste durch Zinsänderungen.

Achte bei Anleihen daher auf die sogenannte Duration. Die Duration ist die durchschnittliche Laufzeitenbindung und damit kannst du gut abschätzen, inwiefern sich eine Zinsänderung auf den Wert deiner Anleihenposition auswirkt. Wenn du z.B. eine Duration von 7 hast, bedeutet das, dass der Anleihenkurs bei einem Zinsanstieg von 1% um 7% fällt. Fällt der Zins um 1%, steigt im Gegensatz dazu der Kurs um 7%.
Das Zinsänderungsrisiko hat dazu geführt, dass der US-Anleihenmarkt laut einer Studie von Prof. Edward McQuarrie von der Sana Clara University 2022 das schlechteste Jahr aller Zeiten hinnehmen musste. Langlaufende US-Staatsanleihen verloren mehr als 29,3%.

Welche Risiken sind für dich neben dem Zinsänderungsrisiko noch relevant?

Zum einen wäre da noch das Bonitätsrisiko. Je schlechter die Kreditqualität, desto wahrscheinlicher ist es, dass der Schuldner einmal seinen Zahlungsverpflichtungen nicht nachkommen kann. Die Kreditqualität beurteilen Rating-Agenturen. Ein Triple-A Rating ist die Bestnote. Je schlechter die Bonität, desto wichtiger ist es, ein breit gestreutes Portfolio aufzusetzen.

Darüber hinaus ist es auch wichtig, in welcher Währung die Anleihe notiert. Wenn du in Fremdwährungsanleihen veranlagst, bist du auch einem Währungsrisiko ausgesetzt. Nachdem Wechselkurse häufig sehr stark schwanken, ist das im Regelfall das Hauptrisiko bei sicheren Schuldnern. Meiner Erfahrung nach wirst du für das Fremdwährungsrisiko nicht gebührend bezahlt und solltest dich auf Euro-Anleihen fokussieren, außer das Währungsrisiko ist abgesichert.

Anleihen - Investoren-Check:

Ertragspotenzial: Einschätzung: ↓

Dein Ertrag als Investor hängt von unterschiedlichen Parametern ab. Relevant ist für dich in erster Linie nicht die Kuponzahlung, sondern die Rendite deiner Anleihe. Darüber hinaus spielen u.a. die Laufzeit, die Bonität und die Währung, in der die Anleihe notiert, eine zentrale Rolle. Grundsätzlich ist dein Ertragspotenzial bei Anleihen deutlich geringer als bei Aktien, dafür normalerweise höher als beim Sparbuch.

Risiko: Einschätzung: ↓

Das Risiko eines Anleiheninvestments ist generell eher gering einzustufen. Wenn die Anleihe in einer Fremdwährung notiert, der Emittent eine sehr schlechte Bonität aufweist oder du eine extrem lange Laufzeit wählst, kannst du jedoch auch mit Anleihen schmerzhafte Verluste einfahren.

Liquidität: Einschätzung: ↑

Anleihen können im Regelfall über eine Börse oder außerbörsliche Handelsplattformen gehandelt werden und sind liquide.

Nachhaltigkeit: Einschätzung: ↑

Die Assetklasse Anleihen kannst du problemlos unter Berücksichtigung nachhaltiger Auswahlkriterien umsetzen. Es gibt ein breit gestreutes Produktangebot, welches von Staatsanleihen über Unternehmensanleihen bis hin zu Schwellenländeranleihen reicht.

Investorentyp: **Der Stabile**

Anleihen geben deiner Veranlagung Stabilität und sind daher aus einem breit diversifizierten Portfolio nicht wegzudenken. Durch das geringere Risiko ist das Ertragspotenzial aber begrenzt. Besonders gut sind Anleihen mit einem Aktieninvestment kombinierbar.

3. KRYPTO-WÄHRUNGEN

Kryptowährungen zeichnen sich dadurch aus, dass sie einen Wert repräsentieren und als Tauschobjekt eingesetzt werden können. Krypto steht in diesem Zusammenhang für eine Form der Verschlüsselung, die dahingehend zu verstehen ist, dass es sich um eine digitale Währung handelt. Kryptowährungen sind also digitale Tauschgüter oder digitale Vermögensspeicher mit unterschiedlichen Eigenschaften und Anwendungsbereichen.

Aktuell gibt es 22.275 Kryptowährungen, die an 535 unterschiedlichen Börsen gehandelt werden können. Die Marktkapitalisierung der Kryptowährungen unterliegt starken Schwankungen. Im Jänner 2023 wurden alle Kryptowährungen mit knapp einer Billion US-Dollar bewertet. Die wichtigsten sind Bitcoin (BTC) und Ethereum (ETH).

Rank	Kryptowährung	In Mrd. $	Marktanteil
1	Bitcoin	363	40%
2	Ethereum	173	19%
3	Tether	66	7%
4	BNB	46	5%
5	USD Coin	43	5%
6	XRP	19	2%
7	Binance USD	16	2%
8	Cardano	11	1%
9	Dogecoin	10	1%
10	Polygon	8	1%
11	Rest	152	17%

Abbildung 54: Kapitalisierung Kryptowährungen
Quelle: CoinMarketCap

Bitcoin allein vereinnahmt 40% des Marktwertes aller Krypowährungen für sich und nimmt damit vor Ethereum mit 19% eine dominierende Rolle ein. Die Top-3 repräsentieren bereits 67% des Wertes des Krypto-Marktes. Bei den Top-10 sind wir schon bei einem Marktanteil von 83%. Das bedeutet, dass für die restlichen 22.265 Kryptowährungen ein Marktanteil von 17% übrig bleibt. Der durchschnittliche Börsenwert der restlichen Kryptos liegt demnach bei lediglich gerundeten $7 Millionen. Das ist ein sehr niedriger Wert.

Wichtig ist zu verstehen, dass der Begriff Kryptowährung ein sehr allgemeiner Begriff ist und Kryptowährung nicht gleich Kryptowährung ist. Bitcoin und Ethereum haben sich als Marktstandard etabliert. Bei anderen Coins/Token spricht man von sogenannten Alt-Coins, also alternativen Kryptowährungen.

Wie funktioniert eine Kryptowährung als Zahlungsmittel?

Normalerweise funktioniert es so, dass der Zahlungsverkehr über sogenannte Wallets (digitale Geldbörsen) stattfindet. Es gibt aber auch schon Anbieter von z.B. Kreditkarten, bei denen man überall mit Kryptowährungen mittels Kreditkarte zahlen kann und der Anbieter im Hintergrund den Tausch von Krypto in Euro/US-Dollar, etc. vornimmt.

Es ist technisch möglich Kryptowährungen als Zahlungsmittel zu verwenden. Bei Bitcoin spricht man von digitalem Gold. Das meint, dass Bitcoin ein »langfristiger« Vermögensspeicher sein sollte. Als Zahlungsmittel sind BTC oder auch ETH völlig ungeeignet. Die Transaktionskosten sind sehr hoch und darüber hinaus kann der Zahlungsvorgang auch sehr viel Zeit in Anspruch nehmen. Deswegen empfehle ich dir, dein Wallet für den täglichen Gebrauch nicht zu öffnen, sondern auf herkömmliche Zahlungsmittel zurückzugreifen. Sonst kann es dir passieren, dass die Transaktionskosten ein Vielfaches des Preises deines Espressos beim Italiener deines Vertrauens ausmachen.

Wie kann investiert werden?

Über Kryptobörsen, wie beispielsweise Bitpanda oder Binance. Neben klassischen Börsen kannst du BTCs auch bei Bitcoin Automaten kaufen. Dort kannst du beispielsweise €100 hineinstecken und erhälst dafür den Gegenwert abzüglich einer Gebühr in BTC.

Die einstmals drittgrößte Kryptobörse FTX musste im November 2022 Insolvenz anmelden. FTX-Gründer Sam Bankman-Fried wird unter anderem wegen Betrug, Geldwäsche und anderer Straftaten angeklagt. Besonders schwer wiegt der Verdacht, $1,8 Milliarden an Kundengeldern veruntreut zu haben. So wird dem 30jährigen vorgeworfen, riesige Geldsummen der Kunden seiner Plattform abgezweigt zu haben und damit Luxusimmobilien gekauft, Spenden an Politiker getätigt oder andere hochriskante Finanzgeschäfte abgewickelt zu haben. Bei einer Verurteilung drohen ihm bis zu 115 Jahre Gefängnis. SBF – so wurde Sam Bankman-Fried jahrelang beinahe liebevoll in der Kryptobranche genannt, gab an, nur noch über ein Vermögen von $100.000 zu verfügen. Vor der FTX-Pleite gehörte er mit einem geschätzten Vermögen von $26 Milliarden zu den reichsten Menschen der Welt.

Als Kryptoinvestor solltest du daher das Sprichwort »Not your keys, not your coins« beherzigen. Darunter versteht man, dass du Kryptowährungen nur dann final besitzt, wenn du sie auf einem Wallet liegen hast, für das du die sogenannten »keys« oder »recovery phrase« besitzt. Meist sind das 24 Wörter, mit denen man den Inhalt einer Wallet wiederherstellen kann, selbst wenn man das Wallet verloren hat oder es defekt geworden ist. Auf Kryptobörsen hat man diese »keys« nicht. Bei einer Pleite, wie bei FTX oder anderen Problemen deiner Kryptobörse, kann das für dich als Investor zu schmerzhaften Verlusten führen.

Krypto-Währungen - Investoren-Check:

Ertragspotenzial: Einschätzung: ↑

Der Preis einer Krypto-Währung wird durch Angebot und Nachfrage bestimmt. Wesentlicher Faktor dabei ist das Vertrauen der Investoren. Die Preise unterliegen starken Schwankungen. Das bedeutet aber auch ein enormes Ertragspotenzial. Und das schon in sehr kurzer Zeit.

Risiko: Einschätzung: ↑

Ein Investment in Krypto-Währungen ist hochriskant. Das Risiko übersteigt jenes von Aktien deutlich. Die hohen Preisschwankungen können auch zu hohen Verlusten führen. Betrugsfälle sorgen für direkte Verluste bei den Betroffenen und setzen darüber hinaus den Gesamtmarkt durch den Vertrauensverlust unter Druck. Kritiker führen ins Feld, dass dies vor allem auf eine mangelhafte Regulierung zurückzuführen ist.

Liquidität: Einschätzung: ↑

Krypto-Währungen kannst du über Kryptobörsen handeln. Prinzipiell ist eine hohe Handelbarkeit gewährleistet. Es ist aber auch festzuhalten, dass an manchen Börsen der Handel verunmöglicht wird und Investoren z.T. monatelang auf ihr Geld warten müssen.

Nachhaltigkeit: Einschätzung: ↓

Prinzipiell sind Kryptowährungen nicht nachhaltig. Viele institutionelle Investoren, wie z.B. Versicherungen oder Pensionskassen meiden diese Asset-Klasse aufgrund des negativen Impacts. Problematisch ist vor allem der erforderliche Energieaufwand. Lediglich 26 Staaten weltweit haben einen höheren Jahresstromverbrauch als die führende Kryptowährung Bitcoin.

Investorentyp: **Der Spieler**

Krypto-Währungen sind nichts für schwache Nerven. In kurzer Zeit kann beinahe alles passieren. Als Investor erlebst du ein Wechselbad der Gefühle. Von Himmelhoch jauchzend bis zum Tode betrübt ist alles möglich. Im Portfolio eignen sich Kryptowährungen für Mutige als Beimischung oder Satelliten-Investment. Das heißt, dass du nur kleine Summen bzw. einen geringen Teil deiner Gesamtinvestition in diese Asset-Klasse investieren solltest.

4. IMMOBILIEN

Eine Immobilie ist ein krisensicheres Investment und bietet einen Inflationsschutz. Nicht umsonst werden Immobilen auch als Betongold bezeichnet. Viele träumen von einem arbeitsfreien Zusatzeinkommen. Theodeodore Rooswelt, der 26. US-Präsident, war ein ausgeprägter Immobilien-Fan:

»Grundbesitz kann nicht verloren gehen oder gestohlen werden. er lässt sich auch nicht wegtragen. Wird er mit angemessener Sorgfalt verwaltet, ist er die sicherste Kapitalanlage der Welt.«

Ein Immobilieninvestor kann durch steuerliche Effekte oder auch den Einsatz von Fremdkapital den Ertrag optimieren. Es gibt viele unterschiedliche Möglichkeiten, in Immobilien zu investieren. Bevor wir uns damit näher auseinandersetzen, gehen wir auf ein für dich wesentliches Unterscheidungsmerkmal ein. Du kannst dein Geld in Wohnimmobilien investieren. Wie der Name schon aussagt, wird diese Immobilie zu Wohnzwecken genutzt. Darüber hinaus besteht auch die Möglichkeit, in Gewerbeimmobilien zu investieren. Dabei handelt es sich um Immobilien, die zu Gewerbezwecken genutzt werden. Darunter entfallen beispielsweise Bürogebäude oder Handelsimmobilien, wie Einkaufszentren. Prinzipiell ist es so, dass Wohnimmobilien konservativer sind als Gewerbeimmobilien.

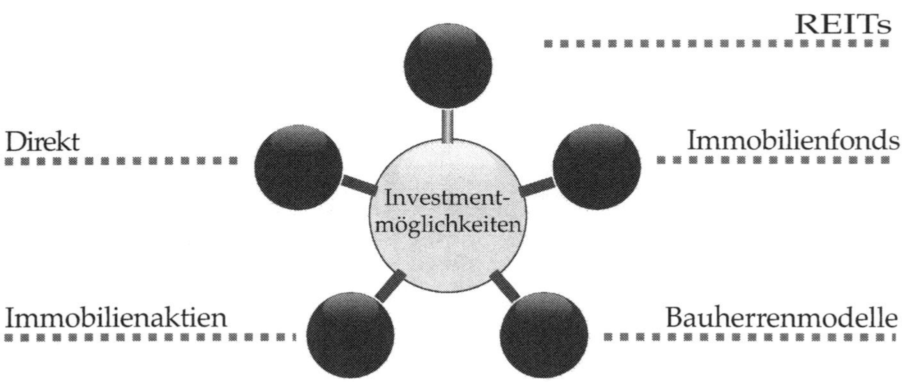

Abbildung 55: Investmentmöglichkeiten Immobilien
Quelle: ecobono

Direktes Immobilieninvesment:

Bei einem Direktinvestment kaufst du die Immobilie, wie z.B. eine Anlegerwohnung oder Vorsorgewohung direkt am Markt und verfolgst damit das Ziel, Mieteinnahmen zu generieren und von steigenden Immobilienpreisen zu profitieren. Bei optimalen Umständen kannst du mit den Mieten deine Kreditraten oder zumindestens Teile davon zurückzahlen. Nach 20 oder 25 Jahren bist du dann schuldenfrei und die Wohnung ist dein Eigentum.

Ein Dirketinvestment birgt aber auch Risiken. Ein großes Fragezeichen steht hinter den Mieteinnahmen. Finde ich einen Mieter, der mir Monat für Monat pünktlich die Miete zahlt? Habe ich auch Leerzeiten, in denen ich keine Miete erhalte. Darüber hinaus muss dir auch bewusst sein, dass du als Vermieter auch gegenüber dem Mieter Verpflichtungen eingehst. Du bist z.B. auch für die Sanierung der Wohnung oder bestimmte Reparaturen verantwortlich. Ob es sich um ein lohnendes Investment handelt, hängt auch wesentlich von der Lage ab. Wenn sich die Lage deiner Wohnung verschlechtert, drückt das den Marktpreis. Immobilien sind ein langfristiges Investment und es ist heute schwer absehbar, ob meine Wohnung in 20 oder 30 Jahren in einem angesagten oder heruntergekommenen Stadtteil steht.

Bei einem Immobilienprojekt wird im Regelfall auf Fremdkapital zurückgegriffen. Nachdem Banken eine Eigenkapitalquote von zumindest 20% fordern, benötigst du viele Eigenmittel. Bei einer Anlegerwohnung, die dir um €200.000 inkl. Nebenkosten angeboten wird, musst du selbst zumindest €40.000 einbringen. Insofern stellt ein Direktinvestment in eine Immobilie für viele Privatinvestoren ein Klumpenrisiko dar. Bei institutionellen Investoren spielen Direktveranlagungen in Immobilien eine große Bedeutung. So haben beispielsweise viele Versicherungen je nach Risikoneigung zwischen 10% und 30% in Immobilien veranlagt.

Immobilienaktien:

Mit dem Kauf einer Immobilienaktie kaufst du dir einen Unternehmensanteil an einem Unternehmen, welches mit Gewerbe- oder Wohnimmobilien handelt oder solche im Bestand hat, um Mieteinnahmen zu erzielen. Der Kurs dieser Immobilienaktie wird durch Angebot und Nachfrage gebildet. Das führt auch dazu, dass Immobilienaktien starken Schwankungen unterliegen. Viele Menschen gehen fälschlicherweise davon aus, dass es sich dabei um eine sichere Anlage handelt. Es gibt einige Immoblienaktien, mit denen du in den letzten 10 Jahren trotz stark steigender Immobilienpreise keine Gewinne erwirtschaften konntest. Das kann z.B. daran liegen, dass Gewerbeimmobilien in osteuropäischen Ländern oder Regionen gekauft wurden, die über sehr lange Zeiträume leerstehen und demnach auch keine Mieteinnahmen abwerfen. Immobilienaktien können aber auch eine lukrative Veranlagungsform sein. Wichtig ist wie immer die Diversifikation.

Real-Estate-Investment-Trust (REIT)

REITs sind eine besondere Form von Immoblienaktiengesellschaften. Die börsennotierte Gesellschaft muss einen großen Teil ihres Vermögens in Immobilien investieren. Im Vergleich zu einem Direktinvestment hast du hier den Vorteil einer Diversifikation, da das Vermögen auf viele Immobilien verteilt wird. REITs sind ebenfalls dadurch charakterisiert, dass sie einen Großteil der Gewinne an die Aktionäre ausschütten. REITs gibt es weltweit. Sei dir aber bewusst, dass sie in jedem Land etwas anders reguliert sind.

Immobilienfonds:

Ein Immobilienfonds ist ein Invesmtmentfonds, der das eingesammelte Kapital direkt in den Kauf oder den Neubau einer Immobilie investiert. Als Käufer des Immobilienfonds bist du Mitbesitzer an der Immobilie. Für dich als Investor ist es noch wesentlich, zwischen offenen und geschlossenen Immobilienfonds zu unterscheiden. Während offene Immobilienfonds jederzeit gekauft oder auch wiederverkauft werden können, ist dein Investment bei geschlossenen Fonds meist über viele Jahre gebunden. Bei einem vorzeitigen Verkauf auf einem Zweitmarkt musst du mit empfindlichen Abschlägen rechnen.

Bauherrenmodelle:

Ein Bauherrenmodell ist ein gemeinsames Immoblienprojekt, welches von zumindest zwei Investoren umgesetzt wird. Dabei kann es sich um einen Neubau oder auch ein Sanierungsprojekt handeln. Beim Bauherrenmodell stehen neben laufenden Mieteinnahmen und der Wertsteigerung vor allem steuerliche Aspekte im Fokus der Investoren.

Immobilien - Investoren-Check:

Ertragspotenzial: Einschätzung: ↓

Immobilien eignen sich gut dafür, sich gegen Inflation abzusichern und den realen Wert des Geldes aufrechtzuerhalten. Das Ertragspotenzial bei Immobilien ist aber begrenzt.

Risiko: Einschätzung: ↓

Immobilien sind neben Anleihen das Sicherheitsinvestment schlechthin. Nichtsdestotrotz schwanken die Preise. Nur siehst du diese nicht, da Wohnungen oder Häuser nicht täglich bewertet werden.

Liquidität: Einschätzung: ↓

Der Ursprung des Wortes stammt von immobil, was so viel wie unbeweglich bedeutet. Wenn du eine Wohnung besitzt, kannst du sie im Gegensatz zu einem Wertpapier nicht schnell veräußern. Der Verkaufsprozess kann sich über Wochen oder gar Monate hinziehen.

Nachhaltigkeit: Einschätzung: ↑

Auch mit deinem Immobilieninvestment kannst du einen Beitrag im Sinne der Nachhaltigkeit leisten. Neben klassischem nachhaltigen Bauen können u.a. auch Themen wie Bewirtschaftung, Rückbau, Finanzierung oder auch soziales Wohnen berücksichtigt werden.

Investorentyp: **Der Bodenständige**

Immobilien sind wertbeständig und bieten dir einen guten Inflationsschutz. Aufgrund der geringen Liquidität und dem begrenztem Ertragspotenzial eignen sich Immobilien als sicheres und stabiles Satelliten-Investment.

5. EDELMETALLE UND ROHSTOFFE

Rohstoffe und Edelmetalle gelten für viele Investoren als interessante Portfoliobeimischung, die in unterschiedlichen Marktphasen eine stabilisierende Komponente einnehmen können. Während Gold das Kriseninvestment schlechthin ist und damit in Zeiten hoher Unsicherheiten oder einer schwachen Wirtschaft verstärkt nachgefragt wird, sind Rohstoffe ein zyklisches Investment. Das bedeutet, dass die Preisentwicklung stark an die Konjunktur gekoppelt ist. Im Falle einer prosperierenden Wirtschaft werden Rohstoffe mehr nachgefragt, im Falle einer Rezession bricht die Nachfrage ein.

Der Bloomberg Commodity Index gilt als anerkannte Referenzgröße. Der Rohstoffindex repräsentiert 20 Rohstoffe aus den Sektoren:

- Energie (z.B. Erdöl oder Erdgas),
- Getreide (z.B. Weizen oder Mais),
- Industriemetalle (z.B. Kupfer, Aluminium),
- Edelmetalle (Gold, Silber),
- Agrarrohstoffe (z.B. Zucker, Kaffee, Baumwolle) und
- Tiere (Rind, Schwein).

Um die Rohstoffkomponente abdecken zu können, greifen Privatanleger bevorzugt auf ETFs oder Rohstofffonds zurück. Ähnlich wie bei Immobilien besteht aber auch hier die Möglichkeit, in Rohstoffaktien zu investieren.

Viele Anleger sind sich nicht darüber bewusst, dass bei Investmentprodukten, die einzelne Rohstoffe in physischer Form halten, auch höhere Lagerkosten entstehen können, die das Gesamtergebnis deutlich nach unten drücken. Dabei spielt die Größe des Investitionsobjektes eine zentrale Rolle. Während ein Investment von €100.000 in Gold problemlos in meine Arbeitstasche passt, bekommst du für €100.000 ungefähr 1.300 Fässer zu je 159 Liter Öl. Je größer das Volumen bzw. das Gewicht, desto größer sind auch die Lagerkosten.

Neben Rohstofffonds und ETFs kannst du auch direkt in Rohstoffe investieren. Private wenden das häufig bei Investments in Edelmetalle an und kaufen sich eine physische Gold- oder Silbermünze. Ähnlich wie bei Immobilienaktien gibt es auch hier die Möglichkeit auf Rohstoffaktien zurückgreifen. Darunter fallen beispielsweise Öl- oder Goldminenaktien. Gold kann in Deutschland, Österreich und der Schweiz ohne Mehrwertsteuer gekauft werden. Bei Silber wird die Steuer aber fällig. Achte daher beim Silberkauf darauf, dass du sogenannte differenzbesteuerte Münzen findest. Damit sparst du dir einen satten Betrag beim Ankauf.

Edelmetalle und Rohstoffe: Investoren-Check:

Ertragspotenzial: Einschätzung: ↓

Edelmetalle und Rohstoffe bieten einen Inflationsschutz. Das langfristige Ertragspotenzial ist aber begrenzt. Die Preisentwicklung bei Rohstoffen ist stark an die Wirtschaftsdynamik gekoppelt. In Krisenzeiten können sich im Regelfall Edelmetalle ganz gut behaupten.

Risiko: Einschätzung: ↑

Im Gegensatz zu einem Immobilieninvestment musst du bei Edelmetallen und Rohstoffen mit deutlich größeren Schwankungen rechnen. Eines der Hauptrisiken ist daher die Unkalkulierbarkeit dieser Anlageklassen.

Liquidität: Einschätzung: ↑

Rohstoffe und Edelmetalle sind liquide und können in einem normalen Marktumfeld jederzeit veräußert werden. Achte aber auf die Kauf- und Verkaufsspannen, die vor allem bei Direktinvestments sehr hoch sein können.

Nachhaltigkeit: Einschätzung: ↓

Bei Rohstoffen ist es schwierig nachhaltige Strategien umzusetzen. Der Abbau von Rohstoffen ist so gut wie nie nachhaltig und auch die Arbeitsbedingungen von Minenarbeitern sind meist zu hinterfragen.

Investorentyp: **Der Goldgräber**

Wenn du dich gegen Krisen absichern möchtest, sind Edelmetalle, wie z.B. Gold, für dich ein gutes Investment. Rohstoffe werden außerdem in prosperierenden Wirtschaftsphasen verstärkt nachgefragt. Viele Investoren mischen daher sowohl Rohstoffe als auch Edelmetalle dem Portfolio als Satelliten-Investment bei.

6. DERIVATE

Der Begriff Derivat leitet sich vom lateinischen Wort derivare bzw. derivatum ab und bedeutet ableiten. Im Finanzbereich sprechen wir hier von einem abgeleiteten Kassageschäft, welches erst in der Zukunft erfüllt wird. Mit Derivaten kannst du in unterschiedlichste Basiswerte, wie Aktien, Anleihen, Währungen, Kryptowährungen oder auch Rohstoffe, investieren. Derivate sind deswegen so schwer präzise zu beschreiben, weil sich sehr einfache, aber auch sehr komplexe Konstrukte dahinter verbergen können. Meist geht es jedoch um ein Geschäft, dass in der Zukunft durchgeführt werden soll, wobei der Preis oder besser die Preisfindung heute definiert und festgezurrt werden. Ein Beispiel wäre der Kauf einer Aktie in einem Jahr mit einem heute fixierten Kurs.

Bei Derivaten ist zwischen bedingten und unbedingten Termingeschäften zu unterscheiden. Bei bedingten Termingeschäften erwirbt sich der Käufer das Recht, ein Geschäft in der Zukunft zu tätigen. Er wird von seinem Recht nur dann gebrauch machen, wenn es für ihn günstig erscheint. In diese Rubrik entfallen Optionen. Im Gegensatz dazu muss das Geschäft von beiden Vertragsparteien bei einem unbedingten Termingeschäft auf jeden Fall ausgeführt werden. Der Kauf eines Futures ist z.B. ein unbedingtes Termingeschäft. Mit einem Future kann ich z.B. einen Index in 3 Monaten zu einem heute definierten Preis erwerben. Futures gibt es für Aktien, Zinsen aber auch Rohstoffe und Edelmetalle.

Optionen:

Der Inhaber einer Call-Option hat das Recht,
einen Basiswert
in der Zukunft
zu einem festgelegten Preis zu kaufen.

Beispiel: Call-Option ABC Aktie (Ausübungspreis €10.000, Laufzeit bis 31.12.) Prämie = €1.000

Der Käufer (Long-Position) kann vom Verkäufer (Short-Position) das Recht für €1.000 erwerben, die ABC-Aktie am 31.12. um 10.000 zu kaufen. Wenn der Kurs am 31. 12. über €10.000 liegt, wird er von seinem Recht Gebrauch machen. Wenn er darunter liegt, nicht. Bei einem Kurs von €12.500 macht der Käufer €2.500 Gewinn, da er das Recht hat, die Aktie um €10.000 vom Verkäufer zu beziehen. Davon muss er aber noch die Kosten für die Call-Option in der Höhe von €1.000 abziehen. Der Reingewinn beträgt also €1.500. Und genau das ist in diesem Beispiel auch der Verlust des Verkäufers. Der Break-Even-Punkt liegt für beide Vertragsparteien bei €11.000 (Ausübungspreis plus Prämie).

Eine Put-Option funktioniert ähnlich. Nur räumt sich der Käufer hier das Recht ein, den Basiswert zu verkaufen. In unserem Beispiel würde er davon Gebrauch machen, wenn der Preis der ABC-Aktie am 31.12. unter €10.000 liegt.

Als Käufer einer Option musst du mit starken Kurschwankungen rechnen. Der Preis setzt sich aus dem sogenannten inneren Wert und dem Zeitwert zusammen. Der innere Wert sagt dir etwas darüber aus, ob die Option im Geld ist. Der Begriff »im Geld« bedeutet nur, dass deine Option aktuell einen Gewinn ausweist. Bei einem Kurs von €12.500 beträgt der innere Wert der beschriebenen Call-Option €2.500. Der Zeitwert wird von der Restlaufzeit sowie der Wahrscheinlichkeit bestimmt, dass die Option im Geld liegt, also du am Ende einen Gewinn hast. Wenn der aktuelle Kurs bei €8.000 liegt, ist die Option aus dem Geld. Der Begriff »aus dem Geld« heißt, dass du mit der Option aktuell keinen Gewinn machen würdest. Grundsätzlich gilt: Je kürzer die Restlaufzeit und je weiter die Option aus dem Geld ist, desto geringer ist der Zeitwert. Das hört sich wahrscheinlich komplizierter an, als es ist. Praktisch gesprochen geht es hier nur um die Wahrscheinlichkeit, ob du mit deiner Option noch einen Gewinn machen kannst. Verglichen mit einem Fußballspiel macht es auch einen Unterschied, ob ich zur Halbzeit 0:2 hinten liege oder in der 90. Minute. Je länger das Spiel noch dauert, desto höher ist die Wahrscheinlichkeit, dass ich das Ergebnis noch drehen kann. Gleiches gilt auch für Optionen. Der Zeitwert gibt an, wie viel Zeit mir noch bleibt, um »ins Geld« also in die Gewinnzone zu kommen.

Der Form halber ist noch zwischen Optionen und Optionsscheinen zu unterscheiden. Optionsscheine werden von Banken und Investmenthäusern ausgegeben und sind im Gegensatz von den an Terminbörsen gehandelten Optionen nicht standardisiert. Die Funktionsweise ist aber ident. Du siehst schon, dass Optionen ein sehr komplexes Finanzprodukt darstellen. Sehr häufig werden Optionen aus Spekulationsgründen eingesetzt. Grund dafür ist der Hebel. Der Hebel ist bei Optionsgeschäften eine relevante Kennzahl. Ein Hebel von 10 bedeutet z.B. bei einer Call-Option, dass der Preis des Calls um 10% steigt, wenn der Basiswert um 1% ansteigt. Durch diese Funktionsweise kannst du relativ schnell reich werden. Aber auch relativ rasch viel Geld verlieren. Zu Spekulationszwecken eingesetzt bleibt es ein hochriskantes Investment. Nicht umsonst laufen eine Vielzahl der Optionsscheine am Ende der Laufzeit wertlos aus.

Du kannst eine Optionsstrategie aber auch abseits der reinen Spekulation anwenden. So kannst du dich z.B. mit dem Kauf einer Put-Option gegen Kursverluste absichern. Und dafür zahlst du eine Versicherungsprämie in Form der Optionsprämie.

Futures:

Futures werden standardisiert an der Börse gehandelt. Der Käufer und Verkäufer gehen genau die gegenteilige Position ein. So kannst du beispielsweise heute einen DAX-Future kaufen (Long-Position) oder verkaufen (Short-Position). Der Preis des Futures richtet sich nach dem Kurs des Basiswertes DAX. Der Verkäufer verpflichtet sich, die Ware zu liefern, der Käufer diese auch abzunehmen. Das heißt, du kannst dir als Käufer bereits heute den Preis fixieren, zu dem du den DAX beim Fälligkeitsdatum beziehen kannst. Und genau das ist ein großer Vorteil für Unternehmen. Wenn du beispielsweise Getreidebauer bist, kannst du deine Ernte im Herbst bereits im Frühjahr zu einem fixierten Preis verkaufen. Das schafft Planungssicherheit.

Derivate - Investoren-Check:

Ertragspotenzial: Einschätzung: ↑

Derivate werden von professionellen Investoren zur Portfoliosteuerung oder zur Absicherung eingesetzt. Manch einer greift auch zum Zwecke der Ertragsoptimierung gerne auf derivative Instrumente zurück. Mit bereits sehr geringem Kapitaleinsatz kannst du deine Performance hebeln.

Risiko: Einschätzung: ↑

Durch den Hebel sind Derivate sehr schwankungsintensiv. Für dich kann es bedeuten, dass du bei einem bedingten Termingeschäft, wie z.b. einem Optionsschein, deinen kompletten Kapitaleinsatz verlierst. Wenn du ein unbedingtes Termingeschäft eingehst, sind sowohl die Gewinn- aber auch Verlustpotenziale theoretisch unbegrenzt. Es gibt aber die Möglichkeit die Risiken zu neutralisieren, wenn man ein gewisses Know-How hat.

Liquidität: Einschätzung: ↑

Derivate können börslich oder auch außerbörslich gehandelt werden. Prinzipiell ist in normalen Marktphasen eine sehr hohe Liquidität gegeben.

Nachhaltigkeit: Einschätzung: ↓

Derivate beziehen sich auf einen Index, wie z.B. den S&P 500 Index. In diesem Referenzindex sind nachhaltige, aber auch nichtnachhaltige Wertpapiere beigemischt. Prinzipiell sind Derivate nicht nachhaltig. Auch unter dem Gesichtspunkt, dass sie häufig als Spekulationsobjekt benutzt werden. Bei nachhaltigen Fonds sind Derivate z.B. meist ausschließlich zur Absicherung erlaubt.

Investorentyp: **Der Optimierer**

Wenn du dich gegen Krisen absichern möchtest, kann es auch für dich Sinn machen, ein derivatives Produkt deinem Portfolio beizumischen. Das ist aber definitiv nichts für Investoren mit wenig Erfahrung. Und dir muss auch bewusst sein, dass du mit einem Hebel sowohl ein erhöhtes Gewinnpotenzial hast, aber du auch sehr viel Geld verlieren kannst. Aus meiner Sicht würde ich Derivate in der klassischen Form dem Portfolio maximal als sehr, sehr kleines Satelliten-Investment beimischen. Ausgenommen natürlich, du möchtest zocken.

7. ALTERNATIVES

Alternative Investments sind Veranlagungsformen, die über eine klassische Geldanlage hinausgehen. Ziel ist es, durch innovative Anlagestrategien eine bessere Diversifizierung und eine Optimierung des -Risiko-Ertrags-Verhältnisses zu erreichen. Gerade in Zeiten hoher Inflationsraten und vergleichsweise niedriger Zinsen ist es wichtig, dem Portfolio auch andere Assetklassen beimischen zu können. Das Spektrum der Alternative Investments ist sehr weitgefasst und umfasst u.a. Hedgefonds, Private Equity, Private Debt oder auch Infrastrukturinvestments. Bei allen dargestellten Varianten ist häufig ein Minimuminvestment erforderlich, welches das Potenzial vieler Privatinvestoren übersteigt.

Hedgefonds:

Ein Hedgefonds ist ein aktiv gemanagter Fonds, der durch den Eingang höherer Risiken eine Ertragsoptimierung anstrebt. Durch einige negative Beispiele, wie die Pleite von Long-Term Capital Management (LTCM) Ende der 1990er Jahre oder auch Bernhard Madoff, der 2008 als einer der größten Finanzbetrüger der Geschichte entlarvt wurde und durch ein Schneeballsystem einen Schaden von $65 Milliarden verursacht hatte, haben Hedgefonds bei vielen Investoren ein negatives Image.

Im Vergleich zu klassischen Investments gibt es einige Unterscheidungsmerkmale. Darunter fallen z.B. sogenannte Leerverkäufe. Leerverkäufe werden dann getätigt, wenn man auf fallende Kurse setzen möchte. Sie können beispielsweise den S&P 500 oder eine Währung abverkaufen, ohne dass sie sie wirklich besitzen. Beim Leerverkauf verkauft man also etwas, dass man gar nicht besitzt. Um das umsetzen zu können, muss man sich die Wertpapiere, die man verkaufen möchte, ausleihen. Sollte die Wette nicht aufgehen kann das massive Verluste mit sich bringen. Diese Strategie setzen beispielsweise Managed Futures um, die durch systematisch quantitative Systeme Kauf und Verkaufsentscheidungen treffen. Als Investor kannst du damit Gewinne in steigenden und fallenden Marktphasen generieren und darüber hinaus auch dein Asset Allocation Universum durch zusätzliche Märkte erweitern. Dadurch ergibt sich eine geringe Abhängigkeit zu Aktien und Anleihen. Das ist aber natürlich auch nicht frei von Risiken. Darunter fallen u.a. Liquiditätsengpässe in bestimmten Marktsituationen oder auch ein zu hoher Leverage bei falschen Investmententscheidungen.

Private Equity:

Mit einem Private Equity Investment beteiligst du dich an einem nicht börsennotierten Unternehmen. Private Equity Fonds sammeln von den Investoren Geld ein und investieren dieses oftmals in ein sehr konzentriertes Portfolio von 15 bis 25 Unternehmen. Ziel ist es, dass bereits früh in das Unternehmen eingestiegen wird, das Unternehmen weiter entwickelt wird und danach wieder teurer verkauft. Private Equity öffnet den Markt für einen sonst kaum für Privatpersonen zugänglichen Markt. Aber auch hier gibt es Risiken. Dazu zählen z.B. die Gewichtungskonzentration auf wenige Unternehmen oder auch die zum Teil sehr intransparente Informationsweitergabe.

Private Debt:

Bei einem Private Debt Investment werden Gelder bei Nicht-Banken eingesammelt und direkt in Unternehmensfinanzierungen außerhalb des Bankensektors investiert. Diese Asset-Klasse ist sehr kapitalintensiv und damit defacto institutionellen Investoren, wie z.B. Banken, Versicherungen, Pensionsfonds oder großen Stiftungen vorbehalten. Meist werden Mindestinvestments in Millionenhöhe für den Einstieg verlangt.

Infrastrukturinvestments:

Bei einem Infrastrukturinvestment wird im Groben zwischen der technischen Infrastruktur, wie z.B. Transport oder Energie- und Wasserversorgung und der sozialen Infrastruktur, wie z.B. Schulen oder Krankenhäuser unterschieden. Der Bedarf an neuer Infrastruktur ist enorm. Ein großes Investmentspektrum bietet der Bereich Transport und Verkehr. Hier kannst du beispielsweise in Häfen, Gleise, Straßen oder auch Flughäfen investieren. Als Investor kannst du sowohl die Rolle eines Aktionärs als auch die Rolle eines Kreditgebers einnehmen. Es gibt mittlerweile ein sehr breites Spektrum an Investitionsmöglichkeiten. So kannst du u.a. in Aktien oder Anleihen von Infrastrukturunternehmen, Fonds oder ETFs investieren.

Alternatives - Investoren-Check:

Ertragspotenzial: Einschätzung: ↑

Es gibt sehr viele unterschiedliche Alternative-Strategien. Insofern kann auch die Ertragserwartung zwischen unterschiedlichen Produkten deutlich voneinander abweichen. Generell weisen Alternatives eine erhöhtes Ertragspotenzial auf. Alternatives sind schließlich auf der Suche nach der Rendite.

Risiko: Einschätzung: ↑

Alternatives können stark gehebelt und damit auch hochspekulativ sein. Das Risiko und Rückschlagspotenzial kann zwischen einzelnen Strategien aber sehr unterschiedlich sein.

Liquidität: Einschätzung: ↓

Alternatives sind illiquid und normalerweise nicht täglich handelbar. Es kann also etwas dauern, bis du wieder zu deinem Geld kommst.

Nachhaltigkeit: Einschätzung: ↓

Im Bereich der Alternatives ist das Thema Nachhaltigkeit noch ein Nischenthema. Insofern gibt es im Vergleich zu anderen Asset-Klassen, wie z.B. Aktien oder Anleihen nur sehr wenige Investmentprodukte, die Nachhaltigkeit umfassend umsetzen. Der Markt zieht aber Stück für Stück nach. Es ist zu erwarten, dass es in Zukunft auch hier immer mehr nachhaltige Produkte zu finden gibt.

Investorentyp: **Der Neugierige**

Alternative Investments gehen über traditionelle Anlageklassen hinaus und bieten ein breites Spektrum an Möglichkeiten, das Ertragspotenzial deines Portfolios zu erhöhen oder das Risiko zu reduzieren. Alternatives werden im Regelfall von erfahrenen und neugierigen Investoren als Satelliten-Investment dem Portfolio beigemischt.

ZUSAMMENFASSUNG ASSET-ALLOCATION BAUSTEINE

Als Investor hast du extrem viele Möglichkeiten, dein Geld zu veranlagen. Wenn du vor einer Investmententscheidung stehst, analysiere das Produkt nach dem magischen Viereck, also nach dem Ertragspotenzial, dem Risiko, der Liquidität und der Nachhaltigkeit. Wichtig dabei ist es zudem darauf zu achten, ob der Asset-Allocation Baustein sich auch gut in dein Gesamtportfolio einfügt und damit mit deiner Gesamtstrategie im Einklang steht. Um dir deinen Entscheidungsprozess noch etwas zu erleichtern, habe ich für dich einen Gesamtüberblick der dargestellten Assetklassen erstellt.

Assetklasse	Ertragspotential	Risiko	Liquidität	Nachhaltigkeit	Investoren-Typ
Aktien	↑	↑	↑	↑	Der Vermögensaufbauer
Anleihen	↓	↓	↑	↑	Der Stabile
Krypto	↑	↑	↑	↓	Der Spieler
Immobilien	↓	↓	↓	↑	Der Bodenständige
Edelmetalle Rohstoffe	↓	↑	↑	↓	Der Goldgräber
Derivate	↑	↑	↑	↓	Der Optimierer
Alternatives	↑	↑	↓	↓	Der Neugierige

Abbildung 56: Übersicht Asset-Allocation Basuteine
Quelle: ecobono

Wie wir von Millionären oder auch Universitäten lernen können, ist es sinnvoll, mehrere unterschiedliche Assetklassen deinem Portfolio beizumischen. Alle Punkte des magischen Vierecks sind für dich als Investor wesentlich, um dir eine gute Entscheidungsgrundlage zu schaffen. Aus meiner Erfahrung habe ich gelernt, dass jede Investmententscheidung vorab auf die Risikoneigung abgecheckt werden soll. Wenn das nicht im Einklang mit deiner Gesamtstrategie steht, ist dieses Investment für dich nicht geeignet.

SCAN ME

Welche Asset-Allocation Bausteine stehen dir zur Verfügung

WARUM SOLIDE FINANZEN DEIN LEBEN BESSER MACHEN KÖNNEN

Viele Menschen wollen unfassbar reich werden. Andere wiederum vertreten die Ansicht, dass Geld den Charakter verdirbt und unglücklich macht. Das sind diametrale gegensätzliche Ansichtsweisen. Aber was stimmt nun wirklich?

Diese Frage muss wohl jeder für sich selbst beantworten. Für mich steht es außer Zweifel, dass solide Finanzen ein Leben besser machen können. Und in diesem Zusammenhang spreche ich nicht davon, dass du jetzt Millionär oder gar Milliardär werden musst.

Solide Finanzen bedeuten für mich, dass du deine Grundbedürfnisse und andere wichtige Bedürfnisse problemlos abdecken kannst. Wenn deine Finanzen auf soliden Beinen stehen, ist dein Konto nicht chronisch überzogen. Und du bist auch mit deinen Einkünften in der Lage, deine Ausgaben abzudecken und darüber hinaus noch etwas zu sparen. Ein Blick auf deine Haushaltsrechnung verrät dir, wie es um deine Finanzen bestellt ist.

In diesem Kapitel werden wir uns mit der Frage auseinandersetzen, inwiefern solide Finanzen dein Leben besser machen können. Bei der Suche nach einer Antwort werden wir uns die Frage stellen, inwieweit Geld Auswirkungen auf andere Themen wie Freiheit, Lebensglück oder Lebensdauer hat. Darüber hinaus bietet Geld viele weitere Möglichkeiten, wie z.B. das Investment in sich selbst oder auch etwas Sinnvolles und Gutes zu unterstützen. Abschließend werden wir uns auch mit der Frage auseinandersetzen, wie viel Geld du persönlich benötigst, um wirklich frei zu sein.

Dieses Kapital erachte ich als besonders wichtig, weil es dir das richtige Mindset vermittelt, um langfristig ein Vermögen aufbauen zu können. Und genau das dürfte auch dein Ziel sein, andernfall würdest du dieses Buch höchstwahrscheinlich nicht gerade in den Händen halten. Denn eines ist für mich sonnenklar: Wenn du davon ausgehst, dass ein Vermögen schlecht für dich und dein Umfeld ist, hast du keinen Grund, überhaupt zu sparen oder ein Vermögen aufzubauen. Dein Unterbewusstsein wird dich daran mit aller Kraft hindern. Wenn im Gegensatz dazu die Vorteile von soliden Finanzen in deinem Fokus stehen, hast du eine positive Einstellung zum Geld. Dein Unterbewusstsein wird dich dabei unterstüzten, an deinen Finanzen zu arbeiten. Der Weg zu deinem Ziel ist mit der richtigen Einstellung deutlich leichter und darüber hinaus auch erfolgsversprechender. Insofern ist das für mich die Basis schlechthin, wenn es um die richtige Veranlagung geht. Den Weg dorthin muss aber jeder von uns dennoch alleine gehen.

GELD UND FREIHEIT

»Geld ist geprägte Freiheit.« Der russische Schriftsteller Dostojewski, der als einer der herausragendsten Psychologen der Weltliteratur gilt, trifft mit dieser Aussage für mich des Pudels Kern. Unter Freiheit versteht er die Möglichkeit, ohne Zwang zwischen verschiedenen Möglichkeiten auswählen und entscheiden zu können. Und genau dazu brauchst du Geld.

Wann fühlen sich Menschen finanziell frei?

Diese Frage habe ich im Laufe der Jahre vielen Studenten, Geschäftspartnern oder Menschen aus meinem Freundes- und Bekanntenkreis gestellt. Die Meinungen darüber gehen weit auseinander. Das hängt vom Alter, vom Charakter und auch dem Lebensstil ab. Eines haben aber die meisten Antworten gemein. Finanziell frei bin ich, wenn ich genug Geld gespart habe, falls etwas schiefgeht. Dabei geht es viel um das Mindset und das positive Gefühl und die Zuversicht, genug Geld zu haben, um im Fall der Fälle auch abgesichert zu sein.

Geld schafft Sicherheit:

Viele Menschen haben ein Bedürfnis nach Sicherheit. Ein stabiles Einkommen oder ein großes Vermögen sorgen dafür, dass du dir über deine Finanzen keine Sorgen machen musst. Um wirklich frei zu sein, brauchst du aber ein Vermögen, auf das du im Bedarfsfall zurückgreifen kannst.

Geld schafft Komfort:

Wenn du Geld hast, hast du die Freiheit, dir auch einmal etwas zu gönnen. Das können ganz unterschiedliche Dinge sein. Stehst du auf ein gutes Essen in einem teuren Restaurant, auf schicke Kleidung oder ein tolles Auto? Oder würdest du gerne beim nächsten Urlaub in einem sehr guten Hotel am Meer oder im Zentrum einer Weltmetropole logieren? Dieser Punkt ist eng mit deinen Wünschen und Träumen verknüpft.

Geld schafft Zeit:

Mit ausreichenden finanziellen Mitteln hast du die Freiheit, deine Zeit so einzuteilen, wie du es gerne möchtest. Du kannst den Fokus auf den Job, auf die Familie legen oder dir vielleicht sogar ein einjähriges Sabbatical einplanen.

Was bringt dir Geld?

GELD UND LEBENSGLÜCK

Gibt es einen Zusammenhang zwischen Geld und Glück? Um das zu beantworten, werden wir uns dieser Fragestellung, die seit Jahren eine Heerschar von Wissenschaftlern beschäftigt, von zwei unterschiedlichen Seiten aus nähern. Geld kann in dieser Form sowohl als laufendes Einkommen aber auch als Vermögen definiert werden.

Einkommen:

Prinzipiell ist der Konsens der, dass mit dem Einkommen auch die Lebenszufriedenheit steigt. Das bedeutet, dass jeder zusätzliche Euro Mehrverdienst automatisch auf dein Wohlbefinden einzahlt. In der

Realität gibt es aber einen Betrag, ab dem ein Zusatzverdienst nicht mehr auf die Lebenszufriedenheit einzahlt. Und auch wenn sich dieser Wert von Mensch zu Mensch unterscheidet, ist er deutlich niedriger, als man das manchmal vermutet.

Der Wirtschaftsnobelpreisträger Daniel Kahnemann und der Ökonom Angus Deaton bestätigen diese Annahme. Laut ihren Studien ist eine Person, die ihr Gehalt von €15.000 auf €30.000 verdoppelt, sehr glücklich. Auch wenn jemand sein Geld von €30.000 auf €60.000 verdoppelt, steigt das Glücksgefühl. Allerdings nicht mehr in diesem Ausmaß. Und wer die Schwelle von €120.000 überschritten hat, wird bei zusätzlichen Gehaltssprüngen nicht mehr glücklicher. Die Forscher führen das darauf zurück, dass ab einer gewissen Einkommensschwelle das Privatleben auf der Strecke bleibt. Du hast also viel Geld aber kaum Zeit, dieses auch auszugeben. Und das macht sicherlich nicht glücklich.

Frederik Herzberg hat die These aufgestellt, dass Geld für einen Mitarbeiter ein sogenannter Hygienefaktor ist. Es verhindert die Entstehung von Unzufriedenheit, trägt aber nicht zur positiven Jobzufriedenheit bei. Geld ist trotzdem ein wesentlicher Faktor, um überhaupt eine hohe Arbeitszufriedenheit erlangen zu können.

Vermögen:

Neben dem Einkommen kann man auch das Vermögen als Referenzgröße heranziehen. Auch hier gibt es große Unterschiede. Vor allem zwischen jenen, die sehr schnell zu sehr viel Geld gekommen sind und jenen, deren Vermögen kontinuierlich angewachsen ist.

Mehrere Studien zu Lottogewinnern fanden heraus, dass sich das anfängliche Glücksgefühl über den Millionengewinn relativ rasch abnutzt. Bereits nach kurzer Zeit ist der Glückspilz so glücklich wie vor seinem Lottogewinn. Wenn man aber die Lebenszufriedenheit von Millionären heranzieht, kann man durchaus zu einem anderen Ergebnis kommen. Laut einer DIW-Studie sind Millionäre besonders mit ihrem Leben zufrieden. Es gibt Belege dafür, dass glücklichere Menschen auch beruflich erfolgreicher und damit auch vermögender sind.

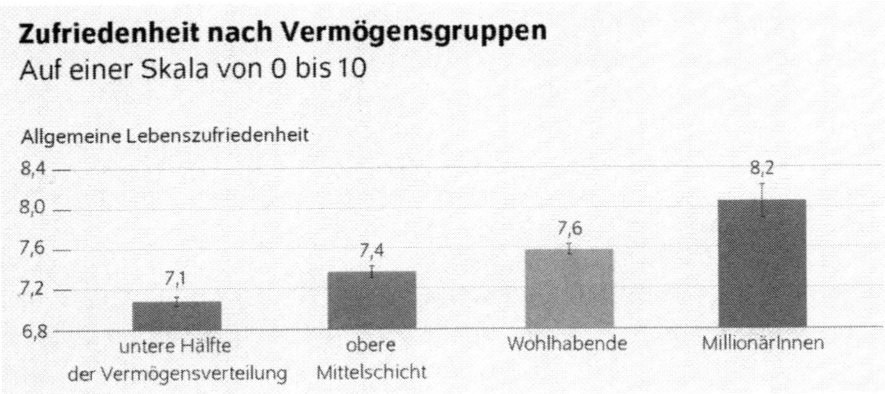

Abbildung 57: Zufriedenheit und Vermögen (1)
Quelle: DIW (Publikation MillionäriInnen unter dem Mikroskop 2020)

Die allgemeine Lebenszufriedenheit wird auf einer Skala von 0 bis 10 angegeben. Je höher der Wert, desto höher ist die Lebenszufriedenheit. Die Forscher kommen zu dem Ergebnis, dass die deutsche Bevölkerung mit ihrem Leben zufrieden ist. Auffallend ist aber auch, dass mit zunehmendem Vermögen auch die Zufriedenheit ansteigt. Die Studie kommt zu dem Ergebnis, dass es einen Zussammenhang zwischen dem Vermögen und der Zufriedenheit gibt.

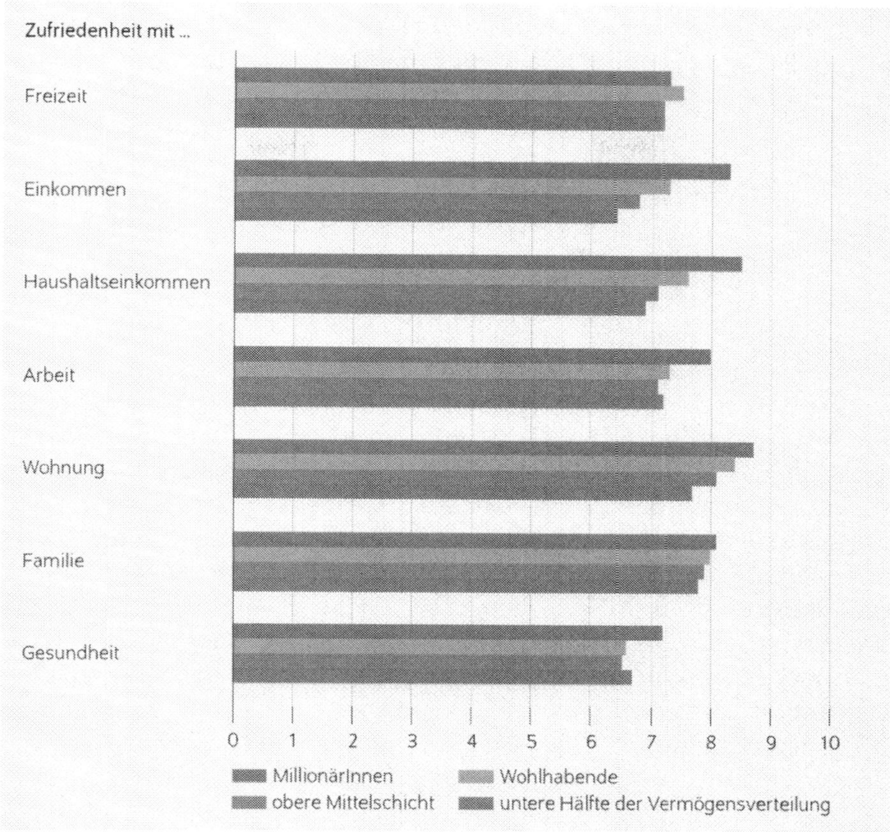

Abbildung 58: Zufriedenheit und Vermögen (2)
Quelle: DIW (Publikation MillionäriInnen unter dem Mikroskop 2020)

Spannend finde ich auch die Frage, wie sich die Vermögenssituation auf die Zufriedenheit in unterschiedlichen Lebensbereichen auswirkt. Der Zusammenhang zwischen Vermögen und Zufriedenheit bestätigt sich auch in den Dimensionen Einkommen, Arbeit, Wohnung, Gesundheit und Familie. Einziger Ausreißer ist die Rubrik Freizeit. Hier weisen nahezu alle Vermögensklassen eine ähnliche Zufriedenheit auf. Und das wiederum hängt mit der Arbeitszeit zusammen. Während Millionäre im Schnitt 46,9 Stunden pro Woche arbeiten, arbeiten die anderen Vermögensklassen um rund 10 Stunden weniger.

Ein gewisses Vermögen oder Eikommen trägt für mich definitiv zum Lebensglück bei. Unglücklich sind meiner Erfahrung aber jene, die dem Faktor Geld alles unterordnen. Es kommt wie immer im Leben auf die richtige Balance an.

GELD UND LEBENSDAUER

Forscher sind zu dem Ergebnis gekommen, dass es einen Zusammenhang zwischen der Einkommenshöhe und der zu erwartenden Lebensdauer gibt. Und das unabhängig davon, ob Menschen rauchen, zu viel Alkohol trinken oder übergewichtig sind. Laut einer Meta-Studie, die die Ergebnisse aus fünf europäischen Ländern, den USA und Australien ausgewertet hat, heißt es, dass Menschen mit ungünstigen sozio-ökonomischen Lebensbedingungen im Schnitt um 25 Monate kürzer Leben als Menschen mit guten Voraussetzungen. Darüber hinaus stellen die Forscher fest, dass schlechte wirtschaftliche und soziale Verbindungen sich auch auf den Lebenswandel auswirken. So ist beispielsweise die Anzahl der Raucher oder Übergewichtigen überdurchschnittlich hoch. Darüber hinaus haben die Forscher festgestellt, dass eine geringe Bildung zu geringerem Einkommen führt. Und das wiederum hat Auswirkungen auf die Gesundheit der Betroffenen.

Zu einem ähnlichen Ergebnis kommen Wissenschaftler in England. Die gesunde Lebenserwartung von Mädchen, die in reichen Regionen Englands geboren werden, ist um 19,3 Jahre höher als jene von Mädchen, die in den ärmsten Regionen geboren werden. Bei Jungen beträgt der Unterschied 18,6 Jahre.

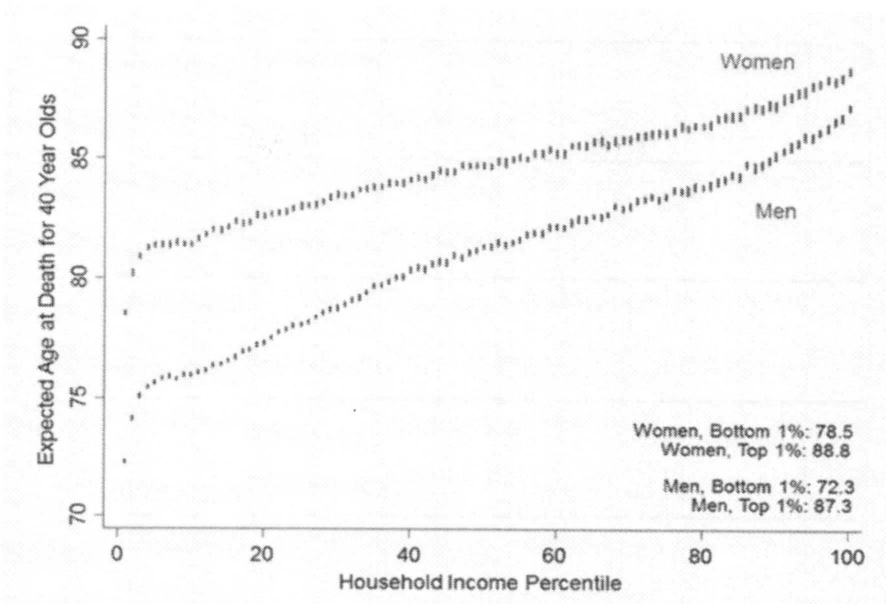

Abbildung 59: Lebenserwartung und Einkommen USA
Quelle: The Harvard Gazette

In den USA leben Menschen mit einem hohen Haushaltseinkommen deutlich länger als Menschen mit einem sehr geringen Einkommen. Laut einer großausgelegten Studie von Harvard Professoren leben die reichsten Amerikaner um 15 Jahre länger als die ärmsten. Bei den Frauen ist der Gap mit 10 Jahren deutlich geringer.

In dieselbe Kerbe schlagen auch Ökonomen vom Deutschen Institut für Wirtschaftsforschung (DIW). Auch sie kommen zu dem Ergebnis, dass Reiche deutlich älter werden als Arme. Darüber hinaus stellen die Forscher fest, dass die Ungleichheit über Generationen zugenommen hat.

Viele wissenschaftliche Studien belegen, dass es einen Zusammenhang zwischen dem Wohlstand und der Lebensdauer gibt. Das wird auch dadurch untermauert, dass Menschen aus reichen Ländern deutlich länger leben als Menschen aus Entwicklungsländern. Insofern schadet es nicht, langfristig etwas Vermögen aufzubauen. Denn dadurch wird sich laut den Forschungsergebnissen auch deine gesunde und absolute Lebenserwartung erhöhen.

GELD UND DAS INVESTMENT IN MICH SELBST

Wenn du über ausreichend Geld verfügst, hast du auch die Möglichkeit, in dich selbst zu investieren. Dadurch steigerst du deinen Wert und das wiederum wird mit hoher Wahrscheinlichkeit auch zu einem höheren Einkommen führen. Der Investor Warren Buffett ist ein Bücherwurm und hat sein Leben lang kontinuierlich viel Zeit dafür verwendet, sich selbst weiterzubringen. Für Buffett stellt Humankapital den größten Vermögenswert dar:

»In sich selbst zu investieren ist eine der besten Investitionen die man tätigen kann.«

Viele Menschen nutzen das eigene Potenzial aus unterschiedlichsten Gründen nicht aus. Wenn man im Hamsterrad gefangen ist, vertliert man oft den Ansporn, auch an sich selbst zu arbeiten. Auffallend ist, dass vermögende Menschen häufig viel Geld und Zeit dafür aufbringen, das eigene Humankapital zu verbessern. Und das wiederum löst im Laufe der Zeit eine Aufwärtsspirale aus.

Welche Möglichkeiten hast du nun, um in dich selbst zu investieren? Klassischerweise wirst du vermutlich jetzt an Weiterbildung denken. Gerade in diesem sich ständig ändernden Umfeld ist es wichtig, am Ball zu bleiben. In der EU nehmen nur 10,8% der 25 bis 64-jährigen an Weiterbildungen teil. Deutschland liegt mit einer Quote von 7,7% deutlich unter dem EU-Schnitt, Österreich mit 14,6% etwas darüber. Im Vergleich dazu ist die Quote in Schweden mit 34,7%, Finnland mit 30,7% oder auch der Schweiz mit 22,8% deutlich höher. Die moderne Technik bietet viele Möglichkeiten, sich Expertenwissen anzueignen. Du kannst dir beispielsweise mehr als 50 Jahre Kapitalmarkterfahrung in einem ecobono-Kurs aneignen, einen Podcast hören oder auch nach Warren Buffetts oder Bill Gates Vorbild viele Bücher lesen oder auch hören.

Darüber hinaus kannst du dein Humankapital aber auch anderweitig steigern. Dabei geht es weniger um klassisches Wissen sondern um deine körperliche und mentale Fitness. Du kannst dich beispielsweisweise gesund ernähren oder regelmäßige Sporteinheiten einlegen, um deine Vitalität zu steigern. Du kannst dir die Zeit für einen ausgiebigen Waldspaziergang oder einen entspannten Nachmittag mit der Familie oder Freunden nehmen.

Du siehst, es gibt viele Möglichkeiten, die auch nicht viel kosten müssen. Aber ohne finanzielle Sorgen und mit einem Vermögen im Hintergrund ist es wesentlich leichter, auch einmal Geld und Zeit in sich selbst zu investieren.

GELD UND GUTES TUN

Viele wohlhabende Menschen wollen mit ihrem Geld auch etwas Gutes bewirken. Zwei der reichsten Menschen der Welt, Microsoft-Gründer Bill Gates und der Investor Warren Buffett haben die »The Giving Pledge« Bewegung ins Leben gerufen. Ziel dieser philanthropischen Kampagne ist es, besonders wohlhabende Menschen zu Spenden für das Gemeinwohl zu animieren. Die Bewegung erfuhr gleich zum Start im Jahr 2010 große Unterstützung. 40 US-Milliardäre versprachen, nach Möglichkeit mehr als die Hälfte ihres Vermögens für wohltätige Zwecke zu spenden. Das sind immerhin 10% aller US-Milliardäre. Auf der Liste finden sich aktuell 230 Unterzeichner aus 28 unterschiedlichen Ländern. Darunter sind einige bekannte Persönlichkeiten:

- Michael Bloomberg, Unternehmer und ehemaliger Bürgermeister von New York
- George Lucas, Schöpfer der Star-Wars und Indiana-Jones
- Mark Zuckerberg, Facebook-Gründer
- Hasso Plattner, SAP-Gründer
- Richard Branson, Virgin-Gründer
- David Rockefeller
- Ted Turner
- Elon Musk, Unternehmer (Tesla, Twitter, SpaceX, PayPal-Gründer …)

Die Gallionsfigur Warren Buffett hat sich sogar bereit erklärt, 99% seines Vermögens zu spenden. Und er überzeugt auch mit Taten. In jährlichen Paketen verkauft Buffett seine Berkshire-Aktien, um den Erlös daraus für wohltätige Zwecke zu spenden. Im Jahr 2021 hat er bereits die Hälfte seines Vermögens gespendet. Einen Großteil davon erhält die Bill & Melinda Gates Stiftung. In einer Mitteilung an seine Aktionäre erklärt Warren Buffett auch, warum er seinen Kindern nur einen Bruchteil seines Vermögens vererben wird: »Nach langer Beobachtung superreicher Familien hier meine Empfehlung: Lassen Sie den Kindern genug, damit sie alles tun können, aber nicht genug, damit sie nichts tun müssen.« Arm sind sie deswegen aber noch lange nicht. Jedes seiner drei Kinder, die mittlerweile auch schon alle in ihren 60ern sind, hat eine 2-Milliarden-Dollar-Stiftung als Mitgift erhalten.

Auch Bill Gates, der mit seiner Ex-Frau die Bill & Melinda Gates Stiftung ins Leben gerufen hat, hat 2022 mit einem Schlag $20 Milliarden an seine Stiftung überwiesen. Das Vermögen der Organisation ist damit auf $70 Milliarden angewachsen. Bill Gates hat bereits mehrfach angekündigt, sein gesamtes Vermögen zu spenden. Die Stiftung will jährlich bis zum Jahr 2026 $9 Milliarden für weltweite Projekte zur Verbesserung der Gesundheitsversorgung, der Armutsbekämpfung, der Geschlechtergleichstellung sowie den besseren Zugang zur Bildung unterstützen.

Das Bedürfnis, mit dem eigenen Geld auch Gutes zu tun, haben aber nicht nur Milliardäre. Ich habe schon häufig beobachtet, dass mit einem gewissen Wohlstand viele Menschen den Lebensmittelpunkt von der Arbeit in Richtung wohltätiger Aktivitäten verlagert haben. Mit der nötigen finanziellen Basis hast du die Möglichkeit, deine Herzensprojekte zu unterstützen. Dazu musst du aber kein Millionär oder schon gar kein Milliardär sein. Es reicht bereits aus, deine Finanzen auf eine solide Basis zu stellen. Schon das genügt, um mit deinem Geld etwas Gutes tun zu können. Und das wiederum hat eine doppelte positive Wirkung. Du unterstüzt ein sinnvolles Projekt, machst also dadurch die Welt ein stückweit besser und darüber hinaus fühlt es sich gut an und sorgt damit für eine höhere Lebenszufriedenheit.

WIE VIEL GELD BRAUCHE ICH, UM FINANZIELL FREI ZU SEIN?

In Deutschland lebt 1% der Bevölkerung überwiegend vom eigenen Vermögen. Die Anzahl hat sich in den letzten 20 Jahren verdoppelt. Mit zunehmendem Lebensalter steigt der Anteil kontinuierlich an. Im Vergleich dazu bestreiten 46% der Menschen ihren Lebensunterhalt mit der eigenen Erwerbstätigkeit. Der verbleibende Rest lebt von öffentlichen Leistungen, der Rente oder von den Einkünften von Angehörigen.

In den letzten Jahren ist ein Trend zum Frugalismus entstanden. Anhänger davon haben das Ziel, möglichst früh eine finanzielle Unabhängigkeit zu erreichen und beispielsweise bereits in den 40ern die Arbeit niederzulegen. Das bedeutet aber nicht, dass diese Menschen in Saus und Braus leben. Vielmehr geht es häufig darum, mit möglichst wenig das Auslangen zu finden. Insofern scheidet diese Variante für mich persönlich aus. Noch dazu unter dem Aspekt, dass mir meine Arbeit Freude bereitet und ich nicht darauf verzichten möchte.

Aber wie viel Geld benötigt man, um vom eigenen Vermögen leben zu können. Bereits Ende der 1990er Jahren hat die sogenannte Trinity Studie meine Aufmerksamkeit erregt. Professoren der Trinity Universität in Texas haben sich die Frage gestellt, wie viel Geld man benötigt, um von seinem Vermögen leben zu können. Das Ergebnis der Untersuchung ist die 4-Prozent-Regel.

Was bedeutet die 4-Prozent Regel?

Angenommen du besitzt ein Vermögen von einer Million Euro, welches du gewinnbringend anlegen kannst. Das Eigenheim, in welchem du lebst, zählt also nicht dazu, da du daraus ja keine laufenden Erträge generieren kannst. Die Trinity-Professoren beziehen sich in Ihrer Analyse auf das Finanzvermögen. Gemäß der 4-Prozent-Regel kannst du dir Jahr für Jahr €40.000 pro Jahr oder eben 4% des veranlagten Geldes auszahlen. Wenn du davon ausgehst, dass das für dein Leben reicht, bist du finanziell frei.

Du kannst das Pferd aber auch von der anderen Seite aus aufzäumen. Wenn du beispielsweise €2.500 pro Monat zum Leben brauchst, benötigst du pro Jahr €30.000. Wenn du diesen Wert mit dem Faktor 25 multiplizierst, benötigst du ein Finanzvermögen von €750.000, um deinen Lebensunterhalt mit deinem Finanzvermögen begleichen zu können.

Monatliches Budget	Benötigtes Finanzvermögen
1000 €	300.000 €
1500 €	450.000 €
2000 €	600.000 €
2500 €	750.000 €
3000 €	900.000 €
3500 €	1.050.000 €
4000 €	1.200.000 €
4500 €	1.350.000 €
5000 €	1.500.000 €

Abbildung 60: 4-Prozent-Regel: Wie viel Geld brauche ich?
Quelle: ecobono

Fallstricke der 4-Prozent Regel

Die Forscher gehen davon aus, dass du dein Geld in Wertpapiere investierst. In den Simulationen werden Aktien und Anleihen herangezogen und in einem unterschiedlichen Verhältnis gemischt. Die Forscher kommen zum Ergebnis, dass mit zunehmender Laufzeit des Models eine höhere Aktienquote sinnvoll ist. Wenn du dein Geld aber in Aktien investierst, musst du temporär auch mit empfindlichen Rückschlägen rechnen. Gehen wir wieder von einem Finanzvermögen von einer Million aus. Wenn du mit deinen Wertpapierinvestments ein schlechtes Börsenjahr erwischt und 50% verlierst, hast du nur mehr ein Vermögen von €500.000. Wenn du weiterhin €40.000 pro Jahr an dich selbst auszahlst, schöpfst du überproportional viel von deinem Vermögen ab. Denn laut der 4-Prozent-Regel dürftest du dir dann nur mehr €20.000 auszahlen. Das wiederum bedeutet, dass du die Zahlungen an dich selbst großen Schwankungen unterliegen können. Darüber hinaus berücksichtigt das Trinity-Model auch nicht meine verbleibende Lebenserwartung. Es macht natürlich einen großen Unterschied, ob ich 60 Jahre alt bin oder ob ich mit 40 Jahren ausschließlich von meinem Vermögen leben möchte.

Das Trinity-Model ist für mich ein guter Richtwert, um ein Gefühl dafür zu bekommen, wo ich überhaupt stehe. Insofern habe ich den Zeitpunkt der persönlichen Freiheit für mich etwas anders definiert und einen Freiheitsrechner entwickelt.

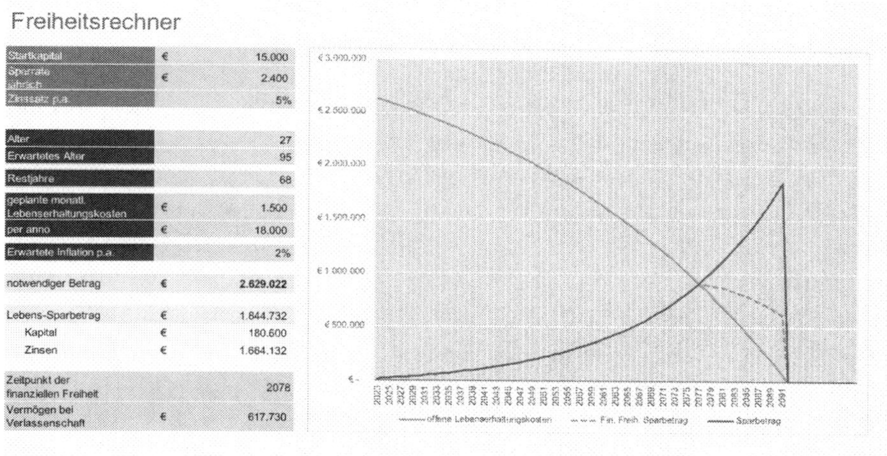

Abbildung 61: Freiheitsrechner
Quelle: ecobono

Beim Freiheitsrechner hast du zwei Eingabeebenen. Auf der einen Seite gibst du an, welches Startkapital du hast, wie viel du jährlich auf die Seite legen kannst und mit welcher geschätzten Rendite du dein Kapital veranlagst. Die Ertragserwartung hängt natürlich stark davon ab, wie du dein Geld investierst. Auf der anderen Seite definierst du deine geplanten Lebenserhaltungskosten sowie deine erwartete Restlebensdauer.

Als Ergebnis bekommst du im Diagramm zwei Kurven angezeigt. Die stetig nach oben steigende Kurve entspricht deinem Sparbetrag. Die abfallende Kurve entspricht dem offenen Betrag, also deinen noch zu erwarteten Lebenserhaltungskosten. Wenn der offene Betrag die Kurve mit dem Sparbetrag unterschreitet, bist du laut meiner Definition finanziell frei.

Um das zu verdeutlichen, machen wir ein konkretes Beispiel. Nehmen wir an, du bist 27 Jahre alt, hast ein Startkapital von €15.000 und bist in der Lage, jährlich €2.400 anzusparen. Du gehst davon aus, dass du mit deiner Veranlagung 5% pro Jahr erwirtschaftest. In deiner Annahme wirst du 95 Jahre alt und dir dementsprehend noch 68 Restjahre bleiben. Um deine monatlichen Lebenserhaltungskosten abdecken zu können, benötigst du aktuell monatlich €1.500, die mit einer jährlichen Inflationsrate von 2% nach oben hin angepasst weden. Damit haben wir alle Parameter beisammen, um loslegen zu können.

In unserem Beispiel wirst du bis zu deinem 95. Geburtstag inflationsbereinigt €2.629.022 an Lebenserhaltungskosten benötigen. Gemäß deinen Eingaben wirst du im Laufe deines Lebens €1.844.732 ansparen. Der Zeitpunkt, an dem du deine finanzielle Freiheit erlagen wirst ist 2078. Das ist jener Moment, wo dein Vermögen die zu erwarteten Lebenserhaltungskosten deiner verbleibenden Lebenszeit übersteigen wird. Ab diesem Zeitpunkt benötigst keine externen Einkunftsquellen mehr sondern kannst deine monatlichen Ausgaben mit deinem Ersparten abdecken. Mit dieser Strategie wirst du dein ganzes Vermögen nicht aufbrauchen, da das Kapital weiterhin verzinst wird. Unter dieser Annahme kannst du deinen Erben €617.730 vererben (in der Grafik die gestrichelte Linie). Alternativ kannst du natürlich auch weiterhin ansparen (durchgezogene Linie) und einen deutlich größeren Kapitalpolster für deine Erben aufbauen.

Mit dem Freiheitsrechner kannst du bereits heute berechnen, wann es bei dir so weit sein wird. Natürlich nur, sofern deine Prognosen auch aufgehen und du das nötige Durchhaltevermögen an den Tag legst. Das Leben hat viele Ecken und Kanten und es passieren immer wieder völlig unerwartete Dinge. Insofern empfehle ich dir, das Ergebnis als Richtgröße heranzuziehen, um ein Gefühl dafür zu bekommen, wo du aktuell stehst.

SCAN ME

Hier geht es zum Freiheitsrechner

7 GRUNDSÄTZE EINES HARTGESOTTENEN FONDSMANAGERS AN MEIN JÜNGERES ICH

Wir haben bereits einen weiten Streifzug durch die Welt der Finanzen gemacht und unsere Reise neigt sich schön langsam dem Ende zu. In vielen Gesprächen werde ich gefragt, ob ich nicht ein paar wesentliche Tipps für Investoren bei der Hand hätte. Oder vielleicht auch ein paar Grundsätze, die einem das Leben durchaus erleichtern können.

Das ist gar nicht so leicht zu beantworten. Die Finanzmärkte sind sehr komplex und ständig in Bewegung. Ich habe intensiv über diese Frage nachgedacht. Was würde ich meinem jüngeren Ich gerne mit auf den Weg geben? Was kann ich ihm raten, um große Fehler, die ich entweder selbst gemacht oder an anderen beobachtet habe, zu vermeiden? Was sind die großen Fallstricke und Gefahrenherde, um die erfolgreichen Investoren einen weiten Bogen machen?

Und genau darum geht es in diesem Kapital. Es ist mein Geschenk an dich und mein jüngeres Ich. Im Laufe der Jahre habe ich mir sieben Grundsätze angeeignet, die mir wertvolle Dienste erwiesen haben. Diese Grundsätze können für dich bares Geld wert sein. Damit meine ich aber nicht unfassbar hohe Gewinne. Ich habe gelernt, dass niemand ein Geheimrezept hat, um einen Blick in die Glaskugel zu erhaschen. Ich weiß also nicht, welchen Weg wir in Zukunft gehen werden und wohin sich die Märkte entwickeln werden. Als Investor musst du das auch gar nicht. Es geht lediglich darum, ein für dich passendes Portfolio aufzusetzen. Dann hast du bereits alles richtig gemacht. Es gibt aber ein paar Wege, die du keinesfalls gehen solltest. Und genau darum geht es in diesem Kapital. Wenn du diese Grundsätze konsequent umsetzt, kann dir viel Ungemach erspart bleiben.

1/7 WANN STEIGE ICH EIN, WANN STEIGE ICH AUS?

Diese Frage treibt mich, wie auch eine Heerschar von Investoren, seit vielen Jahren an. Warren Buffett hat in dieser Beziehung eine klare Strategie:

»Wir besitzen Aktien auf der Grundlage unserer Erwartungen hinsichtlich ihrer langfristigen Geschäftsentwicklung und nicht, weil wir sie als Vehikel für zeitnahe Marktbewegungen betrachten.«

Der erfolgreiche Investor versucht damit den Faktor Zeit besonders herauszustreichen. Vielmehr geht es darum, einer Strategie konsequent treu zu bleiben. Und das auch über den Marktzyklus hinweg. Der Einstiegszeitpunkt scheint wichtig zu sein, spielt aber langfristig keine große Bedeutung. Es ist unmöglich, immer zum Tief zu kaufen und zum Hoch zu verkaufen. Das ist mir in all den Jahren selten bis nie gelungen. Es macht auch wenig Sinn, am Bildschirm klebend die Börsenkurse zu verfolgen. Das löst nur Emotionen aus und ist langfristig betrachtet vollkommen irrelevant.

Wie kannst du nun vorgehen?

Es hat sich herausgestellt, dass es eine gute Strategie ist, den Kauf- und Verkaufszeitpunkt über eine Zeitspanne zu strecken. Dadurch erhältst du einen Mischkurs und brauchst dich nicht ärgern, wenn du einmal einen schlechten Kauf- oder Verkaufskurs erwischen solltest. Mit dieser einfachen Strategie verringerst du das Risiko, genau zum falschen Zeitpunkt ein- oder auszusteigen. Wenn du z.B. $10.000 investieren möchtest, kannst du den Betrag auf fünf Mal $2.000 aufteilen und an jedem Monatsersten investieren.

Auch beim langfristigen Vermögensaufbau macht es Sinn, in kleinen monatlichen Beträgen Wertpapiere zu kaufen. Wenn du das kontinuierlich Monat für Monat konsequent durchziehst, wirst du über das Ergebnis überrascht sein. In der Finanzbranche sprechen wir hier vom Cost-Average-Effect, also dem Durchschnittskosteneffekt. Durch den Sparplan erwirbst du bei fallenden Kursen mehr Anteile und bei steigenden Kursen weniger Anteile. Bei fallenden Kursen verliert zwar dein Portfolio an Wert, du kannst aber auch günstig Aktien zukaufen. Und bei steigenden Märkten steigt dein Portfoliowert, allerdings bedeutet das auch, dass du in diesem Monat teuer zukaufst. An der Börse geht es ständig auf und ab und bei einem Einmalinvestment kann es schnell passieren, einmal den falschen Zeitpukt zu erwischen. Durch den Cost-Average Effekt wird dein Einstiegskurs zwischen dem günstigsten und ungünstigsten Preis im Veranlagungszeitraum liegen.

2/7 DER SCHNELLE WEG FÜHRT NUR INS RISIKO

An der Börse gibt es Menschen, die es in sehr kurzer Zeit zu sehr großem Reichtum gebracht haben. Die exorbitant hohen Gewinnaussichten haben schon viele Menschen dazu getrieben, viel Geld in hochspekulative Investitionen zu veranlagen. Nur schöngerechnet bedeutet noch lange nicht, dass das Investmentprodukt am Ende des Tages auch wirklich abliefert. Wir lassen uns zu leicht von unseren Emotionen blenden. Das hatte schon Gordon Gekko im Klassiker „Wall Street" erkannt:

»Die erste Regel im Geschäft ist: unterdrücke deine Emotionen. Sonst verlierst du den Kopf.«

Und das ist einfacher gesagt als getan. Schon der ungarische Börsenaltmeister hatte erkannt, dass die meisten Entscheidungen an der Börse auf emotionaler Basis getroffen werden. In die gleiche Kerbe schlagen die Psychologen Daniel Kahnemann und Amos Tversky. Ihren Studienergebnissen nach verhalten sich Anleger überwiegend irrational und sind darüber hinaus häufig von Gier getrieben. Das Belohungssystem sitzt im Vorderhirn. Wir neigen dazu, große Risiken zur kurzfristigen Spekulation einzugehen und scheuen im Gegensatz dazu, kleine Risiken zum langfristigen Vermögensaufbau. Um an der Börse erfolgreich zu sein, hast du mit der Langfriststrategie eine deutlich bessere Chance. Und genau das habe ich auch an der Börse oft erlebt. Wir Menschen neigen dazu, uns mit unserem Verhalten sehr kurzfristig auszurichten und Trends hinterherzuhecheln. Die meisten erfolgreichen Investoren haben es geschafft, diesen Drang auszublenden.

Wie kannst du dem vorbeugen? Mir persönlich hat es sehr geholfen, mich bei der Analyse eines Investmentproduktes immer von der Risikoseite aus zu nähern. Wenn du einmal abschätzen kannst, welche Risiken du eingehst, ist schon viel gewonnen. Dadurch können wesentliche Fehlentscheidungen schon vorab identifiziert und vermieden werden. Wenn man sich im Gegensatz dazu von der Ertragsseite aus nähert, besteht die Gefahr, sich von großen Zahlen blenden zu lassen. Frage dich daher vor jeder Anlageentscheidung, ob das Risiko mit deiner Strategie im Einklang steht. Und erst danach stellt sich die Frage nach dem Ertragspotenzial und vor allem auch, ob du für das eingegangene Risiko auch gebührend belohnt wirst. In diesem Punkt halte ich mich an André Kostoliany:

»Ich kann Ihnen nicht sagen, wie man schnell reich wird; ich kann Ihnen aber sagen, wie man schnell arm wird: indem man nämlich versucht, schnell reich zu werden.«

3/7 DIE STARS VON HEUTE SIND NICHT ZWINGEND DIE GEWINNER VON MORGEN

An der Börse wimmelt es von Stars. Viele steigen aber wie Phoenix aus der Asche, um bereits kurz darauf in der Versenkung zu verschwinden. Die Suche nach Reichtum bringt viele Menschen zu nahe an die Sonne. Ich habe mir schon oft die Frage gestellt, wie man zum Star wird.

In diesem Zusammenhang habe ich einmal an einer Studie mitgearbeitet, die den Erfolg von Fondsmanagern analysiert hat. Wir sind zu dem Ergebnis gekommen, dass langfristig erfolgreiche Fonds kurzfristig im Regelfall nicht zu den Besten ihrer Zunft gehören. Langfristig erfolgreiche Fonds haben einen langen Atem, ziehen konsequent ihre Strategie durch und leisten sich auch keine großen Fehler. Die kurzfristig erfolgreichen Manager gehen im Gegensatz dazu häufig große Risiken ein. Erfahrungsgemäß liegt man einmal richtig, einmal falsch. Insofern ist es wenig überraschend, dass die heutigen Erfolgsprodukte in den Folgejahren auch einmal bei den schlechtesten ihrer Zunft anzutreffen sind.

Ähnliches ist auch bei Einzelaktien zu beobachten. Es kommt nicht selten vor, dass die absoluten Stars von heute zu den Verlieren von morgen zählen. Der Erfolg zieht magisch Käufer an. Man will schließlich dabei sein und hat Angst, etwas zu verpassen. Und genau dieser Drang hat vielen Investoren schon viel Geld gekostet. Auch hier muss ich mich wieder einmal auf den alten Börsenfuchs Warren Buffett berufen, der auch dazu eine klare Meinung vertritt:

»Der dümmste Grund, eine Aktie zu kaufen, ist, weil sie steigt.«

Wie kannst du dich am besten schützen? Ich habe es mir angewöhnt, diesen Drang zu unterdrücken, mein Geld ausschließlich in die heutigen Stars zu investieren. Der beste Schutz bietet ein breit diversifiziertes Portfolio. Wenn du beispielweise in einen globalen Aktien-ETF investierst, hast du tausende Einzeltitel im Portfolio. Darunter finden sich einige Superstars aber auch Unternehmen, die von der Performance her deutlich hinterherhinken, aber vielleicht auch die Stars von morgen sein werden. Niemand kann heute seriös voraussagen, welche Unternehmen im nächsten Jahr die größten Kurssteigerungen verzeichnen werden. Insofern kann ich der Strategie des Investors George Soros einiges abgewinnen:

»Ich habe wohl nicht mehr als in der Hälfte der Fälle Recht, aber ich verdiene einfach sehr viel Geld, wenn ich richtig liege und ich verliere so wenig Geld wie möglich, wenn ich unrecht habe.«

4/7 DIE GRÖSSTEN FEHLER WERDEN IN GUTEN UND NICHT IN SCHLECHTEN ZEITEN GEMACHT

Als junger Fondsmanager in den späten 1990ern ist man an dem Namen Peter Lynch nicht vorbeigekommen. Lynch ist ein legendärer Fondsmanager, der in seiner 13jährigen Tätigkeit durchschnittlich eine Performance von 29,2% erwirtschaften konnte. Das ist ein bis heute unerreichter Rekord. Er setzte auf breite Streuung und hatte über 1.000 Einzelaktien in seinem Portfolio. Peter Lynch ist auch davon überzeugt, dass Investoren davon profitieren, möglichst weit weg vom »Lärm der Wall Street« zu sein und dadurch nicht von ihrer Investmentstrategie abgelenkt werden können:

»Niemand war je in der Lage, die Börse vorherzusagen. Es ist eine totale Zeitverschwendung. In der von Forbes veröffentlichten Hitparade der Reichen der Welt war noch nie ein Börsentiming-Experte vertreten.«

Diese Weisheit hat mich in meiner Fondsmanager-Ära sehr geprägt und begleitet. Wir Menschen neigen dazu, unsere Entscheidungen durch Zuruf oder Einschätzung von manch einem Experten beeinflussen zu lassen. Zu Peter Lynchs aktiven Zeiten war die Wall Street für uns Europäer noch weit weg. Durch den technologischen Fortschritt ist der »Lärm der Wall Street« bis in unsere Wohnzimmer vorgedrungen. Das erleichtert unser Leben, bringt aber auch durchaus Gefahrenherde mit sich.

Warum machen wir die größten Fehler in guten und nicht in schlechten Zeiten? Gerade in freundlichen Marktphasen, in denen die Kurse von einem Höchststand zum nächsten klettern, schwappt die Euphorie auch auf die Investoren über. Jeder will dabei sein. Ich habe häufig beobachtet, dass die Risikofreudigkeit mit steigenden Kursen deutlich zunimmt. Nicht selten werden dadurch sogar überproportional hohe Risiken in guten Zeiten eingegangen, die im klaren Widerspruch zur Investmentstrategie stehen. Der Lärm der Wall Street hat seine Wirkung entfaltet. Wenn es zu einer Kurskorrektur kommt, verlieren jene Investoren mehr als sie sich eigentlich leisten können. Das wiederum führt dazu, dass Wertpapiere zu tiefen Kursen abgebaut werden, um das Gesamtrisiko zu restrukturieren. Für den Investor bedeutet das: Kaufe hoch und verkaufe tief! Ein Albtraum für jeden Investor.

Wie kannst du dich dagegen schützen? Versuche, den Lärm der Wall Street möglichst auszublenden und deiner Strategie treu zu bleiben. Achte darauf, dass du dein Risiko im Griff hast. Wenn du z.B. eine Aktienquote von 30% anstrebst, halte diese in allen Marktphasen. Das bedeuet, dass du nach einer Phase steigender Kursen Aktien verkaufst und bei fallenden Kursen Aktien zukaufst. Das erfordert Konsequenz, Mut und Durchhaltevermögen.

5/7 SCHWARZE SCHWÄNE SIND ALLGEGENWÄRTIG

Grundsätzlich sind schwarz Schwäne sehr schöne Tiere. Und so selten, dass sie zum Sinnbild höchstunwahrscheinlicher Ereignisse wurden. Der Begriff »Schwarzer Schwan« wird in der Wirtschaft oder an den Kapitalmärkten für ein folgenschweres Ereignis verwendet, welches nicht vorhersehbar ist und weitreichende negative Konsequenzne hat. Der Begriff »Schwarzer Schwan« geht auf Nassim Nicholas Taleb, einem Bestseller-Autor und Forscher in den Bereichen Statistik und Zufall, zurück:

»Wir sollten unsere Überzeugungen nicht nach ihrer Plausibilität bewerten, sondern nach dem Schaden den sie anrichten können.«

Taleb hat selbst für mehrere Wall-Street-Banken gearbeitet und zieht viele Erkenntnisse aus seiner 20-jährigen Finanzmarktkarriere. In den letzten Jahrzehnten haben sich einige Schwarze Schwäne an den Märkten getummelt. Mein Börsenleben liest sich wie eine Aneinanderreihung von Krisen. 9/11, die Lehman-Pleite, die Euro-Krise, der Corona-Crash oder auch auch der russische Einmarsch in die Ukraine samt Energiekrise und galoppierender Inflation, die das zu Folge hatte. Und das ist nur ein kleiner Auszug der Ereignisse.

Wenn du dein Geld an den Kapitalmärkten investierst, werden auch dich Schwarze Schwäne begleiten. Darauf wirst du dich einstellen müssen. Die entscheidende Frage ist also nicht, ob dir Schwarze Schwäne begegnen, sondern vielmehr wie du auf sie reagierst. Wirfst du die Nerven weg oder bleibst du deiner Strategie treu? Erfahrungsgemäß weiß ich, dass diese Zeiten extrem schwierig und herausfordernd sind. Krisen sind aber auch häufig sehr günstige Kaufgelegenheiten. Wichtig ist nur, dass du es dir leisten kannst. Denke beispielsweise an 9/11, die Lehman-Pleite oder auch den Corona-Crash. Ich war in meinen Emotionen gefangen und blickte sehr pessimistisch in eine zappendüster erscheinende Zukunft. Paradoxerweise werden in der Krise die großen Gewinner von morgen gemacht. Schiebe die negativen Gedanken beiseite und gehe konsequent deinen Weg. Um die Aktienquote halten zu können, musst du in der Krise zukaufen. Das ist verdammt schwer. Denke immer daran. Die Börse neigt zu Übertreibungen. Es ist selten alles so gut oder so schlecht, wie es scheint.

Wenn du das beherzigst, bin ich mir sicher, dass du erfolgreich sein wirst. Mir hilft in diesen Zeiten, mir die Einschätzung des Investors Martin D. Sass vor Augen zu führen:

»Der Aktienmarkt ist der einzige Markt, vor dem die Leute weglaufen, wenn dort ein Ausverkauf stattfindet.«

6/7 GEDULD IST DER SCHLÜSSEL ZUM ERFOLG

Jetzt kommen wir zu einem der wesentlichsten Erfolgsfaktoren. Als Investor musst du geduldig sein. Klingt einfach, ist es aber nicht! Benjamin Graham ist Wirtschaftswissenschaftler und selbst ein erfolgreicher Investor. Er gilt als Vater der Fundamentalanalyse und ist ein Meister darin, unterbewertete Aktien aufzuspüren. Benjamin Graham unterrichtete auch auf der Columbia University. Einer seiner Studenten war Warren Buffett, wohl der erfolgreichste Investoren aller Zeiten. Buffett gilt als großer Fan seines Mentors: »Für mich war Graham mehr als ein Autor oder Lehrer. Er hat mehr als jeder andere Mann – außer meinem Vater – mein Leben beeinflusst.« Buffett dürfte folgenden Grundsatz Benjamin Grahams tief in sich verankert haben:

»Geduld ist die oberste Tugend des Investors.«

Warren Buffett hat Zeit seines Lebens seine Strategie konsequent umgesetzt. Und zwar über viele Jahrzehnte und all die Krisen und Börsencrashes hinweg. Das ist das Fundament seines Wohlstandes. Mit seiner Geduld hat er es geschafft, zwischenzeitlich zum reichsten Mann der Welt zu werden. Im Laufe meines Berufslebens sind mir viele Menschen begegnet, die zwar den Weg eingeschlagen und monatlich Geld angespart haben. Bei größeren Ausgaben, wie z.B. dem Kauf eines Autos oder einer Immobilie werden diese Konten aber nur allzu oft leergefegt. Mit diesem Verhalten hast du keine Chance, dass sich der Zinseszins so richtig entfalten kann. Auch mir ist es ähnlich ergangen. Bis zu jenem Zeitpunkt, an dem ich meine Strategie verändert habe.

Wenn du das Geld für deinen Vermögensaufbau konsequent von deinen anderen Vermögenswerten trennst, fällt es wesentlich leichter.

Um das umzusetzen, empfehle ich dir, einfach ein zweites Depot zu eröffnen. Dieses Kapital ist für den langfristigen Vermögensaufbau und sollte nur im absoluten Krisenfall angegriffen werden und soll sehr langfristig veranlagt werden. Natürlich spielt es eine Rolle, wie viel Geld du Monat für Monat einzahlst. Erfahrungsgemäß ist es aber viel wichtiger, dass du es überhaupt tust und dir eine gewisse Routine aneignest. Ich habe schon bei vielen Menschen beobachtet, die zuerst mit kleineren Beträgen begonnen haben. Im Laufe der Zeit wurde die Ansparsumme stetig erhöht, da dieses Verhalten zur Gewohnheit geworden ist. Wenn es dir gelingt, diese Strategie durchzuziehen, bin ich fest davon überzeugt, dass selbst deine kühnsten Erwartungen Realität werden. Du musst nur Geduld haben!

7/7 ÜBERSCHÄTZE DICH NICHT UND HABE DEIN EGO IM GRIFF

Der Aktienhändler Jesse Livermore war eine der bekanntesten Persönlichkeiten, die sich jemals auf dem glitschigen Börsenparkett herumgetrieben haben. Livermore erwarb während seines Lebens ein Multi-Millionen Dollar Vermögen. Seine Berühmtheit erwarb er sich beim Börsencrash 1929, der ihm einen Gewinn von $100 Millionen bescherte, während der Dow Jones binnen einer Woche 50% seines Wertes verlor.

Tradern hinterließ er die Philosophie, Wertpapierpositionen zu erhöhen, wenn sie in die richtige Richtung gehen und Verluste schnell begrenzen. Livermore hat sich aber selbst nicht an diese Regeln gehalten. Während seines Berufslebens erwarb und verlor er sogar mehrfach ein Multi-Millionen Dollar Vermögen. Livermore war gut darin, reich zu werden aber definitiv nicht gut dabei, reich zu bleiben. Er ist an seinem Ego gescheitert, da er überzeugt war, den Markt schlagen zu können. Besonders bitter war es für ihn, dass er von den gewonnen $100 Millionen innerhalb von 11 Jahren $95 Millionen wieder verspekulierte. Tragischerweise führte dieser Verlust am Ende sogar zu seinem Suizid.
Wenn du an der Börse reich werden möchtest, musst du spekulieren. Ich habe während meines Berufslebens viele Investoren kennengelernt, die es zu immensem Reichtum gebracht haben. Viele von ihnen sind am Ende des Tages an ihrem Ego gescheitert und haben alles

wieder verloren. In den 1990ern waren es heiße Internet-Aktien. Auch ich war zutiefst von meinen außergewöhnlichen Fähigkeiten überzeugt und habe mich von der Euphorie blenden lassen. Und als die Blase geplatzt ist, habe ich das erste Mal von Jesse Livermore gehört. Das war für mich auch der Moment als ich realisierte, dass mein bisheriges Verhalten nichts weiter als reine Spekulation war. Von einer seriösen Veranlagungsstrategie war ich meilenweit entfernt.

Auch wenn es sehr hart war, ist diese Erkenntnis für mich sehr wertvoll. Seit damals achte ich penibelst darauf, dass mein Ego nicht mit mir durchgeht. Ein Warnsignal sind Gewichtungskonzentrationen. Wenn eine Aktie sukzessive an Wert verliert, neigen Investoren dazu, sukzessiv alle Vermögenswerte in diese Aktie umzuschichten. Mit dieser Strategie stellst du dich gegen den Markt und gehst All-In. Und das wiederum geht nur allzu oft schief. Da halte ich mich lieber an Sir John Templeton, der den Templeton Growth Fund, einem der erfolgreichsten Fonds der Welt, gründete:

»Der einzige Investor, der nicht diversifizieren sollte ist der, der immer 100% richtig liegt.«

SCHLUSSBEMERKUNGEN UND WAS ICH DIR WÜNSCHE

Wir sind nun am Ende unserer gemeinsamen Reise angekommen. Es war für mich sehr spannend, mich damit auseinandersetzen, was ich meinem jüngeren Ich gerne mit auf den Weg geben würde. Der Finanzmarkt ist mit Sicherheit komplex, aber auch einfach zugleich. Der US-Investor Charles D. Ellis bringt das wesentliche treffend auf den Punkt:

»Der Aktienmarkt ist – kurzfristig betrachtet – faszinierend und irreführend. Auf lange Sicht ist der Markt nahezu langweilig, zuverlässig und vorhersagbar.«

Wenn wir dieses Zitat jetzt auch auf andere Asset-Allocation Bausteine ausdehnen, haben wir bereits ein gutes Fundament gelegt. Wenn du das beherzigst, bin ich davon überzeugt, dass du erfolgreich sein wirst. Wichtig ist es, eine individuelle Strategie auszuarbeiten und diese konsequent umzusetzen und Fallstricke zu vermeiden, die dafür verantwortlich sind, dass viele Menschen ihre Finanzen schlecht managen. Charlie Munger ist Milliardär und ein langjähriger Weggefährte und Freund Warren Buffetts. Auf die Frage, warum Warren und er so erfolgreich waren, hat er für uns eine klare Antwort parat:

»Es ist erstaunlich, welch großen langfristigen Vorteil Menschen wie wir erzielt haben, indem wir dauerhaft versuchen nicht dumm zu sein, statt zu versuchen besonders schlau zu sein.«

Und auch das ist sehr erstaunlich. Die Kunst besteht also nicht darin, die Nadel im Heuhaufen zu finden, sondern darin, Dummheiten möglichst zu vermeiden.
Während unserer Reise haben wir uns auch damit auseinandergesetzt, welche Investmentmöglichkeiten dir zur Verfügung stehen, um deine Veranlagungsstrategie auch in die Tat umzusetzen. In diesem Buch haben wir uns auf jene Bausteine fokussiert, die viele Privatinvestoren in ihrer Vermögensveranlagung zum Einsatz bringen. Wichtig ist es, jedes Investment nach den Kriterien des magischen Vierecks

zu analysieren und mit den Risiken zu starten. Die weiteren Parameter sind Liquidität, Ertragspotenzial und Nachhaltigkeit.

Wir haben uns auch damit beschäftigt, was Asset-Allocation bedeutet und was wir von uns von Millionären oder Universitäten abschauen können. Das Zauberwort heißt Diversifikation.

Als Investor wirst du auch emotional gefordert. Ich bin aber davon überzeugt, dass du mit einer klaren Strategie, Durchhaltevermögen und der richtigen Produktauswahl ein beträchtliches Vermögen aufbauen kannst. Sofern du geduldig bist, dein Ego im Griff hast und nicht auf den schnellen Profit aus bist.

Sei dir bewusst, dass auch du die Zukunft nicht vorhersehen kannst. Der englische Physiker, Astronom und Mathematiker Isaac Newton findet hierzu klare Worte:

»Ich kann die Bewegungen der Himmelskörper berechnen, aber nicht die Verrücktheit der Menschen.«

Mit diesem Wissen und diesem Mindset bist du gut gerüstet, deine Finanzen auf solide Beine zu stellen und langfristig ein Vermögen aufzubauen.

Dieses Buch habe ich für dich geschrieben. Ich hoffe, dass es dir eine wertvolle Hilfe ist und du anstelle meines jüngeren Ichs von meinen Erfahrungen und Erlebnissen profitieren kannst. In all den Jahren sind mir viele Fehler unterlaufen. Aber ich habe auch einiges richtig gemacht. Andernfalls könnte ich nicht so lange an der Börse überleben. Wenn ich in den späten 1990ern dieses Buch in Händen gehalten hätte, wäre mir mit Sicherheit einiges erspart geblieben. So musste ich viele Erfahrungen selbst machen. Du hast jetzt aber die Möglichkeit, von meinen Fehlern frei nach dem Motto von Winston Churchill zu lernen:

»Ein kluger Mann macht nicht alle Fehler selbst. Er gibt auch anderen die Chance dazu.«

Abschließend bleibt mir nur, dir viel Erfolg, Durchhaltevermögen und Geduld zu wünschen. Es würde mich sehr freuen und glücklich machen, wenn dieses Buch dir dabei hilft ein finanziell erfolgreiches Leben zu führen.

Dr. Josef Obergantschnig
März 2023

WELCHE BEGRIFFE EIN INVESTOR KENNEN SOLLTE

ALLGEMEINE FINANZBEGRIFFE

Aktie
Finanzinstrument, das dem Inhaber einen Anteil am Grundkapital einer Aktiengesellschaft verbrieft, ihn damit zum Miteigentümer macht und daher Vermögens- und Mitspracherechte verschafft. Neben der Chance von Kursgewinnen an der Börse zu partizipieren, erhalten Aktionäre in der Regel auch Dividenden.

Anleihe
Finanzinstrument, das den Inhaber zum Gläubiger und den Emittenten zum Schuldner eines gewissen Betrags macht. Die Rückzahlung erfolgt zum Nennwert und einer entsprechenden Verzinsung (Kupon). Anleihen dienen zur langfristigen Fremdfinanzierung (Fremdkapital).

Asset-Allocation
Die Umsetzung von Diversifikation über mehrere Asset-Klassen nennt man Asset-Allocation. Ziel ist entweder eine möglichst hohe Ertragserwartung bei vorgegebenem Risiko oder
möglichst wenig Risiko bei vorgegebener Ertragserwartung.

Asset-Klassen
Asset-Klassen stellen unterschiedliche Anlage-Klassen dar, die wiederum einzelne Anlageinstrumente mit ähnlichen Eigenschaften bündeln.

Bid-Ask-Spread (Geld-Brief-Spanne)
Diese Kennzahl beschreibt die Differenz zwischen dem angebotenen Käuferpreis und dem angebotenen Verkäuferpreis. Ein hoher Spread erhöht die Transaktionskosten für ein Wertpapier.

Cost-Average Effekt
Effekt des durchschnittlichen Kaufpreises. Wer z. B. jeden Monat einen bestimmten gleichbleibenden Geldbetrag in einen Fondssparplan investiert, erwirbt bei fallenden Kursen mehr Anteile des Fonds und bei steigenden Kursen weniger Anteile.

Dispositionseffekt
Der Dispositionseffekt resultiert aus der Risikoaversion in Gewinnsituationen und der Risikoneigung im Falle drohender Verluste (Gewinner-Aktien werden oft zu früh verkauft und Verlierer-Aktien zu lange gehalten).

Diversifikation
Die Diversifikation im Zusammenhang mit Veranlagungen beschreibt die Streuung von Asset-Klassen oder Finanzprodukten, um damit final die Risiken zu minimieren.

Dividende
Das ist jener Teil des Gewinns einer Aktiengesellschaft, der an die Aktionäre ausbezahlt wird (Gewinnausschüttung). In der Regel finden Dividendenzahlungen 1 bis 4 Mal jährlich statt.

Eigenkapital
Bestandteil einer Unternehmens-Bilanz und Sammelbegriff für von Aktionären eingebrachtes Kapital bzw. für belassenen, erwirtschafteten Gewinn (Gewinnrücklagen). Ein hoher Eigenkapitalanteil erhöht die Konkurrenzfähigkeit, Unabhängigkeit und Risikotragfähigkeit des Unternehmens. Das Gegenstück zum Eigenkapital ist das Fremdkapital.

Ertragserwartung
Schätzungen für die zukünftigen Renditen und Erträge einzelner Asset-Klassen oder Finanzprodukte.

ETF (Exchange Traded Fund)
Finanzinstrument in Form eines (passiven) Fonds, der in der Regel versucht, einen Index möglichst genau abzubilden. Wesentliches Merkmal von ETFs ist üblicherweise die niedrige Kostenbelastung.

Exponentielles Wachstum
Durch den Zinsenzins-Effekt wächst das Kapital über die Laufzeit immer stärker an. Das Kapital wächst somit exponentiell.

Finanzmarkt
Der Finanzmarkt wird zwischen

- Geldmarkt
- Kreditmarkt und
- Kapitalmarkt

untergliedert.

Am Kapitalmarkt werden länger laufende Wertpapiere begeben bzw. gehandelt. Dies sind insbesondere Anleihen und Aktien. Wertpapiere können dabei sowohl börsenotiert sein (public), aber auch privat.

Fremdkapital
In der Bilanz ein Sammelbegriff für Schulden eines Unternehmens (Anleihen, Kredite, Darlehen, Lieferverbindlichkeiten, Rückstellungen etc.). Ab einer gewissen Größe erhöht das Fremdkapital die Gefahr von Liquiditätsengpässen und Rückzahlungsschwierigkeiten. Das Gegenstück zum Fremdkapital ist das Eigenkapital.

Herdenverhalten
Herdenverhalten wird definiert als Tendenz von Investoren, dem Verhalten anderer Investoren blind zu folgen. Auch die Angst einen Trend zu verpassen und zuschauen, wenn andere reich werden (FOMO) geht in eine ähnliche Richtung.

Home-Bias
Anleger wählen größtenteils Wertpapiere aus dem eigenen Land bzw. gewichten diese höher. Dies führt zu geringerer Diversifikation und höherer Korrelation im Portfolio.

Homo oeconomicus
Beim Homo oeconomicus handelt es sich um ein Menschenbild der Wirtschaftswissenschaften, welches große Bekanntheit erlangt hat. Er wird oft als Grundlage für viele Wirtschaftsmodelle genutzt, auch

wenn die Annahmen dahinter nicht immer der Realität entsprechen (Nutzenmaximierung, rational, egoistisch).

Inflation
Anstieg des allgemeinen Preisniveaus. Während sich Waren und Dienstleistungen laufend verteuern, sinkt die Kaufkraft.

Investmentfonds
Veranlagung in verschiedene Wertpapiere zur Risikostreuung. Der Käufer wird Miteigentümer am Fondsvermögen und hat Anspruch auf Gewinnbeteiligung. Es handelt sich dabei um Sondervermögen einer Kapitalanlagegesellschaft (KAG).

Leverage
Mit Leverage kann eine Hebelwirkung des eigenen Kapitals bewerkstelligt werden, da zusätzlich Fremdkapital aufgenommen wird und somit auch mehr investiert werden kann Aufnahme von Schulden zur Investition. Diese Vorgehensweise birgt besonders große Risiken.

Magisches Dreieck der Investition
Drei Kriterien sind bei jeder Veranlagung wichtig:

- Ertrag
- Sicherheit
- Liquidität

Eine gleichzeitige Maximierung aller drei Größen (maximale Rendite, minimales Risiko und hohe Liquidität) ist bei keiner Anlageform möglich und eine Priorisierung muss von jedem Anleger selbst getroffen werden.

Online-Broker
Online-Plattform, auf welcher man ein Wertpapierdepot führen und Wertpapieraufträge erteilen kann (Kauf und Verkäufe). In der Regel günstiger als klassische Banken, jedoch erfolgt keine Beratung.

Performance
Die Performance entspricht der Wertentwicklung deines Investments. Diese wird im Regelfall als prozentuale Veränderung über eine gewisse Betrachtungsperiode dargestellt.

Prospect Theorie
Häufig wird die Prospect Theory zur Erklärung des Dispositionseffekts herangezogen. Nachdem Verluste psychologisch mehr wiegen als Gewinne, werden vor allem Verluste zu vermeiden versucht. Durchschnittlich wird ein Verlust etwa als zweimal so stark empfunden wie ein Gewinn.

Rangfolge im Insolvenzfall
Im Insolvenzfall eines Unternehmens, werden Gläubiger und Investoren hinsichtlich der Rangfolge unterschiedlich bedient. Generell gilt: Fremdkapital-Gläubiger werden vor Eigenkapital-Gebern bedient.

Realzinsen
Zinsertrag, der sich unter Berücksichtigung der eingetretenen Inflations- oder Deflationsrate ergibt. Übersteigt die Inflationsrate den nominellen Zinssatz, spricht man von negativen Realzinsen.

TER (Total Expense Ratio)
Diese Kennzahl gibt Aufschluss darüber, wie hoch die jährlichen Kosten (laufende Kosten) eines Investmentfonds sind. Dabei handelt es sich um eine Gesamtkostenquote in Prozent.

Drei Töpfe-System
System zur zielorientierten Veranlagung der eigenen Gelder, wobei je nach Fristigkeit eine eigene Anlagestrategie zur Anwendung kommt.

Kurzfristiger Topf (Cash-Topf)
Zeithorizont der Wünsche und Ziele bis ca. drei Jahre. Auch der Notgroschen gehört unbedingt in den kurzfristigen Topf. Das Kapital sollte stets verfügbar sein und ohne Risiko veranlagt sein.

Mittelfristiger Topf (Sicherheits-Topf)
Zeithorizont der Wünsche und Ziele zwischen drei und zehn Jahren. Aufgrund der etwas längeren Laufzeiten können auch weitere Anlageinvestments (im Vergleich zum kurzfristigen Topf) hinzugenommen werden.

Langfristiger Topf (Wachstums-Topf)
Zeithorizont der Wünsche und Ziele ab zehn Jahren. Aufgrund der langen Laufzeiten können riskantere Asset-Klassen investiert werden, welche auch höhere Ertragschancen bieten. Generell gilt: Je länger die Laufzeit, desto höhere Risiken können eingegangen werden.

Umschichtungsprinzip
Die einzelnen Veranlagungs-Töpfe sollten unterschiedlich bespart und veranlagt werden. Häufiger Fehler in der Praxis: Gleiches Investment für alle Phasen. Wenn einzelne Wünsche und Ziele aber näher rücken, müssen auch die Veranlagungen umgeschichtet werden.

Volatilität
Die Volatilität ist eine mögliche Kennzahl zur Bewertung (des Risikos) eines Wertpapiers. Mathematisch handelt es sich dabei um die Standardabweichung, welche die Schwankung des Kurses um den Mittelwert in einem gewissen Zeitraum ausdrückt.

Wertpapierdepot
Um Wertpapiere kaufen zu können, wird ein Wertpapier-Depot benötigt (wo diese verwahrt werden). Zusätzlich gibt es meistens ein eigenes Verrechnungskonto dazu. Die verwahrten Wertpapiere sind im Falle einer Insolvenz der Depotbank nicht davon betroffen (Aussonderungsanspruch).

Zinseszins
Werden Zinsen auf das schon verzinste Guthaben gezahlt, spricht man vom Zinseszins.

BEGRIFFE FÜR NACHHALTIGE INVESTOREN

AAA der nachhaltigen Geldanlage
Das Thema Nachhaltigkeit kann mittels verschiedener Strategien und Ansätze in der Kapitalveranlagung umgesetzt werden. Der umfangreiche AAA-Ansatz adressiert dabei drei Bereiche:

- Ausschließen (z.B. mittels Ausschlusskriterien)
- Auswählen (z.B. mittels Best-in-Class Ansatz)
- Ansprechen (Active Ownership)

Active Ownership
Mittels Active Ownership versuchen Investoren aktiv auf das Verhalten von Unternehmen einzuwirken, um sicherzustellen, dass die Unternehmen nachhaltig geführt werden. Dabei stehen verschiedene Ansätze wie das Engagement (Dialog) oder die Stimmrechtsausübung zur Verfügung

Ausschlusskriterien
Mittels Ausschluss- bzw. Negativkriterien werden systematisch bestimmte Unternehmen oder Staaten aus dem Investment-Universum ausgeschlossen, die gegen spezifische Kriterien verstoßen. Bekannte Kriterien sind u.a. Kohle, Rüstung, Fracking etc.

Beim normbasierten Screening wird der Fokus weniger auf die Branchen oder Sektoren gelegt, sondern mehr auf die Einhaltung spezifischer Normen. Dies können u.a. die Einhaltung von Umweltschutz, Menschenrechten oder Arbeitsrechten sein.

Best-in-Class Ansatz
Mit dieser nachhaltigen Anlagestrategie sollen diejenigen Unternehmen ausgewählt und gefördert werden, die im Hinblick auf die Nachhaltigkeitsbewertung zu den Führenden ihrer Branche oder eines Marktes zählen.

Earth Overshoot Day
Tag im Jahr, ab dem die Erdbevölkerung mehr Ressourcen verbraucht als die Erde produzieren kann. Berechnung: ökologischer Fußab-

druck (weltweiter CO_2-Ausstoß) vs. Biokapazität der Erde (Kapazitäten der CO_2-absorbierenden Flächen).

ESG
Die Abkürzung ESG steht für Umweltschutz (Environmental), soziale Gerechtigkeit (Social) und gute Unternehmensführung (Governance) und fasst damit alle Aspekte von Nachhaltigkeit zusammen.

ESG-Integration
Unter ESG-Integration versteht man die systematische Einbeziehung von ESG-Aspekten in den Investmentprozess. Das bedeutet, dass bei der Anlageentscheidung bzw. bei der Wahl der Wertpapiere für ein Portfolio nicht nur herkömmliche Finanzkennzahlen herangezogen werden, sondern auch Kenngrößen in Bezug auf Umwelt, Soziales und Governance.

ESG-Scores und Ratings
Der ESG Score erlaubt einen Anhaltspunkt über die Nachhaltigkeit von Unternehmen, Staaten oder Finanzprodukten wie Fonds. Hierzu wird ein Score berechnet, der einen Vergleich der Nachhaltigkeit gegenüber Mitbewerbern erlaubt.

EU-Aktionsplan (Sustainable Finance Action Plan)
Die Attraktivierung von grünen Investments über den Aktionsplan ist eine der Hauptagenden der Europäischen. Die drei Hauptziele des Aktionsplans sind

- Transparenz und Langfristigkeit in der Finanz- und Wirtschaftstätigkeit zu fördern,
- Finanzielle Risiken, die sich aus dem Klimawandel, der Ressourcenknappheit, der Umweltzerstörung und sozialen Problemen ergeben, bewältigen und
- Die Kapitalflüsse auf nachhaltige Investitionen umlenken, um ein nachhaltiges und integratives Wachstum zu erreichen.

Um diese Ziele zu erreichen, unterteilt sich der Aktionsplan in zehn einzelne Punkte.

EU Ecolabel
Mittels eines EU weiten EU Ecolabel für Finanzprodukte soll ein einheitliches, auf der Taxonomie aufbauendes Label geschaffen werden, das für grüne Fonds vergeben werden und Konsumenten zur Orientierung dienen soll.

EU Green Bond-Standard
Mit dem EU Green Bond-Standard (EU GBS) soll das Vertrauen von Investoren in grüne Anleihen zur Finanzierung eines nachhaltigen Wachstums gestärkt werden. Ziel des EU GBS ist, mehr Transparenz und Einheitlichkeit bei grünen Anleihen sicherzustellen.

FNG-Siegel
Das FNG-Siegel ist der SRI-Qualitätsstandard und eines der bekanntesten und am weitesten verbreiteten Qualitätssiegel im deutschsprachigen Raum. Es sorgt seit 2015 für eine etablierte Auswahlhilfe für Endanleger, die nach soliden, professionell verwalteten und glaubwürdigen Nachhaltigen Geldanlagen suchen.

Greenwashing
Unter Greenwashing versteht man die irreführende oder unbelegbare Kommunikation von „grünen" Unternehmensaktivitäten, die einer Steigerung der positiven Außenwirkung des Unternehmens dienen, wobei hinter diesen Bekundungen jedoch kaum tatsächliche Maßnahmen stehen. Auch bei der Vermarktung von vermeintlich nachhaltigen Finanzprodukten ist dies immer wieder zu beobachten.

Impact-Investing
Bei Impact Investments handelt es sich um Investitionen, die neben einer finanziellen Rendite auch einen positiven Beitrag zur Lösung von ökologischen und/oder sozialen Problemen leisten.

Nachhaltigkeit
Der Begriff Nachhaltigkeit stammt aus der Forstwirtschaft und wurde im frühen 18. Jahrhundert erstmals verwendet. Wir alle sollten nur so viel verbrauchen, wie natürlich nachwächst. Damit wird die Natur und die Vielfalt für künftige Generationen erhalten.

Nachhaltige KPIs
Bei den nachhaltigen KPIs (Key Performance Indicator) handelt es sich um Kennzahlen, mit denen die Leistung von Unternehmen im Bereich der Nachhaltigkeit gemessen werden kann. Gängige KPIs sind z.B. der CO2-Fußabdruck eines Unternehmens.
Nachhaltigkeits-Präferenzabfrage in der Anlageberatung
Nach den Plänen der EU-Kommission müssen Anlageberater ihre Kunden im Beratungsgespräch fragen, ob sie in ihrer Geldanlage Nachhaltigkeitspräferenzen berücksichtigt wissen wollen.

Nachhaltigkeits-Research Agenturen
Bei der Nachhaltigkeitsbewertung von Unternehmen oder Staaten kommen in der Regel externe Nachhaltigkeits-Research Agenturen zum Einsatz. Nur wenige Fondsgesellschaften bzw. Finanzinstitute haben die Kapazitäten, ein umfassendes internes Nachhaltigkeits-Research zu gewährleisten.

Nachhaltige Themenfonds
Nachhaltige Themenfonds investieren in Unternehmen, die in einer bestimmten Branche oder Unterbranche tätig sind, zum Beispiel im Bereich der grünen Technologien oder der Bildung.

Millennium Development Goals (MDGs)
Von der UNO veröffentlichte 8 Ziele, um die Welt zu verbessern (u.a. extreme Armut auslöschen, universale Primärbildung, Kindersterblichkeit reduzieren, Geschlechtergleichheit). Die MDGs wurden im Jahr 2000 veröffentlicht und ab 2015 von den SDGs abgelöst.

Offenlegungs-Verordnung
Die Disclosure-VO enthält Offenlegungsverpflichtungen für Finanzmarktteilnehmer hinsichtlich ESG-Faktoren (»Environment, Social, Governance«, also Umwelt, Soziales und Unternehmensführung) auf Unternehmensebene und auf Produktebene.

Österreichisches Umweltzeichen
Seit 2004 am Markt und damit das älteste derartige Label für nachhaltige Finanzprodukte in Europa. Neben Investmentfonds können u.a. auch Giro- und Sparprodukte damit ausgezeichnet werden. Es handelt sich bei diesem Siegel um ein Staatliches Label. Neben Transparenzanforderungen und Qualitätsanforderungen an den Erhebungs-

prozess spielen insbesondere die Auswahlkriterien eine wichtige Rolle.

Pariser Klimaabkommen
Beim Übereinkommen von Paris setzen sich die unterzeichnenden Staaten das globale Ziel, die Erderwärmung im Vergleich zum vorindustriellen Zeitalter auf »deutlich unter« zwei Grad Celsius zu begrenzen mit Anstrengungen für eine Beschränkung auf 1,5 Grad Celsius.

Portfolio-Bias durch Nachhaltigkeitsansatz
Je nachdem, welche Nachhaltigkeits-Strategie in der Kapitalanlage eingesetzt wird, kann es zu unterschiedlichen Auswirkungen auf das investierbare Universum bzw. auf das finale Portfolio kommen. So sind in der Praxis insbesondere ein regionaler (Europa) und sektoraler Bias (gewisse Sektoren wie IT, Gesundheit etc.) zu beobachten.

3 Säulen Modell der Nachhaltigkeit
Nachhaltiges Handeln bezieht sich auf drei Bereiche. Neben der ökologischen Nachhaltigkeit gibt es die ökonomische und die soziale Nachhaltigkeit.

Scope 1, 2 und 3
Scope 1 umfasst die direkte Freisetzung klimaschädlicher Gase im eigenen Unternehmen. Scope 2 umfasst die indirekte Freisetzung klimaschädlicher Gase durch Energielieferanten. Scope 3 umfasst die indirekte Freisetzung klimaschädlicher Gase in der vor- und nachgelagerten Lieferkette.

SRI
Der Begriff bezieht sich manchmal auf Investitions-Aktivitäten, die – neben ökonomischen – ausschließlich soziale Kriterien berücksichtigen, manchmal aber auch auf Aktivitäten, die zusätzlich umweltbezogene Kriterien bzw. Kriterien für die »gute Unternehmensführung« berücksichtigen. Dies äußert sich auch in der zunehmend verbreiteten Umdeutung der Abkürzung »SRI« - von »Socially Responsible Investing« zu »Sustainable and Responsible Investing«.

Sustainable Development Goals (SDGs)
17 Ziele der UNO für eine nachhaltige Entwicklung, welche 169 Unterziele und 232 Zielindikatoren verfolgen. Teil der »2030 Agenda für Sustainable Development« und von allen 193 UNO-Staaten ratifiziert. Die SDGs sind seit 2015 der Nachfolger der MDGs.

Taxonomie
Die Taxonomie definiert ökologisch nachhaltige Wirtschaftstätigkeiten, und das verbindlich für die gesamte EU. Die Geschäftsaktivitäten der Unternehmen müssen zumindest zu 1 von 6 Umweltzielen substanziell beitragen:

- Klimaschutz,
- Anpassung an den Klimawandel,
- Nachhaltige Nutzung und Schutz der Wasser- und Meeresressourcen,
- Übergang zu einer Kreislaufwirtschaft,
- Vermeidung und Verminderung der Umweltverschmutzung und
- Schutz und Wiederherstellung der biologischen Vielfalt und der Ökosysteme.

UN PRI
Die »UN Principles for Responsible Investment«, die »Prinzipien für Verantwortliches Investieren der Vereinten Nationen«, (UN PRI) sind eine Investoreninitiative in Partnerschaft mit der Finanzinitiative des UN-Umweltprogramms UNEP und dem UN Global Compact.

QUELLEN UND HINWEISE

Richtige Antworten - Wissenstest aus dem Kapitel »Kein Interesse und mangelndes Finanzwissen«

1) Zeitwert des Geldes*:	Antwort C
2) Kreditzinsen*:	0
3) Zinsen plus Grundkapital*:	€102
4) Zinseszins*:	Antwort A
5) Risiko und Ertrag*:	Antwort A
6) Inflation*:	Antwort A
7) Risikostreuung*:	Antwort A
8) Realzinsen:	Antwort C
9) Kontoüberziehung:	Antwort B
10) Wechselkurs:	Antwort A

*OECD Finanzwissensfragen (1-7), sonstige Wissensfragen (8-10)

3. In welcher Welt wir Leben

Umfrage 3. Weltkrieg

https://www.ipsos.com/en/halifax-report-2022-war, [3.1.2023].

Wirtschaftswachstum

OECD:
https://www.oecd.org/economy/austria-economic-snapshot/, [3.1.2023].
https://www.oecd.org/economy/germany-economic-snapshot/, [3.1.2023].

Trading Economics:
https://tradingeconomics.com, [3.1.2023].

Größte Volkswirtschaften

Visual Capitalist:
https://www.visualcapitalist.com/100-trillion-global-economy/, [3.1.2023].

MailOnline:
https://www.dailymail.co.uk/news/article-2785905/China-overtakes-U-S-world-s-largest-economy-IMF-says-economy-worth-17-6trillion-America-falls-second-place-time-1872.html, , [3.1.2023].

Visual Capitalist:
https://www.visualcapitalist.com/shifting-global-economic-power/, [3.1.2023].

Inflation

Statistik Austria:
https://www.statistik.at/persoenlicher_inflationsrechner/ , [3.1.2023].

Globale Risikolandkarte

World Economic Forum (WEF):
https://www.weforum.org/reports/global-risks-report-2023/digest , [12.1.2023].

World Economic Forum (WEF):
https://www3.weforum.org/docs/WEF_Global_Risks_Report_2023.pdf , [12.1.2023].

World Economic Forum (WEF):
https://www.weforum.org/agenda/2020/01/what-s-missing-from-the-2020-global-risks-report/, [3.1.2022].

Phys Org:
https://phys.org/news/2019-11-climate-impacts-world-trillion.html, , [3.1.2023].

Visual Capitalist:
https://elements.visualcapitalist.com/mapped-countries-with-the-highest-flood-risk/, [3.1.2022].

Arbeitsmarkt

Eurostat:
https://ec.europa.eu/eurostat/statistics-explained/index.php?title=Unemployment_statistics, [3.1.2023].

Trading Economics:
https://tradingeconomics.com/euro-area/inflation-cpi, [3.1.2023].

OECD:
https://data.oecd.org/unemp/unemployment-rate-by-age-group.htm#indicator-chart, [3.1.2023].

Verschuldung

IMF:
https://www.imf.org/en/Blogs/Articles/2022/12/12/riding-the-global-debt-rollercoaster, [3.1.2023].

Eurostat:
https://ec.europa.eu/eurostat/documents/2995521/15131955/2-21102022-BP-EN.pdf/eeb714b8-83c4-cd8c-56b8-e9aa7c5798a8, [3.1.2023].

Statista:
https://de.statista.com/infografik/27882/anteil-der-befragten-die-sich-wegen-ihres-darlehens-sorgen/, [3.1.2023].

Unser Leben heute im Vergleich zu Vorgängergenerationen

Our World in Data:
https://ourworldindata.org/global-inequality-of-opportunity, [3.1.2023].

unicef:
https://data.unicef.org/resources/levels-and-trends-in-child-mortality/, [3.1.2023].

unicef:
https://www.unicef.de/informieren/aktuelles/blog/-/kindersterblichkeit-weltweit-warum-sterben-kinder/274050, [3.1.2023].

The World Bank:
https://data.worldbank.org/indicator/NY.GDP.PCAP.PP.CD?most_recent_value_desc=true , [3.1.2023].

Was bedeutet überhaupt reich

Our World in Data:
https://ourworldindata.org/grapher/distribution-of-population-poverty-thresholds, [3.1.2023].

Visual Capitalist:
https://www.visualcapitalist.com/cp/charting-income-distributions-worldwide/, [3.1.2023].

OECD:
https://data.oecd.org/earnwage/average-wages.htm, [3.1.2023].

Bloomberg:
https://www.bloomberg.com/billionaires/, [30.12.2022].

Vollkaskomentalität – Der Staat wird es schon richten

Statistik Austria:
https://www.statistik.at/statistiken/bevoelkerung-und-soziales/sozialleistungen/sozialquote-sozialausgaben-und-finanzierung, [30.12.2022].

Bundesministerium für Arbeit und Soziales, Sozialpolitik-aktuell.de:
https://www.sozialpolitik-aktuell.de/files/sozialpolitik-aktuell/Politikfelder/Finanzierung/Datensammlung/PDF-Dateien/abbII1a.pdf, [30.12.2022].

Agenda Austria:
https://www.agenda-austria.at/grafiken/wie-viele-erwerbstaetige-fuer-einen-pensionisten-aufkommen/ , [30.12.2022].

Bundesministerium für Familie, Senioren, Frauen und Jugend:
https://www.bmfsfj.de/bmfsfj/aktuelles/alle-meldungen/fast-ein-viertel-der-ueber-80-jaehrigen-in-deutschland-leidet-unter-altersarmut-190066, [3.1.2023].

Schuldenfalle Konsumkredit und Moral Hazard

OeNB:
https://www.oenb.at/isaweb/chart.do , , [3.1.2023].

Research and Markets:
https://www.researchandmarkets.com/reports/5562582/consumer-credit-market-global-industry-trends , [5.1.2023].

Finanzwissen

Finanzbildung in Österreich – Millennials im Fokus
Pirmin Fessler, Marilies Jelovsek, Maria Silgoner Wissenschaftliche Begutachtung: Brent Kigner, Fachhochschule Kufstein Tirol (emeritiert); Eveline Wuttke, Goethe-Universität Frankfurt, Abteilung Wirtschaftspädagogik

Niedrige Zinsen machen eine Veranlagung sinnlos

Trading Economics:
https://tradingeconomics.com/germany/government-bond-yield ,
[3.1.2023].

Warum Risiko für dich nicht zwingend schlecht sein muss

Investment Office, Yale University:
https://www.investmentoffice.com/Asset_Management/Observations/Indices/Pyramid_Distribution_of_US_Equity_Returns.html , [6.1.2023].

The Measure Plan:
https://themeasureofaplan.com/us-stock-market-returns-1870s-to-present/ , [6.1.2023].

Was ich von Millionären oder der Yale-Universität lernen kann

Pensions & Investments:
https://www.pionline.com/sovereign-wealth-funds/norways-sovereign-wealth-fund-returns-44-third-quarter-losing-more-40 [7.1.2023].

Norges Bank Investment Bank:
https://www.nbim.no , [7.1.2023].

Wie du deine persönlichen Werte auch mit deinem Investment umsetzen kannst (Nachhaltigkeit)

Forum Nachhaltige Geldanlagen e.V.
https://www.forum-ng.org/fileadmin/Marktbericht/2022/FNG-Marktbericht_NG_2022-online.pdf , [7.1.2023]

Printed in Germany
by Amazon Distribution
GmbH, Leipzig

29789598R00129